영성시리즈 Ⅰ권

사람의 길을 찾아서
(영성과 인간)

이 재 석

국학자료원

사람의 길을 찾아서

지은이 이 재 석
인쇄일 초판1쇄 2008년 10월 20일
발행일 초판1쇄 2008년 10월 31일
펴낸이 정찬용
편집 박지연 한미애
디자인 김숙희 노재영
마케팅 정구형
관리 이은미 박종일
펴낸곳 국학자료원
등록일 2006 11 02 제324 - 2006 - 0041호
서울시 강동구 성내동 447 - 11 현영빌딩 2층
Tel 442 - 4623 Fax 442 - 4625
www.kookhak.co.kr
kookhak2001@hanmail.net

ISBN 978 - 89 - 6137 - 406 - 4 *04200
가격 18,000원

* 저자와의 협의하에 인지는 생략합니다.

머리말

인간은 3생을 산다. 복중에서 1생, 지상에서 1생, 영계에서의 영원한 삶을 산다. 태아로서의 1생과 육신과 영혼을 갖고 사는 1생, 그리고 영혼이 육신을 벗고 사는 삶이 있다.

태아로서의 일생은 지상에서의 삶을 위한 준비과정이다. 마찬가지로 지상에서의 삶은 영계에서의 영원한 삶을 위한 준비과정이 된다.

태아와 영인의 삶도 중요하지만 그보다 더 중요한 것은 만물의 영장으로서 사람다운 사람이 되는 것이다. 사람이라면 천부적인 신의 성품을 밝혀 어진 마음을 가지고 선행을 통해 사회에 빛과 소금의 역할을 해야 한다. 진정한 삶의 목적은 신의 성품 즉 신성을 자아의 의식 속에 형성하여 신인합일을 이루어 사람답게 바르게 살아야 하기 때문이다. 그렇기 위해서는 사람의 근본을 찾아 그 곳에 뿌리를 내려야만 내재적 신성의 꽃을 피워 좋은 열매를 맺을 수 있고 영성적 삶의 완성을 지향할 수도 있다. 그러한 지향적 삶속에는 인간의 성품을 밝혀 신성화하는 과정 즉, 자의식 속에 신의 이미지를 메이킹(image making)하는 것이 필요하다. 우리 몸은 하드웨어, 의식은 소프트웨어의 역할을 담당한다고 비유한다면, 상호 공조 속에 신성을 의식에 입력해 나가는 것이기 때문이다.

예컨대 경전공부는 지적 훈련을 통해 내재적 신성을 함양하고, 기도와 명상은 정서적 훈련을 통하여 신의 이미지를 체득하게 한다. 지속적인 지적 훈련과 정서적 훈련을 통해 깨달은 신의 이미지는 선행을 실천함으로써 신성을 갖춘 사람다운 인격자가 되도록 이끌어 간다. 이러한 신성의 이미지 메이킹은 사람의 생각과 말과 행동이 그대로 그의 자의식 속에 입력되게 하여 영성의 열매를 맺어 나간다.

신성의 의식화는 본질적이며 존재론적인 변화를 가져오는 것으로서 돌감람나무가 참감람나무가 되는 것을 의미한다. 특히 신앙인의 삶이 변화되지 않았다면 그는 -비록 신앙생활을 평생 하였다고 해도- 아직도 어른 아이의 수준에 머물러 있는 것과 같다.

마음에서 우러나오는 사랑의 실천은 신의 형상을 닮은 선한 성품에 바탕을 둔 사랑이며, 그것은 오직 나의 방식으로 타자를 사랑하는 것이 아니라 타자를 있는 그대로 받아들여 타자에 대한 사랑으로 완성에 이르게 된다.

하지만 그와 같은 사랑의 삶을 산다는 것은 쉬운 일이 아니다. 특히 사람을 사랑한다는 것은 매우 어려운 일이다. 기술 중에서도 최고의 기술이 아닐 수 없다. 최고로 어려운 일을 공부하지 않고, 훈련하지 않고, 정성 드리지 않고 습득할 수 있을 것인가. 평생을 바쳐 이룩해야 할 과업이 아닐 수 없다. 그러나 그 공부와 훈련이 어렵고 고통스러운 것만은 아니다. 참나를 찾아가는 길이며 참나가 되기 위한 길이기 때문에 거기에 보람과 기쁨, 감사와 감격이 있다. 환희와 희열 속에서 사랑하고 싶어 견딜 수 없는 삶이기 때문에 이는 놀라운 체험과 자아 성장의 감격 가운데 사는 행복한 삶이기도 하다. 더욱이 이는 신을 닮아가는 길이요, 신이 함께하는 길이기 때문에 신명나는 일이다

이와 같은 사람의 길, 인간완성의 길을 찾으려면 인간의 뿌리를 알지 않으면 안 되게 되어 있다. 그러므로 우리가 사람다운 사람이 되기 위해서는 우리의 뿌리를 알고 그 근원의 품성을 닮아 나가야 한다. 그런 의미에서 본

서는 신의 품성, 즉 영성을 다각적으로 연구하여 참사람이 되는 길을 분명
히 하고자 한다.

사람의 신앙 여정은 종교적 수행을 통해 더욱 영성적 밝음이 드러난다.
인간은 마음과 몸, 영혼과 육신의 결합체인 까닭에 육신의 성장과 병행하
여 영혼의 성장을 이루어야 하나의 성숙된 인격체로, 하나님의 형상을 이
루게 된다.

따라서 제 1부 '영성의 탐구'에서는 영성의 개념을 명확히 하려고 하였
다. 제 2부 '영성적 삶의 완성을 향하여'에서는 영성적 열매를 맺기 위한
이론과 실제를 총괄적으로 다루었다.

끝으로 이 책이 나오기까지 수고하신 안병로 박사님과 정상윤 부장님
그리고 물심양면으로 도와주신 강현실 회장님, 연구비를 지원해 주신 김
형규 선교사님, 출판비를 담당해 주신 허만석 사장님께 깊은 감사를 드리
고 흔쾌히 출판을 맡아 주신 정찬용 사장님에게도 고마움을 전한다.

2008년 8월

이 재 석

영성시리즈 발간에 즈음하여

　필자는 기도 중에 하나님을 큰 소리로 아버지라고 고백함으로써 큰 감격과 폭발적인 기쁨을 체험하였다. 그 감격과 기쁨을 억제할 수 없어 그 기쁜 소식을 널리 전하고자 세상을 향해 뛰쳐나갔다. 발이 땅에 닿는지 조차 깨닫지 못하고 오직 하나님만을 바라보고 뛰었다.

　그렇게 50여 년 동안의 신앙생활 속에서 한국의 종교연합운동에도 참여하여 타종교들에 대해 큰 관심을 가지게 되었다.

　그러던 중 2000년 초, 의외의 경험을 하게 되었다. 보이는 것의 한계를 발견하게 된 것이다. 그래서 신앙의 내면화를 서두르기 시작했다. 외형적 신앙에서 내적 신앙으로 관심이 바뀌게 된 것이다. 이로 인해 내재하시는 하나님, 내 안에 계시는 하나님을 찾고, 닮아 가기 위해 노력하게 되었다.

　그로부터 8년 동안 신의 전체성과 전일성, 충만성을 통해 한 없는 환희를 체험하면서 표현하기 어려운 감격과 감사, 환희의식에서 넘쳐 나오는 사랑과 헌신의 삶이 무엇인가를 깨우치게 되었고 또 그렇게 살려고 노력하고 있다.

　본서는 그동안 공부하고 수행한 것을 영성시리즈 Ⅰ·Ⅱ·Ⅲ권으로 나누어 발간하게 되었다. Ⅰ권『사람의 길을 찾아서』(영성과 인간), Ⅱ권『종교의 길을 찾아서』(영성과 종교), Ⅲ권『평화의 길을 찾아서』(종교와 평화)로 정리하였다.

  사람이 산다는 것은 일생 동안 생각하고, 말하고, 행동하는 것이다. 결국 인생은 경험이다. 어떠한 경험을 하느냐에 따라 인생도 바뀌게 된다. 각자의 영혼을 통해 신을 경험하고 자아의 의식에 신성을 형성해 나가는 삶의 길은 인생의 여정 중에서 가장 본질적인 일이라고 할 수 있다. 그런 의미에서 영성 시리즈는 체험으로 가는 길이며 필자와 같은 신앙여정에 있는 분들에게 미력이나마 도움이 되기를 기대한다. 그리고 영성에 관심을 갖는 모든 분들로 인해 영성의 밝은 빛이 우리 사회에 빛나기를 바라는 마음 간절하다.

1) 개인의 평화를 찾아서, 평화인이 되기 위하여

    (1) 평화의 주체
    (2) 의식혁명
    (3) 삶의 완성
    (4) 평화인의 삶은 사랑과 헌신, 기쁨과 평화 그리고 환희로 나타난다

2) 우주의 평화를 찾아서

    (1) 개체생명과 우주생명
    (2) 생명의 목적
    (3) 신인우주론적 영성
    (4) 하나님주의와 천주의 평화체제
    (5) 고도의 통합에너지 사회를 향하여
    (6) 영성의 완성

사람의 길을 찾아서

국학자료원

태아의 삶

인간의 3생 중에서 지상인의 삶이 가장 중요하기 때문에 이 책에서는 지상인의 바른 삶의 길을 찾는 데 주력하고자 한다. 그러나 태아와 영인의 삶이 지상인의 삶과 불가분의 관계가 있기 때문에 태아의 삶과 영인의 삶을 간략하게 살펴보려고 한다.

복중에서의 삶 : 태아의 삶

유전자의 구조가 밝혀진 후 생의학적 연구가 가져다 준 가장 중요한 발견은 엄마와 태아 사이의 신체적, 호르몬적, 감정적인 상호작용이 그 아기가 태어나 살아가는 일생 동안 신체와 정신건강에 지대한 영향을 미친다는 사실이다.

'태아기 프로그래밍' 또는 '성인병의 태아기적 유래'라는 연구는 육신과 영혼을 가진 인간이 지상에서 사는 동안 건강하게 살 수 있는 데는 유전자보다도 자궁 안의 환경이 장기적으로 더 강한 영향을 미친다는 것이다.[1]

의사들은 많은 질병들을 역추적 함으로써 질병의 원인이 태아기에 있음을 발견했다. 자궁 내 삶의 질이 출생 후 정신적, 육체적 평생 건강에 매우 중요하다는 것을 알게 된 것이다.

긍정적 태아기의 프로그래밍을 통해 태아는 제2의 삶인 지상생활에서 좀 더 건강하게 평생 윤택한 삶을 살 수 있게 되었다. 태아에게 좋은 환경을 제공함으로써 지상생활의 삶의 질을 향상시킬 수 있다는 것이다. 태아기의 프로그래밍이 태아의 유전자를 바꿀 수는 없지만 최상의 인생을 살아갈 수 있도록 도와 줄 수는 있다.

---

1) 피터 너대니얼스(Peter Nathanielsz), 『태교혁명』(사이언스북, 2003), p.9 참조.

우리 몸은 출생 전 태교에 의해 프로그래밍되고 이 프로그래밍은 생후에도 계속 연속적인 상관성을 갖고 살아간다. 우리가 어떻게 인생을 보내느냐 하는 것은 어떤 상태의 모체에서 생활했는가와 깊은 관계가 있다. 따라서 우리는 출생 후 아기가 일생 동안 정신적, 육체적으로 건강하고 풍요로운 삶을 살게 하기 위해서는 부모, 특히 임신모가 자궁 속 환경을 최상의 프로그램으로 만들고 그것을 실행하는 태아기 프로그래밍이 무엇보다 중요하다.

태교 프로그램은 부모의 영양, 스트레스, 운동, 유독성분, 담배 등이 태아에게 미칠 수 있는 환경이 유익하도록 계획되어야 한다. 이와 같은 계획과 실행이 태아에게 프로그래밍(그의 세포에 입력됨)되기 때문이다. 부모는 태아기 프로그래밍을 통해 자녀의 미래 세대의 행복까지 보장할 수 있다는 것이다.

엄마의 자궁은 작은 우주와도 같다. 태아에게 자궁은 우주와 같은 역할을 한다. 따뜻하고 어두운 양수 속에서 태아는 자궁 근육에 의지하여 엄마의 움직임을 느낀다. 태아는 자궁 속에서 그 순수한 눈을 깜빡거리며 가늘고 투명한 생명줄에 매달려 여행하는 여행가이자 우주 비행사다.[2]

임신 과정에서 아버지는 종자를 심는 역할로 수태를 시킴으로써 끝나는데 반하여 씨를 받아 들이는 어머니는 임신 이후 출산까지의 모든 책임이 떠 맡겨진다.

수정되어 모태의 자궁 안에 착상하고 나면, 그 생명은 한낱 미생물이 되어 물고기, 날짐승, 길짐승의 형상을 거쳐, 사람의 모습을 갖추기까지 수십억년에 해당하는 동물의 진화과정을 불과 40주 동안에 불가사이한 성장을 거듭해 거대한 하나의 우주가 탄생한다.[3]

---

2) 피터 너대니얼스(Peter Nathanielsz), 『태교혁명』(사이언스북, 2003), p.56 참조.
3) 박순경, 『임신에서 출산까지 : 태교 ABC』(시간과 공간사, 2002), p.59 참조.

사람의 뇌는 임신으로부터 불과 5개월 사이에 놀라울 만큼 폭발적인 발육과정을 거쳐 140억 개의 뇌세포로 완성되며, 대형컴퓨터 130대 분의 엄청난 정보 저장능력을 가지고 태어난다. 그리고 출생한 아기의 뇌세포는 더 이상 증식이 되지 않으며 다만 완성을 향하여 성장을 계속하다가 20세 이후부터 완만한 노화 단계로 접어든다.

따라서 임신부의 경우 태아에게 충분한 산소를 공급하기 위해 태아를 위한 임신부의 탄산호흡법이 필요하다. 탄산호흡법은 과학적으로 산소를 보다 많이 들여 마심과 함께 몸속에 생성된 탄산가스를 남김없이 내뿜는 운동 자세를 말한다.[4]

태아에게는 세 가지 통신 채널이 있다.[5]

태아는 순수하고 수동적이며 감수성이 강하기 때문에 엄마로부터 발사되는 정신능력에 의한 파장, 즉 염파(念波)에 매우 민감하게 반응하며 즉시 그 영향을 받는다. 이 통신회로는 임신부와 태아와의 연대성을 이루는 것으로서 첫째, 심리적 통신법, 둘째, 생리적 통신법, 셋째, 행동적 통신법이 있다.

첫째는 임신부가 편하고 아름다우며, 좋은 생각과 선한 마음으로 태아 위주의 생활과 심성 훈련을 해야 한다. 임신부는 10개월간의 태교 프로그램을 만들어 두뇌 개발 훈련을 비롯하여 지능 개발 훈련, 잠재력 개발 훈련을 하되 가장 좋은 방법은 전문가에게 지도를 받는 것이다.

둘째는 임신부가 정신적 육체적 스트레스를 받게 되면 체내에서는 아드레나인을 분비시켜 임신부의 혈당을 상승시킨다. 혈당이 높아진 임신부로 인하여 태아는 췌장의 기능이 나빠지거나 출산 후 사망하는 경향이 있다.

---

4) 박순경, 앞의 책, p.111 참조.
5) 박순경, 앞의 책, p.173 참조.

따라서 비만으로 인한 혈압과 당뇨, 흡연, 음주로 인한 영향, 음식 조절 등을 통한 심신의 건강관리에 소홀함이 없어야 한다.

셋째는 인간의 습관이 태내에서 반 이상 형성됨으로, 임신부의 생활습관은 매우 중요하다. 신에 대한 감사와 기도, 부모님에 대한 효성스런 생활, 아름다운 음악과 시를 감상하는 생활 등을 위해 노력해야 한다.

임산부는 태아의 우수한 잠재능력을 활용하여 태아의 지능을 개발할 필요가 있다. 태아의 시기는 무의식의 상태임으로 태교를 통하여 태아의 잠재능력을 개발할 수 있는 절호의 기회다. 구체적으로 태아는 엄마를 통해 들어오는 각종 정보와 메시지를 필림에 해당하는 태아 대뇌의 잠재 컴퓨터에 차례로 입력하게 된다.[6]

특히 임신 3개월에서 7개월 사이는 태아의 뇌에 기억이 입력되는 가장 중요한 시기임으로, 이때 엄마의 노력 여하에 따라 태아의 두뇌가 개발된다. 태아의 뇌 발달 초기에 신경세포의 주기적인 패턴이 형성되고 반복되어 익숙해지며, 잠재의식 속에 그의 재능으로 형성된다. 따라서 임신부는 태아의 뇌 발육기에 뇌의 회로가 이상적으로 형성되도록 보다 체계화된 태아 교육 프로그램을 실시해야 한다.

임신부는 수태하는 순간부터 남다른 경건함, 정성, 사랑 속에서 생명을 창조하는 작업을 해야 한다. 그러기 위해서는 새 생명을 사랑하고 보호하며 출생 후 미래의 행복을 위해 태아의 지능과 건강 개발에 최대한 노력을 기울여야 한다.

따라서 태아가 원만하게 성장하기 위해서는 태아를 위한 프로그램을 만들고 그것을 실천(프로그래밍)함으로써 태아교육과 태아훈련을 시켜야만 한다.

---

6) 박순경, 앞의 책, p.208 참조.

영인의 삶

　사후의 세계 즉 영혼의 세계는 알 수가 없다. 그래서 누구나 죽음에 대한 불안과 공포를 가지고 있다. 그러나 역사상 영혼의 세계를 경험한 신비가들, 또 각 종교를 통해 현상세계를 넘어 본질세계를 체험한 영성의 대가들, 그리고 최면요법을 통해 탐구한 결과 등으로 사후의 세계가 밝히 드러나고 있다.

　그럼에도 불구하고 체험자들의 개인주관이나 집단주관 그리고 심령 수준에 따라 그 증언들이 다양하게 나타나고 있음을 알 수 있다. 따라서 여기에서는 그 증언들의 공통점을 찾아 간략하게 영혼의 세계를 알아보기로 하였다.

　인간의 육체는 죽으면 사라지지만 인간의 마음은 사라지지 않는다. 죽음 뒤에는 또 다른 세계가 있다. 그렇다면 종교인들이 말하는 내세는 어떤 곳인가?

　그리스도교와 이슬람교에서는 지상인의 삶에 대한 신의 심판에 의해 천국과 지옥으로 가게 되고, 힌두교나 불교는 저 세상에서 극락과 지옥을 경험하고 다시 이 세상에 태어난다고 한다. 여하튼 인간은 죽는 순간 그의 영혼은 육체와 분리된다. 우리의 영혼은 영계에서 온 안내인의 인도에 의해 영계로 가게 된다.[7]

　영계에 도착한 영혼의 거처는 지상에서의 삶의 수준에 맞추어 결정된다. 남을 위해 선한 일을 많이 한 사람은 상층영계에 가고, 자기중심적이고 악한 일을 많이 한 사람은 하층영계로 가게 된다. 이것이 모든 종교에서 말하는 천국과 지옥이다.[8]

---

7) 몬시노르 로버트 휴 벤슨, 『영계에서의 삶』, 김효율 역, (미래출판사, 1990), p.19 참조.
8) 이마누엘 스베덴보리, 『천국과 지옥』, 김은경 역, (다지리, 2003), p.547 참조.

영계는 사랑과 진리의 세계, 사랑과 진리가 형상화된 빛의 세계다. 영혼은 지상에서 사랑을 실천함으로써 성장하고 완성된다. 사람은 지상생활에서 생각하고 말하고 행동한 것이 그대로 자아의 의식과 무의식에 기록되어 그의 업을 형성한다. 선하게 살았으면 선업을 짓고 악하게 살았으면 악업을 짓게 되어 선과(善果) 또는 악과를 맺음으로써 영혼의 운명이 결정된다. 영혼은 사랑이라는 양식을 먹고 자란다. 결국 인간은 지상에서 사랑을 준 것만큼 영계에서 사랑을 받게 되는 것이다.9)

영인의 출생

태아가 모태에서 나와 처음 호흡을 하는 순간 지상에서의 새로운 생(生)이 시작되는 것과 같이 사람은 지상세계에서 마지막 호흡을 마치는 순간 영계에서의 새로운 생(生)이 시작되는 순간이 된다.10) 따라서 지상에서 육신의 죽음은 영혼의 새로운 탄생이 된다. 이는 마치 곤충에서 나비가 나와 비상하는 것과 같다. 그리고 대부분의 영혼들은 임종하는 순간 평안이 찾아온다. 영계에서 온 안내인이 그 영혼을 평안한 마음과 따뜻한 사랑으로 감싸주기 때문이다.11)

마지막 숨이 끊기는 순간 그의 영혼은 머리끝, 백회(百會 : 정수리의 숨구멍자리)를 통해 빠져 나와 공중에서 자신의 육체 부근에 모여 슬퍼하는 가족들을 바라보고 있다. 그는 육신의 고통이 사라지고 육신으로부터 자유롭다는 것을 가족들에게 알리고 위로하고 싶으나 가족들은 그의 말을 알아듣지 못한다.

일단 육체가 죽으면 영혼은 자신의 육체에 어떤 일이 일어나는가에 대

---

9) 박보희, 『천상의 증언』(천어, 2008), p.128 참조.
10) 몬시노르 로버트 휴 벤슨, 위의 책, p.32 참조.
11) 박보희, 『천상의 증언』(천어, 2008), p.55 참조.

해서는 별 관심이 없다. 이것은 지상에 남은 사람들이나 개인적인 처지에 대해 냉담해서가 아니라 육체가 죽음으로써 그 생은 끝난다는 것을 영혼들이 인정하기 때문이다. 그들은 영혼의 성숙도와 인생의 경험에 따라 달라지지만 영의 세계의 아름다움 속으로 그들의 길을 재촉하고 싶어 한다.[12]

그러나 어떤 영혼들은 지상의 날짜로 3, 5 일간 또는 장례식 이후까지도 자신이 죽은 장소 근처에 머물려고 한다. 지상에 수일 동안 머무는 동기는 예상치 못한 죽음으로 영혼이 놀라거나 노여워하고 있을 때, 또는 당황스러울 때다.[13]

그럼에도 불구하고 영혼들은 육체를 지니고 살았던 자신의 인생을 남아 있는 친척이나 친구들이 소중하게 여겨주는 것을 감사히 여긴다.

영인이 영혼의 세계로 가는 첫 관문을 통과하면 죽은 것이 아니라 죽은 육체를 떠났을 뿐이라는 것을 깨닫게 된다. 이 깨달음과 동시에 영혼은 제각기 반응하게 된다. 그것은 영혼의 성숙도와 인생의 경험에 따라 달라진다. 대부분은 "오 멋져라! 이 아름다운 곳에 왔구나!" 하고 안도의 숨을 내쉰다. 그리고 그곳에는 다른 영혼들이 마중을 나와 있다. 특히 죽은 배우자, 양친, 조부모, 형제, 친척 들을 만나 감격적인 장면을 이룬다.[14]

중간 영계

스베덴보리의 증언에 의하면 중간 영계는 상층 영계와 하층 영계의 중간 상태로서 사람이 죽으면 그의 영혼이 가장 먼저 도착하는 곳이다. 그 곳에서 그 사람이 지상 육신생활을 어떻게 살았는가에 따라 상층영계(천국)

---

12) 마이클 뉴턴, 『영혼들의 여행』(나무생각, 1999), pp.24-31 참조.
13) 마이클 뉴턴. 앞의 책, pp.31-32, p.39 참조.
14) 마이클 뉴턴, 앞의 책, p.60 참조.

또는 하층영계(지옥)로 가게 된다.[15]

중간영계는 지상과 같은 분위기이며 지상생활의 총 결산처로서 지상생활에 관한 심사를 받는다. 그 과정은 삼 단계로 되어 있는데 제 1단계는 지상에서 형성된 외부의 상태가 벗겨지는 단계다. 제 2단계는 내부의 상태가 드러나는 단계로서 겉과 속이 다른 사람들의 속이 드러남으로써 선령과 악령으로 갈라지는 단계라고 한다. 제 3단계는 자기의 처소에 가기 위해 교육을 받는 단계이며 교육을 마치면 자기의 인격 수준에 맞는 그룹으로 가게 된다.[16]

중간 영계의 체류 기간은 1주일에서 몇 년, 길어도 30년은 넘지 않는다. 중간 영계에서 오래 머무는 영인은 위선적인 삶을 살아서 겉과 속이 완전히 반대로 되어있으므로 내부는 악한데 외부는 선한 모습을 하고 있기 때문이다. 그러나 인격이 성숙된 영혼은 자기 그룹으로 직행한다. 지상에서 천국의 질서대로 산 영혼이기 때문이다. 악독하게 산 사람의 영혼도 중간 영계에서 머물지 않고 지옥으로 직행한다. 중간 영계는 지상에서 생각하고 말하고 행동한 모든 것이 드러나는 곳이다.[17]

이와 같이 지상 생활에서 형성된 그 영혼의 운명은 영계에서 바꿀 수가 없다. 육신을 지닌 인간만이 자유의지가 있기 때문에 자기의 운명을 바꿀 수가 있는 것이다.[18]

중간 영계의 3 단계는 영계의 법도를 배우는 단계이기도 하다. 영계에 적응하는 훈련을 하는 곳이다. 교육을 받고 졸업식이 끝나면 각기 자기의 급(수준)에 맞는 의상을 입고 자기가 머무를 장소로 간다. 그러면 그 그룹

---

15) 이마누엘 스베덴보리, 『천국과 지옥』(다지리, 2003), 김은경 역, p.371 참조.
16) 박보희, 위의 책, p.214 참조.
17) 박보희, 『천상의 증언』(천어, 2008), p.215 참조.
18) 박보희, 앞의 책, pp.217-219 참조.

에 속한 영인들이 하던 일을 멈추고 환영회를 열어 준다.[19]

상층 영계 = 천국

천국을 이루는 요소는 사랑이다. 사랑과 자비는 신의 본질이요 생명의
본질이기 때문에 사람의 본질이 되었다. 천국은 수많은 사랑의 공동체들
로 나누어져 있는 무한한 다양성의 세계다. 지상에서 신성 곧 사랑의 성숙
정도에 따라 위치와 지위가 결정된다.[20]

천국의 많은 그룹들은 모두 사랑의 내용과 정도에 따라 순서대로 자리
한다. 완성한 상태, 완벽한 선과 사랑, 지혜가 뛰어난 영인은 보다 상층 영
계에 가고 그 곳의 중앙에 자리하게 된다. 중앙은 가장 밝은 빛이 빛나는
곳이며 가장자리에 갈수록 흐린 빛에 머물게 된다.

천국에서는 내면의 모든 애정이 얼굴에 나타나고 환히 빛나기 때문에
영인의 얼굴은 내적 애정이 외부로 투영된 형상이다. 또한 천국에 있는 영
인들은 사랑과 평화, 순수 지성에 따른 기쁨과 행복 속에 있다.[21]

영계에 있는 여러 층에도 급이 있는데 그것은 인격적인 급이다. 그리고
다른 급과는 엄연한 한계가 있다. 빛의 강약으로 구별되는 장벽 같은 것이
있다. 그러나 고급 영계에 있는 영인은 어디나 언제든지 방문할 수가 있다.
특히 최고급 영계에 있는 영인은 진실하고 사랑이 충만하며 그들은 태양
빛을 보듯 밝게 보인다.[22]

상층 영계에는 학습관이 있고 고급 영계에서 영인들이 내려와 학습을
시킨다. 또한 끊임없이 연구하고 작업한다. 직업을 갖는다는 것은 그 일을

---

19) 박보희. 앞의 책, p.235 참조.
20) 이마누엘 스베덴보리, 『천국과 지옥』(다지리, 2003), 김은경 역, p.34, pp.39-40 참조.
21) 이마누엘 스베덴보리, 앞의 책, pp.52-54 참조.
22) 몬시노르 로버트 휴 벤슨, 『영계에서의 삶』, 김효율 역, (미래문화사, 1990), p. 207,
   212, 216 참조.

통해 기쁨과 보람을 느끼고 또 보다 높은 영계로 진급하는데 필요한 실적을 쌓는 것이다. 그리고 전체적인 목적을 위해 헌신하는 일이기도하다.[23]

영계의 매체는 생각이다. 대화도 생각으로 하고 생각으로 순간 이동도 이루어진다. 그리고 영계는 예술의 세계다. 예술적 문화생활을 한다.[24]

상층 영계 영인들은 모두가 전체를 위해 일하고 그 결과를 전체가 좋아한다. 그래서 하나는 전체요 전체는 하나가 되는 조화의 세계다.[25]

하층 영계 = 지옥

지옥도 수많은 그룹으로 되어 있다. 지옥에 있는 영혼은 자기악의 형상이다. 그의 얼굴과 몸, 말과 행동에 그가 범한 죄악이 나타나서 눈에 보이기 때문이다. 그들 내면의 악독함과 잔인성이 투명하게 나타난다. 전체적으로 그들의 얼굴은 무섭고 시체처럼 생기 없는 얼굴이다.[26]

지옥의 영인들은 죄의 성격과 욕망이 같은 영인끼리 뭉친다.[27] 그들은 그 곳에서 지상의 삶을 돌아보며 마음의 고통을 겪는다.[28]

자기만을 위해 산 사람은 어둡고 침침한 영계 밑창에 머문다. 위선적이고 독선적인 지상 삶을 산 영혼은 자기 삶이 비열하고 부끄러운 삶이었던 것을 깨닫고 자기에 대한 분노를 이기지 못해 처절하게 절규하고 있다고 한다.

---

23) 몬시노르 로버트 휴 벤슨, 앞의 책, p.99, 108, 218. pp.168-169 참조.
24) 몬시노르 로버트 휴 벤슨, 앞의 책, p.55, 78, pp.110-114 참조.
25) 박보희, 위의 책, p.125 참조.
26) 이마누엘 스베덴보리, 『천국과 지옥』(다지리, 2003), 김은경 역, p.505, pp.515-516 참조.
27) 박보희, 『천상의 증언』(청어, 2008), p.102 참조.
28) 마이클 뉴턴, 『영혼들의 운명』(나무생각, 2001), p.120 참조.

영계에서의 궁극적인 목적

영계에서의 궁극적인 목적은 영혼의 성숙과 완성에 있다. 신의 온전성을 이루는 데 있다.

영계에서의 교육을 위한 반편성은 영혼의 발전단계와 관계가 있다. 4천 년을 지나 질투심을 극복한 경우도 있다. 영혼들은 초보 영혼, 중간 영혼, 진보된 영혼으로 대강 구분된다. 이때에 인생의 모든 면이 대부분 해부된다. 각 영혼들은 심령 발전수준이 비슷한 영혼들이 모여 하나의 그룹을 이루고 있다.[29]

배움에는 여러 단계가 있고 그룹도 수없이 많다. 그들은 모두 더 큰 깨달음을 얻으려고 변화하는 과정에 있다.

영계의 구조는 지상과는 아주 다른 것으로, 자비와 조화, 윤리와 도덕의 고귀한 모형 안에 존재한다. 영계에는 영혼의 임무를 총망라하여 관장하는 중앙기관이 있다. 영혼들을 압도하는 친절함과 인내심과 절대적인 사랑이 가치를 발휘한다.

영혼의 세계에서는 존엄성과 개인의 자유로움이 넘쳐흐르며 영혼들은 매우 겸손하다. 영혼 활동은 더욱 선한 쪽으로 다가가려는 노력과 영혼을 창조해 낸 원천과 합일하고자 하는 노력이 중요한 동기가 된다.

영계에 있는 영혼들은 모두 영혼의 완성을 추구하며 완성에 대한 동경 때문에 슬퍼한다고 말한다. 영혼 안에 있는 알고 싶어 하고, 완성하고 싶은 본능이 있기 때문이다.

서로 이끌어 주고 격려해 주는 영혼들의 세계, 원천(신)이 설정한 법칙은 준엄하나 우주를 지배하는 마음(우주심, 의식성 에너지)은 오직 사랑임을 말해 준다.[30]

---

29) 마이클 뉴턴, 앞의 책, pp.21~23 참조.
30) 마이클 뉴턴, 앞의 책, p.323 참조.

영인들은 선한 영인이든 악한 영인이든 지상인에게 간다.31) 지상의 삶에서 이루지 못한 인격을 지상인에게 와서 지상인을 협조하여 진(眞)·선(善)·미(美)·애(愛)의 생활을 하도록 함으로써 그 영인도 육신을 갖고 이룬 것과 같은 혜택을 받을 수 있기 때문이다. 이것을 유일신교에서는 영인의 재림 부활이라고 하고 힌두교와 불교에서는 윤회 환생이라고 한다.

모태 내에 있는 태아는 자유의지가 없다. 마찬가지로 육신을 벗고 영계에 머무는 영인들도 자유의지가 없다. 그러나 육신을 갖고 사는 지상인에게는 자유의지가 있기 때문에 자기 영혼의 선화도 악화도 본인의 노력 여하에 따라 가능하다. 육신을 가지고 있는 동안에는 자기 인생을 얼마든지 풍요롭게 할 수가 있기 때문이다. 이기적 자기중심적 인간이 이타적, 타자중심적 삶을 살수 있다는 것이다.

마이클 뉴턴은 지상세계가 불완전하고 미숙한 영혼들을 성숙, 진화의 길로 이끄는 곳이며 영혼의 수련장이라고 한다. 보다 높은 의식의 세계로 진화시키는 곳이며 지상생활은 자신을 연마하고 지혜를 배우는 곳이다.

뿐만 아니라 지구는 영인들의 불완전함을 연마해서 화합과 이해로 승화시키는 수련장이다. 인생에서 완성하지 못한 것을 마저 수련하기 위해서 영혼들이 지상에 재림한다. 잘못 산 것을 수정하기 위해서 잘못 산 업보를 없애기 위해서 윤회 환생하는 것이라고 한다. 영혼의 성장과 발전, 진화를 위해 재림하는 것이다.32)

환생이란 지상인의 무의식 속에 잠재되어 있는 상태를 말한다. 마이클 뉴턴은 태아가 5개월이 되었을 때 영인이 그에게 환생한다고 한다.33) 태아는 아직 자의식이 없는 무의식 상태임을 감안할 때 특정 자아의 무의식

---

31) 이마누엘 스베덴보리, 위의 책, p.241 참조.
32) 마이클 뉴턴, 『영혼들의 여행』(나무생각, 2003), p.370,461, pp.384-385 참조.
33) 마이클 뉴턴, 앞의 책, p.448 참조,

속에 환생하는 것으로 이해된다.

계속해서 그는 영혼이 그의 운명을 바꾸기 위해 지상인의 사랑과 미움의 수련 속에서 자비심이 자라며 영혼의 본질을 향상시켜 나간다.[34]고 말한다. 그러므로 지상인의 삶은 자아를 연마하고 영혼을 수련하여 영혼의 성장과 완성을 이루는 여정이 된다. 사랑과 헌신, 기쁨과 평화의 삶을 통하여 신의 온전성을 이루어 나가는 과정이라고 할 수 있다.

---

34) 마이클 뉴턴, 앞의 책, p.413 참조.

1부

뿌리를 찾아서 _ 영성의 탐구

제1부
뿌리를 찾아서 : 영성의 탐구

사람의 길을 찾기 위해서는 먼저 사람의 뿌리를 알아야만 한다. 뿌리는 근원이요 인간됨의 본바탕이며 본질이기 때문이다. 인간의 본질은 인간 본래의 성질이나 모습을 말하는 것으로서 사람이 본디부터 가진 성질 즉 인간 본성을 의미한다.

우리는 인간의 본성을 탐구하기 위해 현상 세계로부터 귀납적으로 존재 세계의 근원을 추구할 필요가 있다.

Ⅰ. 우주를 알면 신을 알 수 있다

17세기의 사람들은 우주가 작은 원자로부터 수많은 천체에 이르기까지 자연의 법칙에 따라 움직이는 거대한 메카니즘(기계, 우주구조론)이라고 생각했다. 이러한 견해에 따르면 우주의 조성자라고 믿었던 신은 우주의 바깥에 존재한다고 여겨졌다. 우주는 저절로 잘 돌아가고 있는 것처럼 보였고, 우주는 거대한 시계와 같았다.[1]

그러나 현대에 이르러 우주에 대한 묘사는 다시 바뀌었다. 지구를 구슬

---

1) 토마스 하트, 『현대인의 영성탐구』, 최대형 역, (은성출판사, 2000), pp.16-24 참조.

에 비교한다면 축구공 크기인 태양은 어느 것의 중심도 아닌 보통 크기의
별에 불과하다. 태양은 은하수라고 불리는 하나의 은하계 안에 존재하는
100억 내지 1,000억 개 가량의 별 가운데 하나다. 우주에는 약 1천 억 개의
은하계가 존재한다는 사실도 밝혀졌다. 즉 지구는 수 백 억 개의 별들이 있
는 은하계 가운데 하나이며, 그저 보통 크기의 별인 태양의 주위를 돌고 있
는 작은 행성에 불과하다. 따라서 우주를 묘사한다는 것은 불가능하다. 상
상하는 것조차 불가능하다.

지구상의 생물들이 가장 단순한 유기체로부터 매우 복잡한 구조를 가진
인간으로 진화되었다는 주장이 찰스 다윈에 의해 처음 소개된 것은 20세
기 초의 일이다. 진화는 동물계 뿐만 아니라 우주 전체에서 이루어져 왔다.
우주는 점진적으로 발달하여 현대의 상태에 이르렀으며, 계속 미지의 상
태로 발달해 간다.

1. 새 우주관과 존재의 새로운 이해

현대과학자들은 우주의 기원에 대해서 빅뱅 학설(big bang theory; 大爆
發說)에 거의 의견을 일치하고 있다. 우주는 100만 분의 1 그램 정도 밖에
안 되는 엄청나게 밀도가 높은 미세한 물질, 곧 에너지로부터 시작되었다.
그것이 약 150억 년 전에 폭발했고, 풍선처럼 팽창해서 지금도 계속 팽창
하고 있는 거대한 실체를 형성해 가고 있다. 태양은 약 50억 년 전에 생겨
났고, 지구는 약 40억 년 전에 생겨났다. 우리는 고대 문명을 공부할 때 인
류의 역사가 길다고 느낀다. 그러나 우주의 역사 안에서 보면, 고대문명은
마치 갓 태어난 아기와 같다.

그러므로 우리 인간은 별들과 같은 재료로 만들어졌으며, 그것들로부터

이 세상에 왔다. 우리는 별보다 훨씬 복잡한 구조를 가지고 있지만, 이것은 매우 오랜 시간에 걸쳐서 이루어진 것이다. 인류는 지구상에서 매우 복잡하고 상호의존적인 실체를 구성하는 하나의 종(種)에 불과하다.

넓이 1평방 피트에 깊이 1인치의 흙 속에는 평균 12종 이상 1,356마리의 많은 생명체들이 살고 있다. 이것들은 모두 수소와 헬륨에 불과한 별들로부터 온 것이다. 사실 이것들은 150억 년 전에 폭발해서 지금까지 팽창을 계속하고 있는 물질 곧 에너지의 작은 점(基點)으로부터 온 것이다. 이 에너지는 스스로를 지금보다 더욱 복잡한 구조를 가진 형태로 발전시켜 나가고 있다.

1) 존재세계의 근원은 영(靈)이다

존재하는 모든 것의 기초 요소인 원자는 현미경으로도 볼 수 없는 무척 작은 물질 단위다. 몇 십 년 전까지만 해도 원자는 양자와 핵을 구성하는 중성자, 그리고 핵의 주위를 회전하는 전자 등으로 이루어졌다고 분석되었다. 그 후 원자 안에서 여러 종류의 소립자들이 발견되었다. 이제 원자는 운동과 에너지가 모여 있는 장소이며, 영속적인 운동으로 표현되는 활기찬 관계들이라고 인식된다. 원자는 마치 살아있는 작은 유기체로 보이기도 한다. 원자는 스스로를 분자, 세포, 식물, 동물, 인간 등 더 복합적인 유기체를 조직한다. 그러나 원자가 책상이나 의자 같은 단순한 것이 될 때에도 만일 우리가 그 비활성화의 둔감한 물질들이 실제로 어떤 것인지를 이해할 수 있다면, 우리는 그것들이 부단히 활동하고 있는 활기찬 관계들임을 파악할 수 있을 것이다. 책상과 의자도, 저 산도 살아 춤추고 있는 것이다.

물질과 에너지는 원자 안에서 서로의 모습으로 바뀌었다가 되돌아왔다가 하면서 변화하고 있다. 이른바 소립자라는 것은 단단한 에너지 묶음이며, 에너지는 보다 넓게 확산된 물질을 가리킨다. 현재 과학의 개념에서는 물질 대신 에너지를 기본적인 실체로 본다. 세상은 물질처럼 보이고 느껴질 수도 있지만, 실제로는 에너지다. 과학자 맥스 플래크(Max Plack)는 "모든 물질은 원자 속의 소립자들을 진동하게 만들고, 가장 미세한 원자의 태양계 조직을 함께 묶어 두는 힘에 의해서만 발생하고 유지 된다"고 말했다.

이러한 학설로부터 실체를 유기체로 보는 시각이 생겨났다. 소우주적 차원에서부터 대 우주적 차원에 이르기까지, 유기체 안의 유기체, 그 안의 또 다른 유기체 등 모든 것은 살아있다. 방대한 우주 전체가 하나의 유기체인 것이다. 다시 말해서, 우주는 인간의 몸과 그다지 다르지 않다. 다양한 지체들로 구성되어 있지만, 완전한 통일성과 상호의존성을 가지고 있으며, 유기체 내의 모든 것은 다른 모든 것과 영향을 주고받는다. 자연을 이해하는 열쇠는 원자를 구성하는 작은 물질들과 우주 천체 사이의 모든 '빈 공간'은 보다 견고한 구성요소들 사이의 역동적인 관계들과 상호작용으로 가득 찬 활동이 이루어지며 이는 에너지 영역이라는 사실을 발견하는 것이다. 모든 것은 살아있다. 이제 우리는 진화하는 유기체의 우주관을 갖게 되었다. 쉬지 않고 움직이는 근본적인 에너지가 놀라운 창조력을 가지고 사물들을 밀어내는 드라마의 전개를 발견한다. 거기에는 규칙성과 아울러 자발성과 예측불가능성이 있다.

이와 같이 에너지로 되어 있는 우주의 근원은 전 에너지이며 무형의 존재이고 우주를 형성하고 있는 제1원인자로서 영이라고 할 수 있다. 따라서 우리가 여러 가지 이름으로 불러온 신은 영이요, 그 영의 이름이 신임을 알게 되었다.

우주에 대한 우리의 느낌은 우리의 종교적 개념에 강력한 영향을 미치기 때문에 우리는 종교적으로도 변화하고 있다. 사실 우리는 '신'이라고 부르는 실재에 대한 생각에 중요한 변화를 겪고 있다.

2) 영의 이름이 신이다

신은 하늘 위에 계시지 않는다. 현재의 우주관에서 '위'라는 것은 더 이상 존재하지 않으며, 오직 '밖'이라는 곳만 있을 뿐이다. 그러나 신은 밖에만 계시는 것도 아니다. 신은 '여기'에 계시면서 우리의 환경에 활력을 불어넣으신다. 신은 '안'에, 모든 것 '안'에 계신다. 우리가 바라보아야 할 곳은 위가 아니라 아래, 깊은 곳이다. 우리가 '깊음'에 접할 때에 신을 만난다. 깊음이란 우리를 둘러싸고 있는 모든 것의 깊음과 우리 자아의 깊음이다. 또한 우리가 유지하는 관계들의 깊음을 의미하기도 한다.

현대 신학자 폴 틸리히는 "모든 존재의 무한하고 고갈되지 않는 깊음과 근저의 이름은 하나님이다"라고 말했다. 우주가 하나의 유기체라면, 신은 그 유기체의 중심이시다. 신은 세상에 거하며 세상에 활력을 불어넣으신다. 신의 내재성이란 신이 모든 것 안에 깊숙이 존재하신다는 뜻이다. 초월성이란 신이 모든 것과 동화되지 않고 초월하신다는 의미다. 이 초월성이라는 개념 때문에 사람들은 종종 신을 사물 체계의 외부 즉 그 위에 계시다고 생각한다. 그러나 그것의 실제 의미는, 신은 사물 체계의 일부가 아니라 그것의 근원에 있는 신비라는 의미다. 바로 여기에서 몸 안에 있는 영혼이라는 비유가 성립된다. 눈에 보이지 않는 에너지의 중심, 활력, 창조력 그리고 모든 것의 중심에 있는 사랑을 상상해 보면 우리가 말하는 신을 이해할 수 있게 된다.

현대 종교학에서 신은 단순히 과거에 세상을 창조하셨던 분이 아니다. 세상은 하나의 과정이며, 신은 항상 세상을 창조하고 계시며, 그 안에 활력을 불어넣고 계신다. 신은 우주와 전적으로 연관되어 있으며, 이따금 우주에 개입하는 것이 아니라 우주의 중심으로서 그 안에 거주하시면서 우주의 생명과 완전한 실현을 향한 상승운동 안에서 신적 자아를 표현한다.

전체에 적용되는 것은 부분에도 적용되므로, 나에게도 적용된다. 신은 내 안에도 거주하신다. 신은 내게 활력을 불어넣으시며, 신은 아직도 안팎에서 나를 창조하신다. 내면 깊은 곳으로 들어가면, 그곳에서 고요한 임재(臨在)를 발견한다. 내가 내 개인적인 중심과 접촉하면 할수록, 그만큼 더 많이 신과 접촉한다.

그러나 이러한 묘사들에도 불구하고 신에 대한 분명한 이미지가 등장하지 않는다는 의미에서 애매하기는 여전히 마찬가지다. 몸도 없고, 얼굴도 없다. 우리를 향한 분명한 행동과 우리에게 가해지는 영향력은 있지만, 그것들의 근원은 감추어져 있다. 우리는 무엇에 반응하는지 알지 못한 채 반응한다. 신은 눈에 보이지 않는다. 신은 신비다. 유대교와 그리스도교의 전통에서는 신은 영(Spirit)이라고 주장한다. 그리고 힌두교, 이슬람교, 아메리카 인디언 종교 등에서도 완전히 일치한다. 아메리카 인디언들은 신은 '위대한 영(The Great Spirit)'이라고 지칭해 왔다. 영은 그림으로 그릴 수도 없고, 묘사하는 것조차 어렵다. 우리는 오직 영의 영향력과 결과에 의해서 영을 안다.

2. 우주의 존재양식에 대한 유기체적 이해

1) 우주론의 발전

1920년대 말에 허블(Hubble)이 우주가 팽창하고 있다는 것을 발견한 이후, 동적인 우주가 일반상대성이론을 토대로 표본모형 우주론이 개발되기 시작했다. 그 이전까지는 우주가 정적이라는 것에 아무런 의심을 하지 않았다.

1970년대 말에 고전적 빅뱅이론은 비교적 질서정연하게 우주의 탄생과 진화과정을 설명하였다. 150억 년 전에 있었던 원시적 사건이 벌어진 다음 중력은 평균보다 높은 밀도를 가진 영역, 곧 우주의 씨앗을 형성해서 그곳에서 은하가 서서히 응축하게 만들었다. 그래서 우주는 거미줄 같은 은하들이 드문드문 존재하는 상태가 되었다. 또 은하계가 회전하고 있으며 600km/s의 속도로 우주 속에서 이동하고 있다는 것을 알게 되었다.

1986년에는 은하가 우주 공간 속에 거품 모양으로 분포하는 경향이 있다는 사실에서 한걸음 더 나아가 그보다 훨씬 더 큰 대규모의 구조가 존재한다는 증거를 발견했다. 그 대규모 구조는 크기가 2백 10억 광년에 이르는 것이다. 태양계 이외의 천체의 거리를 나타내는 길이의 단위인 광년은 1광년이 전자기파(전파)가 자유공간 속을 1년 동안에 가는 거리를 말하며 그것은 9조 4605억 3000만km임을 생각하면 가히 그 규모를 짐작할 수 있다.

우주배경복사의 결과를 토대로 초기 우주에 나타났던 원시주름이 매우 작았다는 사실을 알게 되었고 그 주름은 중력의 방향으로 물질이 합쳐지고 구조를 형성하게 된 씨앗이었다. 그것은 아주 작았기 때문에 만약 오늘의 우주 구조가 빅뱅 이후 150억년 동안 형성되었다면 우주 속에 형성된 물질은 한계가 있을 것이다.

1930년대와 1970년대에는 은하들이 그들의 회전축을 중심하고 너무나 빠른 속도로 회전하는 것을 발견하였고, 1990년대에 관측되지 않는 물질의 중력을 가진 암흑물질의 존재가 있는 것을 알게 되었다. 계속되는 관측에서 은하들의 움직임이 보이는 물질의 약 10배 정도가 되는 암흑물질의 중력에 의해 영향을 받는 것처럼 보이고 은하단들은 보이는 물질의 약 30배에 해당하는 질량의 중력에 끌리는 것처럼 움직인다는 사실을 보았다. 이로써 암흑물질의 존재는 거의 확실시 되고 있다.

더 먼 우주를 관측할수록 현재의 이론으로는 설명할 수 없는 더 큰 우주의 구조가 관측되고 있다. 또한 그 구조가 복잡하고 그 속의 천체들은 설명하기 어려운 운동을 한다. 국부 우주의 불균일함과 복잡한 구조가 더 큰 영역에 걸쳐 있을 경우 우주의 역사와 구조를 해명하는 일은 한계에 부딪히게 된다.

우주구성의 기본적인 구조는 무엇이며 우주의 본질은 무엇인가? 물질 자체가 이해하기 어려워서 근본적인 답을 찾지는 못하더라도 새로운 각도에서 우주의 본질에 관해 이해할 수 있을 것이다.

2) 우주론적 실체

우주는 텅빈 공간과 원의식(原意識)에서부터 시작되었다. 첨단 물리학은 빈 공간이 에너지로 가득 차 있을 뿐만 아니라 다른 차원이 숨겨져 있음을 주장하고 있다.

인생의 궁극적인 무대인 이 우주를 이해하는 것이야말로 삶을 이해하는 가장 확실한 지름길이라고 볼 수 있다. 일반적으로 진리란 사고의 영역에 존재하며, 오로지 경험에 의해 그 실체가 밝혀진다고 생각하고 있다. 그러나 지난 한 세기 동안 인류는 과학을 연구하면서 '인간의 경험은 얼마든지 잘못된 결과를 낳을 수 있다'는 사실을 통감했다. 그동안 수많은 과학자들이 창의적인 연구를 꾸준히 해 온 결과 이 우주는 생소하고 흥미로우며 우아할 뿐만 아니라 우리의 집착과 전혀 다른 모습을 하고 있다는 사실이 밝혀졌다.

이 모든 발전은 지금도 매우 구체적인 형태로 진행되고 있다. 물리학이 발전하면서 우주의 개념은 여러 차례에 대대적으로 수정되어 왔다. 지금 과학자의 물리적 질문이야말로 인간의 삶에 가장 중요한 요소라고 생각한다. 실존주의자들이 가장 중요하게 생각했던 형이상학적 문제들도 그 근본을 추적하다 보면 결국 물리적 실체에 도달하기 때문이다. 현대 물리학을 고려하지 않고 존재의 근원을 추적하는 것은 어리석은 것이다. 따라서 시간과 공간의 진정한 모습과 그 결과로 나타난 이 우주의 실체를 최신 물리학으로 이해할 필요가 있다.

그러나 초기 우주의 작은 점으로부터 현재 우주의 가장 먼 곳까지, 가장 먼 미래까지 광활한 영역을 조망하여도 명확한 결론을 내리지는 못한다. 단지 우주의 근본적인 구조와 진정한 실체를 부분적으로 알 수 있을 뿐이다. 그 이상은 신비에 감싸여 있다고 고백할 수밖에 없다.

상대성이론도 양자역학도 시간이 갖는 기본적 특성만은 아직도 규명하지 못하고 있다. 이 문제에 대하여 설득력 있는 해답을 제시한 것이 우주론적 실체다.

물리학의 궁극적 목표는 우주의 특성을 올바로 이해하는데 있다. 시간은 왜 과거에서 미래로, 한쪽 방향으로만 흐르는 것일까? 우주의 근원은 무엇이며 어떻게 진화해 왔는가? 초기의 우주에는 과연 고도의 질서가 존재했는가?

과학자들은 일반 상대성이론을 실제의 우주에 적용하여 빅뱅이론을 만들어 냈다. 1960년대 1980년대 초반에는 인플레이션 우주론이 대두되었다. 이것은 빅뱅이론을 일부 수정한 것으로서 탄생 초기에 우주가 엄청난 속도로 팽창을 겪었다는 전제를 깔고 있다. 이론 물리학자들은 매우 당황하고 있다. 시간과 공간은 우리가 접근할 수 없는 은밀한 영역(우주의 기원)에서 한데 엉켜 있으므로 시간과 공간을 정확하게 이해하려면 초고밀도와 초고에너지, 초고온의 상태에 있었던 초기 우주의 특성을 일련의 방정식으로 서술할 수 있어야 한다. 이 작업을 이루기 위해 새로 대두된 이론이 초끈이론이다.2)

---

2) 브라이언 그린, 『우주의 구조』, 박병철 역, (서울: 승산, 2005), p.47, 빌 브라이슨, 『거의 모든 것의 역사』, 이덕환 역, (까치, 2003), p.182 참조.

3) 초끈이론(superstring theory)

우주 안에서 일어나는 모든 현상들을 최소한의 법칙으로 통합시키려는 노력으로 아인슈타인은 두개의 상대성이론으로 시간과 공간, 그리고 중력을 하나의 법칙으로 통합하는데 성공했다.

그런데 일반 상대성이론은 별이나 은하와 같이 거시적인 것에 적용되는 물리학이었고, 새로 나온 양자역학은 원자 규모의 미시적 세계를 대상으로 삼고 있었다. 이 두 이론의 접근에는 상당한 문제가 있다. 이 확정론과 불확정론의 대결을 하나의 이론체계로 통합시키려는 노력이 '초끈이론(superstring theory)'이라는 최첨단 통일이론을 탄생시켰다.

초끈이론은 물체를 이루는 최소 단위의 구성요소는 무엇인가? 라는 질문에 지난 수 십 년간 물리학자들은 모든 만물이 작은 입자들(전자와 쿼크)로 이루어져 있다고 믿어 왔다. 이들은 크기가 없는 점의 형태로서 내부 구조를 갖고 있지 않으며, 서로 다양한 형태로 결합하여 양성자와 중성자, 그리고 일상적인 물체의 기본 단위인 원자나 분자를 이룬다.

그러나 초끈이론의 주장은 전혀 다르다. 초끈이론은 전자나 쿼크(quark) 그리고 실험실에서 발견된 소립자들의 기본적인 역할을 부인하지는 않지만, 입자들이 점의 형태를 취하고 있다는 것만은 부정한다. 초끈이론에 의하면 모든 입자들은 핵자보다 100× 10억× 10억 배나 작고 가느다랗고 진동하는 에너지의 끈으로 이루어져 있으며, 각각의 끈들은 진동패턴에 따라 다양한 음을 발생하는 것처럼, 만물의 기본단위인 끈은 진동패턴에 따라 다양한 입자들로 발현된다는 것이다. 어떤 특정한 패턴으로 진동하는 작은 끈은 거기에 해당하는 질량과 전기전하를 갖는다. 이때 질량인 전기전하가 쿨롱(Coulomb)[3]이면 그 끈은 바로 전자에 해당한다. 물론

---

3) 프랑스의 물리학자 쿨롱(Coulomb, Charles Augustin de (1736~1806))은 정밀한 나선(螺旋) 저울을 발명하여 대전 입자와 자극(磁極) 상호 간에 작용하는 인력(引力) 및 척력

진동패턴이 다른 끈들은 쿼크나 뉴트리노(neutrino; 중성미자) 등 다른 소립자에 해당될 것이다. 끈이라는 단 하나의 개체가 진동 패턴에 따라 온갖 입자들을 양산해 내고 있으므로, 모든 만물은 초끈이론이라는 이론체계 속에서 자연스럽게 통일되는 것이다.

점 입자라는 개념은 '점 입자처럼 보이는 아주 작은 끈'이라고 이해함으로써 일반 상대성이론과 양자역학을 모순 없이 결합시키는데 성공하였고, 자연계의 모든 힘들을 하나의 이론으로 통합시키는 기틀을 마련했다. 그러나 우주의 시공간이 3차원 공간과 1차원의 시간으로 이루어졌다는 기존의 관념을 폐기하고 9차원 공간과 1차원 시간이라는 가정을 받아들여야 한다. 게다가 초끈이론을 더욱 발전시킨 M-이론(membrane-theory)에 의하면, 이 우주는 10차원 공간과 1차원 시간이 결합된 11차원의 시공으로 이루어져 있어야 한다.

만일 그렇다면 우리가 인식하지 못하는 여분의 차원(6차원 또는 7차원)이 어딘가에 숨어 있다는 뜻이다. 즉 초끈이론은 '우리의 눈에 보이는 세계는 진정한 실체가 아니라 실체의 일부분에 지나지 않는다.'는 것을 시사하고 있는 셈이다. 그러나 눈에 보이지 않는다는 이유로 이 이론 자체를 포기하는 것은 성급한 판단이다. 여분의 차원이 아주 작은 영역 속에 숨겨져 있어서 현재의 관측기구로는 측정할 수 없거나, 아니면 우리가 인식하지 못할 정도로 아주 방대한 영역에 퍼져 있을 수도 있다.

여분의 차원이 작은 영역 속에 숨어 있다면 우주에 지금처럼 별과 행성이 존재하는 이유 등, 매우 근본적인 질문에 답할 수 있게 되며, 여분의 차원이 방대한 차원에 걸쳐 존재한다면 여분의 차원으로 이루어진 공간 근처에 우리가 모르는 다른 세계가 존재할 수도 있다.

여분의 차원이 정말 존재한다면 초끈이론은 자연의 모든 현상을 하나로

(斥力)을 측정하였다. 과학계에서 그의 측정법을 '쿨롱의 법칙'이라고 한다.

통일해 주는 통일장이론(統一場理論)으로 등장하게 될 것이다. 초끈이론이 맞는 것으로 판명된다면 우리가 알고 있는 우주의 실체는 우주의 복잡한 구조를 덮고 있는 얇은 천에 불과하게 된다. 여러 차원이 발견된다면 '인간의 경험만으로는 우주의 기본적인 성질을 결코 파악할 수 없다'는 교훈을 배우게 된다.

우리는 지난 300년 동안 뉴턴의 고전물리학에서 상대성이론과 양자역학에 이르기까지 눈부신 발전을 이루어 왔고, 급기야 삼라만상을 하나의 이론으로 통합하는 초끈이론까지 다룰 수 있게 되었다. 지금도 인간의 탐구정신과 실험기구는 거대한 시공을 가로질러 우주의 비밀에 접근하고 있다. 그 비밀이 밝혀질수록 우주와 신 사이의 연결고리는 더욱 확고해 질 것이다.

3. 우주생명운동의 하모니

1) 우주의 성장과 발전

사람이 물리적 지식을 가지고 대자연의 본질을 살펴보면 한층 더 실감나게 느낄 수 있었다. 신비로운 장미의 향기에 습관적으로 매료되는 것과 과학상식을 가지고 향기의 요소와 형성을 분석해내고 그 향기에 매료되는 것은 분명히 다른 경험이다.

인류는 유구한 역사적 경험을 통해 자연과학을 발전시키면서 지구를 비롯한 자연을 탐구하고 우주의 근원과 성장·발전 등을 추적해 왔다. 인류는 항상 당대의 최첨단을 추구해 왔으며, 차세대의 질문에 답하기 위해 지금도 연구를 계속하고 있다. 우주의 생명체는 자체적으로 잠재하고 있는 의식성을 지닌 에너지를 말한다. 생물의 성장은 생명원리의 자율성과 주관성에 기인하는 것이며, 생물체에 잠재하고 있는 의식성 에너지의 운동이 바로 생명운동이다.

자율성이란 외부로부터 강요받지 않고 자신이 스스로 결정하는 능력이다. 지구가 태양을 중심하고 돌고 있으나 그것은 단지 기계적인 법칙에 따르고 있는 것이다. 그러나 생명은 기계적인 법칙에 따르면서도 때로는 자신을 조정하면서 여러 가지 환경변화에 대처한다. 그렇게 성장하는 것이 원리의 자율성이다.

한편 원리의 주관성이란 주위에 대하여 영향을 주는 작용을 말한다. 식물의 씨를 땅에 심으면 발아한 후 줄기가 자라고 잎이 난다. 그러한 성장의 힘, 그 자체는 원리의 자율성이지만 동시에 그 식물은 주위에 영향을 주면서 성장한다. 동물에 산소를 공급한다든지 꽃을 피워서 벌과 나비를 부르는 것 등은 원리의 주관성이다. 따라서 생물은 성장한다는 면에서 보면 자율성이고 주위에 영향을 준다는 측면에서 보면 주관성이다. 이와 같이 생명에 의한 생물의 성장운동이 바로 발전운동이다.

그런데 모든 존재는 존재의 목적을 가지고 있다. 생물의 목적은 생물 속의 생명이 그 목적을 의식하고 있음을 말한다. 따라서 생물의 성장은 처음부터 목표(목적달성)를 지향하는 운동이다. 그러므로 발전에는 목표와 방향이 있게 되는데 그것은 생명에 의해 정해지게 된다. 즉 식물의 종자 속에 생명이 있어서 그 생명이 종자로 하여금 나무와 과실을 목표로 하여 성장하도록 작용한다. 또 동물도 알(수정란) 속에 생명이 있어서 알로 하여금 체(體)를 이루는 목표로 성장하게끔 작용한다.

우주 발전의 경우도 마찬가지다. 빅뱅이론에 의하면 우주는 처음에 높은 밀도의 극히 작은 에너지 묶음이었으나 약 150억 년 전에 대폭발하여 팽창하기 시작했다. 팽창하면서 뜨거운 가스가 냉각되고 한데 엉켜 굳어지면서 여러 은하가 형성되었으며, 각 은하 속에 많은 별들이 생겨났다. 그

별들의 대부분은 행성에 둘러싸였는데 그 행성 중의 하나가 지구이며 지구에 생명이 발생되고 드디어 인간이 나타났다. 150억 년의 장구한 시간이라는 관점에서 우주를 볼 때 우주 전체는 하나의 거대한 조직체(유기체)로서 상호간에 큰 조화를 이루며 계속 활발하게 성장해 온 것이다.

우주는 물리화학적 조화의 법칙에 따르면서 일정한 방향을 향하여 진전되어 온 것이며, 우주의 발전에는 일정한 목표가 있음을 알게 되었고 목표는 인간의 출현을 뜻한다. 인간의 출현을 위하여 우주가 발전해 온 것이다. 우주의 발전에 이와 같은 방향성을 제시해 준 것은 우주의 배후에 잠재해 있던 어떤 의식의 힘이며, 이것을 우주의식 또는 우주생명이라고 한다. 우주적인 생명의 종자가 형성되어 그것이 오늘날까지 팽창하면서 성장해 왔으며, 그 성장의 최종적인 열매가 인간이라고 볼 수 있다. 인본주의 사상에서 우주 발전의 최고목표는 인간이다.

생명에는 필연성과 법칙성이 있으며 이는 모두 목적의 실현을 위해 있음을 알 수 있다. 생물 발전의 주체는 생명이며, 생명은 목적성을 지닌 의식성 에너지이기 때문이다.

2) 우주의 법칙

① 주체와 대상의 상대적 관계

에너지 운동을 하는 모든 존재는 성상과 형상, 양성과 음성 등의 주체와 대상, 상대적 요소를 지니고 있다. 이 사실은 존재세계의 각급 개성진리체 즉, 우주에서부터 소립자에 이르기까지 모두 동일하다. 우주가 아무리 크더라도 그것도 하나의 개체다.

우주도 하나의 개성체로서 우주에는 중심이 있고 그 중심을 향하여 약 1천억 개로 추산되는 은하(星雲)가 돌고 있다. 이 경우에는 우주의 중심부분이 주체이고 여러 은하는 대상의 관계에 있다. 은하계도 중심핵을 이루는 항성군(核恒星系)과 그것을 에워싼 약 1천억 개의 별(항성)들로 구성된 별들의 대집단이다.

태양은 은하계를 이루고 있는 여러 항성 중의 하나이지만, 태양계도 하나의 태양과 아홉 개의 혹성으로 되어 있고, 태양과 행성(行星)은 주체와 대상의 관계에 놓여 있다. 태양계의 행성인 지구도 중심부와 지각 및 지표가 있다.

지표에는 자연의 만물과 인간이 살고 있다. 인간이 주체라면 자연 만물은 대상이 된다. 그리고 인간들이 국가를 형성하지만 국가에는 정부와 국민이 있고 국가의 기본 단위인 공동체로서의 가정이 있으며, 가정에는 부모와 자녀, 남편과 아내의 관계로 구성되어 있다. 또 인간 개개인도 영혼과 육신으로 되어 있어서 각기 주체와 대상의 관계를 갖는다.

그러면 주체와 대상의 성격은 어떤 것인가? 주체는 대상에 대하여 중심적, 적극적, 동적, 창조적, 능동적, 외향적이며 대상은 주체에 대하여 의존적, 소극적, 정적, 보수적, 수동적, 내향적이다. 여기에서 말하는 주체와 대상은 인간과 만물(물체)과의 관계뿐만 아니라 인간과 인간과의 관계나 물체와 물체와의 관계에도 적용이 된다.

예를 들면, 육신도 뇌와 지체로 되어 있고, 육신은 세포로 되어 있는데 개개의 세포도 세포핵과 세포질로 되어 있으며, 세포핵도 염색체와 핵액(核液)으로 구성되어 있다. 염색체도 핵산(DNA)과 단백질이라는 주요소와 종요소로 되어 있으며 핵산도 역시 분자인 염기와 종요소인 당과 인산으로 되어 있다. 염기와 당 그리고 인산을 형성하고 있는 것은 원자다. 원자는 하나는 개성체로서 양자(핵)와 전자라는 종요소로 되어 있다. 그리고 소립자도 한층 더 낮은 차원의 주요소와 종요소로 되어 있다고 보아야 한다.

양성자가 얼마나 작고 공간적으로 하찮은 존재인가는 아무리 애써도 제대로 이해할 수가 없다. 양성자는 그 자체가 비현실적으로 작은 원자의 아주 작은 일부분이다. 양성자는 좁쌀 하나 크기의 공간에 5천억 개가 들어갈 수 있는 작은 것이다. 이 입자들이 우주를 구성하고 생명을 탄생케 만든다고 한다.

이와 같이 우주는 작게는 소립자에서부터 크게는 우주에 이르기까지 여러 계층의 수많은 개성체가 있으며 이들은 모두 주체와 대상의 상대적 요소로 되어 있다. 그런데 하나의 개성체는 그것보다 상위의 개성체에서 볼 때 그 상위의 개성체의 구성요소에 불과하다. 예를 들면 태양계는 태양과 행성으로 구성된 개성체이지만, 은하계라는 상위의 개성체에서 보면 태양계는 그 은하계의 하나의 구성요소에 불과하다. 따라서 개성체는 상대적인 개념이다. 그리고 '주체와 대상'도 상대적인 개념이다. 태양은 태양계에서 행성의 주체이지만 은하계의 중심핵에 대해서는 대상이 된다.4)

② 수수작용에 의한 원환운동(圓環運動)

모든 존재는 시간과 공간 내에서 물리적 운동을 하고 주체와 대상의 상대적 관계를 가지고 있다. 이 두 개체는 목적을 중심으로 하여 수수작용을 한다. 수수작용의 결과는 두 개체가 합성체(合性體)를 이루기 위한 것이며 이때의 수수작용의 중심(목적)은 주체와 대상의 중간에 있는 것이 아니고 주체 속에 있다. 따라서 수수작용에 의한 운동은 주체를 중심으로 한 원환운동으로 나타나게 된다.5) 예를 들면 원자에 있어서 핵(양자)과 전자는 양전기와 음전기를 갖고 있으며, 태양계의 행성이 태양을 중심하고 도는 것과 같다. 이것은 수수작용의 목적이 각각 핵과 태양에 있기 때문이다.

모든 존재가 상대적 관계를 갖고 수수작용을 하는 이유는 무엇인가? 수

---

4) 통일사상연구원, 『통일사상요강』(성화출판사, 1993), p.194 참조.
5) 통일사상연구원, 앞의 책, p.204 참조.

수작용에는 원만성, 원화성, 원활성이 있기 때문이다. 수수작용의 원화성은 신의 심정을 중심으로 한 사랑의 표현이다. 사랑은 모가 없는 것으로서 원형으로 표현될 수 있다.

또한 주체와 대상이 수수작용을 할 때 원환운동이 벌어지는 이유는 무엇인가? 만일 대상이 주체를 중심하고 돌지 않고 직선운동을 한다면 결국 대상은 주체를 떠나고 주체와 대상은 수수작용을 할 수 없게 되기 때문에 모든 존재는 결국 존재할 수 없게 된다. 오직 수수작용에서 생존(존속)과 번식(발전)과 통일의 힘이 나온다는 것을 알 수 있다.

이러한 결과론적 입장에서 우리는 우주의 초끈이론(superstring theory)을 통해 우주의 생명운동은 시간과 공간속에서 큰 조화를 이루고 있다는 것을 다시 이해하게 되었다.

II. 인간의 육신과 영혼의 신비

사람은 육신과 영혼으로 되어 있다. 육신은 만물과 동일한 요소로 되어 있어서 일정한 기간만 생존한다. 그러나 영혼은 육안으로 볼 수 없는 영적 요소로 되어있어서 영감으로만 감득되며 신을 직감할 수 있고 무형세계와 통할 수 있는 무형의 실체다. 영혼은 그의 육신과 동일한 모습으로 되어 있으며 육신을 벗은 후에는 무형세계에 가서 영존한다. 인간이 영원히 살기를 바라는 것은 그 자체 내에 영존성을 지닌 영혼이 있기 때문이다.

육신과 영혼의 관계는 나무와 열매와 같다. 영혼은 어디까지나 지상의 육신생활에서만 완성될 수 있다.[6] 영혼의 모든 감성도 육신생활 가운데 상대적 관계에 의하여 육성된다. 따라서 인간은 지상 육신생활에서 영혼이 완성되어 신의 사랑과 자비, 기쁨과 환희 가운데 살게 된다. 그러므로 우리는 지상 육신생활에서 선한 생활을 하지 않으면 안되게 되어 있다.

육신은 광물차원의 육체(肉體)와 동물차원의 본능인 육심(肉心)을 가지고 있고 영혼은 영혼의 마음인 영(靈心)과 그의 몸인 혼(靈體)으로 되어 있다. 영심은 초월적 생명으로서 생명의 마음(生心)이라고도 한다.

이러한 인간의 마음은 육신의 본능으로서의 육심과 영혼의 마음인 생심으로 되어 있다. 육심의 기능은 의·식·주·성(性)의 생활을 추구하며 생심(靈)은 진·선·미·애(愛)의 가치를 추구한다. 이 육심과 생심이 하나된 것이 인간의 본연의 마음(本心)이다.[7]

---

6) 세계기독교통일신령협회, 『원리강론』(성화출판사, 1966), p.71 참조.
7) 통일사상연구원, 『통일사상요강』(성화출판사, 1993), p.171 참조.

1. 육신의 신비

1) 생명의 기적

인체의 구조와 기능을 볼 때 모두가 '우연'하게 발생했다고 말할 수 있는 것은 아무 것도 없다. 그것은 너무도 완전하게 '계획'되고 '의도'된 것이며, 여기서 우리는 신의 마음을 보게 된다.

인체에 대한 올바른 이해는 그것들이 어떻게 존재하고 기능하도록 만들어졌는지를 아는 일이며, 그것은 또 인체가 본래의 목적대로 쓰여져야 한다는 인간 행동의 바른 규범을 배우는 일이기도 하다. 그래서 신비스런 인체는 그 자체가 윤리성의 기초가 되기도 한다.

① 생명의 탄생

한 생명의 탄생은 예컨대 하나의 정자와 하나의 난자와의 만남에서 시작된다. 여자의 난자 세포의 크기는 육안으로 겨우 보일 정도의 크기이나 달걀 모양을 하고 있다. 하지만 난자는 인간의 몸 안에 있는 세포 중 가장 큰 세포다.

난자의 침착한 자태와는 대조적으로 남성의 정자 세포는 불룩하게 부어오른 머리와 기다란 꼬리를 가진 것으로 마치 성난 올챙이와도 같다. 이들은 약 2억 마리 중 단 하나만 수정되는 영광을 쟁취하여 자리를 잡는다. 정자의 크기는 0.006㎜(6㎜/1000)이며, 정자가 수정된 난자는 모래알보다 작다. 이 속에 사람이 되게 하는 모든 정보가 입력되어 있다.

난자와 정자의 핵이 융합한지 6∼12시간 이내에 염색체는 유전자를 교환하고 두 개의 세포로 분열하기 시작해서 4개, 8개, 16개,⋯ 의 세포로 분할해 나가며 서서히 자궁으로 내려온다. 수정된 후 7∼8일부터 수정란은 자궁 내막에 자리를 잡는다. 수정란의 착상이 시작되어 14일쯤 되면 완전히 자리를 잡게 되고 완성을 향한 새로운 변화를 시작하게 된다. 착상된 태아는 이미 설계되어 있는 유전자의 지시에 따라 한 치의 착오도 없이 놀라운 속도로 태반, 탯줄, 양막으로 구성된 작은 공간 속에서 성장해 간다.[8]

② 세포는 소우주와 같다

생명의 속성은 번식하고 성장하며 환경에 적응한다. 그리고 대사 작용으로 자기 생명을 유지한다. 생명체의 구조와 기능을 살펴보면 결국 하나의 세포단위가 생명체를 발현시킨다. 세포는 육안으로 볼 수 없을 정도로 작지만 그 속은 너무 복잡한 조직과 규칙과 질서가 있다. 그래서 세포를 소우주라고 비유하기도 한다.

세포를 구성하고 있는 기본 원소들은 99%가 수소, 탄소, 질소, 산소 등 10여 가지 원소들이다. 그러나 이 구성 성분 각각에는 생명이 없다. 어찌보면 생명은 무 생명체의 집합체다. 하지만 그 생명체를 구성하고 있는 각 성분을 시험관에서 합성한다 하더라도 결코 생명을 만들 수는 없다. 그저 인간 생명의 신비일 뿐이다.

③ 생명의 설계도

성인의 신체는 약 100조 개의 세포로 이루어져 있다. 그리고 세포의 모양은 각양각색이다. 전자 현미경은 세포를 20만 배나 확대시켜 관찰할 수 있다. 세포 속을 들여다보면 기능이 제각각이지만 다른 여러 기관과 조화

---

8) 8주가 되면 태아의 운동이 충분할 정도로 신경이 발달하게 되고 크기는 약 3㎝, 체중은 몇 그램 밖에 안 되지만 수정에서부터 2개월간에 변한 무게는 무려 2백만 배나 된다. 1초에 약 20 배씩 늘어나는 셈이다. 12주가 되면 키는 5㎝, 몸무게는 20~30g 정도가 된다. 낙태 문제로 발생된 논란은 생명의 시작이 언제부터인가라는 것이다. 난자와 정자가 수정되는 순간부터 생명이 시작된 것으로 보아야 한다는 주장이 설득력을 얻어가고 있다. 오늘날 생명과학의 발달로 생명체를 만들어 내고 있다. 그러나 생명 자체는 여전히 신비에 감싸여 있다. 참으로 신비 그 자체가 아닐 수 없다.

를 이루고 있어 복잡한 사회의 어느 집단보다도 더 조직적이고 체계적이다. 그 각 기관은 먹고 자라며 움직이고 반응하여 자기를 수호하는 기능을 수행해 내고 있다.

세포핵 속에 있는 유전자(DNA)는 생명의 설계도이며 생명의 근원적 물질, 유전정보의 저장고다. 눈에 보이지도 않는 작은 세포핵 속에 직경이 불과 0.000005m(100만분지 5m)인 핵 속에 4천만 배나 긴 2m나 되는 DNA라는 실이 들어 있다. 그것도 정교하게 일정한 나선형의 모양을 갖춘 형태로, 만약 100조 개의 세포의 전체 DNA를 연결한다면 지구에서 태양까지 10번 왕복할 수 있는 길이라고 한다. 참으로 신비하고 오묘한 인체가 아닐 수 없다. 따라서 우리의 인체는 완벽하고 계획적인 설계에 의해 만들어 졌다고 보지 않을 수 없다. 또 우리의 몸은 통제와 조절에 의한 조화의 극치를 이루고 있다. 인체는 매우 복잡하지만 그 속에 일정한 규칙과 법칙이 있다.

세포는 분자들로 되어 있고 분자들은 원자들의 합성체다. 따라서 내가 지금 이곳에 존재하기 위해서는 엄청나게 많은 원자들이 경이롭게 협력적이고 정교한 방법으로 배열되어야만 한다. 그 작은 입자들이 앞으로 몇 년 동안 아무 불평도 없이 협동적인 노력으로 나의 육체를 유지시켜 줄 것이고, 그런 노력의 가치를 제대로 인정도 해 주지 않는 나에게 귀중한 삶을 경험하도록 해 줄 것이다.

지구에서 생명체를 만들어 내는 원자들과 똑같은 원자들이 우주의 다른 곳에서는 그런 일을 하지 않는다는 것은 정말 이상한 일이다. 화학적으로 볼 때 생명체는 놀라울 정도로 평범하다. 탄소, 수소, 질소, 칼슘, 황 등 평범한 원소들이 조금씩만 있으면 된다. 그런 원자들이 나의 생명을 구성하고 있다는 사실은 생명의 신비요, 기적이 아닐 수 없다.

④ 우리는 원자에게 감사해야 한다.

우리는 원자에게 감사해야 한다. 원자가 존재하고 그 원자가 그렇게 배열되어 있다는 사실 때문에 우리는 지금 여기에 존재할 수 있다. 원자들이 그런 수고를 마다하지 않는 이유는 수수께끼다. 그 원자들이 헌신적으로 노력 하지만 사실 원자들은 나에게 아무런 관심이 없을 뿐만 아니라 내가 존재한다는 사실도 인식하지 못한다. 그럼에도 불구하고 원자들은 모두 내가 존재하는 동안 무엇보다도 소중한 단 하나의 목표를 위해 노력한다. 나를 살아있게 만드는 것이 그 목표다.

사람의 일생은 평균 69만 시간(약 80년) 정도에 지나지 않는다. 그 시간이 지나면 우리의 원자는 육신의 존재를 마감하고 조용히 떠나가 버린다. 우리는 이런 일 자체를 감사해야 한다.

2) 인체세포의 세계 : 세분화할수록 오묘한 소우주

① 세포 속에 있는 유전자

도대체 유전자는 무엇일까? 세포 속에는 핵이 있고 각각의 핵 속에 모두 46개의 복잡한 덩어리로 되어있는 염색체가 있다. 그중 23개는 어머니에게서, 23개는 아버지에게서 받은 것이다. 염색체는 인격체를 형성하는데 필요한 완전한 지시사항을 가지고 있으며 DNA라고 부르는 실 모양으로 생긴 작고 신기한 화합물질로 되어있다. 난자와 정자가 일단 그들의 유전자를 나누어 받으면 DNA의 화학 사다리는 지퍼의 이빨이 서로 떨어져 나가는 것처럼 각 유전인자의 중심을 갈라놓는다. 그런 과정에서 세포들은 분화되고 각 세포는 1만 개의 유전인자의 전체 지시서를 보유한다. 각 세포는 너무나 완전한 유전인자 부호를 지니고 있어서, 몸 전체가 몸의 어떤 한 세포로부터의 정보에 기초하여 완전히 재조립될 수도 있다.

DNA는 지구상에서 가장 놀라운 분자로 알려져 있다. 우리 몸의 거의 모든 세포에 대략 1.8m에 이르는 DNA가 들어 있고 각각의 DNA는 23억 개의 암호로 되어 있다. 한 몸의 DNA를 모두 합치면 그 길이가 2천만 km나 된다.

② DNA는 단백질의 지침서

DNA는 스스로 살아있는 것도 아니기 때문에 생명이 없는 분자이기도 하다. 그래서 DNA는 생명의 핵심적인 위치에 있으면서도 생명이 없는 물질이다. DNA는 생명에 필수적인 과정인 단백질을 만드는데 관여하고 있으며 그 생성을 지휘하는 DNA에서 멀리 떨어져 있는 핵의 바깥 부분에서 만들어지고 있다는 사실이 밝혀졌다.

그러나 DNA가 어떻게 단백질에서 정보를 제공하는가를 이해할 수가 없다. DNA와 단백질은 서로 이해할 수 없는 암호를 이용하고 있다. 라보핵산(RNA)이 둘 사이를 통역해야만 한다. RNA는 세포의 DNA에서 전달되는 정보를 단백질이 이해하고 그에 따라 행동할 수 있는 형식으로 전환시켜 준다.

유전학은 DNA의 구조를 이해한 후부터 분자 생물학으로 빠르게 발전했다. 유전자는 단백질을 만드는데 필요한 지침서이며 인체를 움직이는 지침서의 일종이다. 유전자는 단백질을 만드는 개별적인 지침서에 해당한다. 그런 지침이 사용하는 단어가 바로 유전암호(코돈)이고 글자는 염기라고 알려져 있다.

DNA 분자의 모양은 나선형 계단이나 꼬인 줄사다리와 비슷하다. 이 사다리를 오르내릴 때 나타나는 글자 순서가 DNA 암호다. DNA의 가장 중요한 특성은 복제의 방법이다. DNA에 유전자를 만드는 지침이 들어있다 하더라도 그것은 생물체가 제대로 작동하도록 만들기 위해서가 아니라 단백질을 만드는 것이다. 단백질을 만들기 위해서는 상당한 에너지가 필요하다.

③ 단백질의 기능

단백질은 모든 살아있는 생물을 움직이도록 해주는 말(馬)이라는 것이 밝혀졌다. 하나의 세포에서 수억 개의 단백질이 바쁘게 활동하고 있다. 단백질이 제대로 작동하려면 필요한 화학적 성분들이 제대로 결합되어야 할 뿐만 아니라 특별한 모양으로 접혀져야 한다. 단백질은 고리 모양이나 코일 모양을 만들기도 하고 오그라들기도 해서 언 듯 보기에는 지나칠 정도로 복잡하게 보인다. 그러나 그 속에도 생명체가 작동하는 방법은 근본적인 통일성 때문에 나타나는 단순성이 숨어 있다. 염기들의 협동과 DNA가 RNA(라보핵산)로 전사(轉寫)되는 것을 비롯해서 세포를 살아 움직이도록 해주는 작고 재치있는 화학과정들은, 단 한 번의 창조가 이루어진 후로 자연계 전체에 변하지 않고 유전되어 왔다.

④ 모든 생명체는 하나

인간 유전자의 60% 이상이 근본적으로 초파리에서 발견되는 것과 동일하다는 사실이 밝혀졌다. 적어도 인간 유전자의 90%는 쥐에서 발견되는 유전자와 상관관계를 가지고 있다. 그래서 생명은 단 하나의 생명에서 시작된 것으로 보인다. 우리 인간도 점진적으로 만들어진 것이다. 놀랍게도 우리는 흔히 생각하는 것보다 초파리나 채소에 훨씬 더 가깝다. 바나나에서 일어나는 화학적 기능의 거의 절반 정도가 근본적으로 우리의 몸에서 일어나는 화학적 기능과 똑 같다.

따라서 살아있는 모든 생물이 단 하나의 계획에서 비롯되었다는 것을 이해한다는 것은 바로 모든 생명체는 하나라는 것이다. 그것이 이 세상의 가장 심오한 진리다. 결론적으로 우리가 지금 이곳에 존재한다는 것은 엄청난 행운이 아닐 수 없다. 우주에서 우리들이 생명을 얻는다는 것 자체가 엄청난 성과다. 물론 인간은 두 배의 행운을 얻은 것이다. 우리는 존재할 수 있는 특권을 얻었을 뿐만 아니라 그 가치를 인식할 수 있고 다양한 방법으로 삶을 개선할 수 있는 유일한 능력을 가지게 되었다.

세포들은 각기 몸에 대한 지침서라고 할 수 있는 완벽한 유전 코드를 가지고 있기 때문에 자신이 해야 할 일뿐만 아니라 몸속의 다른 세포들이 하는 일에 대해서도 모두 알고 있다. 자연에 존재하는 모든 세포들은 그야말로 신비로운 대상이다.

⑤ 인간은 100조 명의 국민을 가진 국가

우리 몸에는 수백 종류의 세포가 있으며 길이가 길고 실처럼 생긴 신경 세포로부터 작은 판 모양의 적혈구세포, 그리고 시각을 도와주는 막대 모양의 광섬유에 이르기까지 그 크기와 모양이 엄청나게 다양하다. 특히 수정은 정자보다 8만 5천 배나 큰 난자세포와 만나게 된다. 타조알과 같이 큰 하나의 세포도 있으나 인간의 세포는 대체로 지름이 1미리 미터의 100분의 2(2mm/100)인 20마이크론 정도다. 눈으로 보기에는 너무 작지만 수천 개의 복잡한 구조와 수백만 개의 수백만 배에 이르는 분자들을 담고 있다.

인간의 세포는 종류가 많고 복잡하기만 한 것이 아니라 세포들 사이의 복잡한 상호 작용 때문에 아주 매력적이다. 인간의 세포들은 100조 명의 국민을 가진 국가를 구성하고 있으며 각 세포들은 전체의 복지를 위해서 놀라울 정도로 전문적인 일을 수행해야 한다.

⑥ 세포들에게 감사해야

세포가 하는 일은 참으로 많고 다양하다. 즐거움을 느끼고 생각을 할 수 있게 해주고 팔다리를 움직이고 뛰어 놀도록 해주는 것도 세포들이다. 음식을 먹으면 세포들이 영양분을 축출하여 에너지를 전달하고 노폐물을 처리한다. 그뿐 아니라 배가 고프다고 느끼게 하고 음식을 먹은 후에 만족스럽게 해주어서 음식을 먹는 일을 잊지 않도록 해주는 것도 세포들이다. 세포들은 머리카락을 자라게 만들고 귓속을 청소하는 귓밥을 만들고 뇌가 아무 소리 없이 움직이도록 해준다. 또 몸이 위협을 받게 되면 즉시 방어에 나선다. 세포들은 우리를 위해 주저 없이 죽어 주기도 한다. 매일 수십억 개의 세포들이 그렇게 죽는다. 그럼에도 불구하고 우리는 평생 동안 한 번도 그런 세포에게 감사하게 여긴 적이 없다. 그러니 잠시 멈추어서 나의 세포들에게 경이와 감사를 표하는 것이 마땅할 것 같다.

⑦ 세포들의 완벽한 조화

세포들은 상상할 수 없을 정도로 다양하고 복잡하며 정교한 구조를 가진 작은 세상이라고 볼 수 있다. 세포는 거대한 규모로 화학활동에 몰두하고 있다는 점에서는 정유공장과 비슷하고, 매우 바쁘고 복잡하며 혼란스럽게 무질서한 것처럼 보이지만 그 속에 어떤 체계가 존재한다는 점에서 대도시와 비슷하다. 그러나 어떤 세포는 도시나 공장보다 더 복잡하다. 세포 속에서는 전기 에너지가 끊임없이 날아다니고 있다. 전기의 존재를 느끼지는 못하지만 사실은 그렇지가 않다. 우리가 먹는 음식과 호흡하는 산소가 세포 속에서 결합되면서 전기가 발생한다. 우리에게 충격을 주지 않는 것은 전기가 0.1 볼트 정도로 만들어지기 때문이다.

세포에서 가장 신비스러운 것은 수십 년 동안 모든 것이 너무나도 잘 관리된다는 것이다. 그러기 위해서 세포들은 몸 전체를 상대로 끊임없이 신호를 보내고 받는다. 지시를 하고 수정을 하며 도움을 청하고, 정보를 갱신한다. 또한 분열이나 죽음을 통보하는 시끄러운 신호들이 오고 간다. 대부분의 신호또는 호르몬이라는 특사들에 의해서 전달된다. 인슐린, 아드레날인, 여성호르몬, 남성호르몬과 같은 화학물질들이 외딴 곳에 있는 갑상선이나 내분비선에서 정보를 운반해 온다. 그리고 세포들은 인접한 세포들과 직접 교신을 해서 자신들이 서로 조화롭게 움직이고 있음을 알 수 있다.

세포의 활동에 대해서 가장 놀라운 사실은 서로 끌어당기고, 밀치는 기본적인 법칙만이 끊임없이 나타나는 결과일 뿐이다. 모든 일이 그저 일어나면서도, 완벽하고, 반복적이고, 신뢰할 수 있도록 일어나고 있다. 어떻게 해서든지 세포내에서의 질서만이 아니라 조직 전체에서의 완벽한 조화가 유지된다.

⑧ 몸은 하나의 공동체

인간의 몸은 하나의 조화로운 공동체와 같다. 세포는 한 유기체의 기본단위다. 세포는 자기 자신을 위해 살수도 있고 보다 큰 유기체의 생성과 보전에 도움을 줄 수도 있다. 몸은 여러 가지 내장과 지체의 세포로 구성되어 있다. 다양한 모양과 기능을 가지고 있다 하더라도 100조 개의 세포는 하나의 유기체를 이루고 있다. 몸 안에 들어가면 각각 수억 개의 충성스런 세포들로 똘똘 뭉쳐 있는 위장과 비장과 간장, 췌장 그리고 신장이 얼마나 유능하게 각자의 기능을 수행하는지 그들의 존재도 의식하지 못한다.

우리는 자신의 몸속에 있는 세포들이 가정, 단체, 지역사회, 나라 등과 같은 큰 유기체들에 대하여 가르쳐 주는 교훈이 있음을 알 수 있다. 신앙공동체 안에 있는 신자들은 세포들처럼 다양한 사람들의 집합체다. 각 세포들은 몸 전체의 필요를 삶의 목적으로 받아들이면서 몸 전체가 건강하게 살도록 한다.

세포들이 함께 협동하며 일하도록 유도하는 것은 무엇일까? 무엇이 100조 개의 세포들을 조정하여 동작과 시각과 의식의 고도화된 기능들을 수행하게 하는 것일까? 하나의 몸의 세포 회원 자격에 대한 비밀은 각 세포핵 속에 감추어져 있는데, 한 줄기의 DNA 속에 화학적으로 뭉쳐져 있다.

DNA의 설계자 되시는 신께서는 전 인류를 자기 자신의 몸의 지체의 일원이 되라고 부르고 계신다. DNA가 전혀 오류 없이 동일성을 새로운 세포에게 전해 준다는 생명의 신비에 비추어 신 안에 거하는 뜻을 이해할 수 있다.

3) 뼈와 근육의 구조 – 불가사의한 인체 기능의 조정 능력

① 206개의 뼈

성인의 몸에 뼈는 40㎝가 넘는 것으로부터 1㎜ 정도의 작은 것 등 다양할 뿐만 아니라 꼭 필요한 모양과 크기로 되어 있다. 몸은 총 206개의 크고 작은 뼈로 구성되었고 이 뼈들을 잇는 것은 근육과 관절이며 관절과 근육 운동은 놀랍기만 하다. 약 230개의 관절과 460 개의 마찰 면은 쉬지 않고 움직이며, 관절 윤활액으로 덮여 있는 연골의 성분과 기능을 다른 무엇으로도 대신할 수가 없다. 연골 자체가 필요한 만큼의 윤활액을 만들어 낸다.

② 근육운동의 놀라운 유연성

인체를 구성하고 있는 근육은 크게 두 가지로 나눈다. 하나는 바로 뼈들에 붙어 있으나 눈으로 볼 수 없는 근육과 신체 내부의 장기를 이루는 또 다른 하나의 근육이다. 장기를 구성한 근육은 자율적으로 운동을 하게 되어 있으나 심장이나 위장 등의 근육은 우리 마음대로 움직일 수가 없다. 그 반면 신체 외부의 근육은 우리가 마음대로 움직일 수가 있다. 만일 심장의 근육이 신체 골격의 근육과 같다고 하면 어떻게 심장의 강한 수축을 평생 동안 피로를 느끼지 않을 수 있을 것인가? 참으로 신기한 일이다. 또 같은 뼈에 붙어 있으면서도 기쁘고 슬프며 웃고 화내고 그 많은 표정들을 만들어 내는 얼굴 근육의 유연성은 근육 움직임의 극치가 아닐 수 없다.

인체의 신비는 인체 각 기관이 구조적으로나 기능적으로 서로 연관을 맺고 통합되어 하나의 유기체로 교묘히 활동하도록 되어 있는 조화에 있다. 뼈를 서로 얽어 움직이게 하는 600여 개의 근육활동을 포함해서, 신체 각 부위에 산소와 영양을 공급하는 무려 96,000㎞에 달하는 혈관망, 크고 작은 외부 자극에 대해서 신체가 적절히 반응할 수 있도록 하는 신경망 그리고 온 몸의 유기적 활동에 윤활유 역할을 하는 내분비선의 존재와 그 기능 능력이 바로 그것이다. 이들의 정상적인 기능에 장애가 생기는 경우 신비스럽기만 한 신체 각 기관의 활동은 제 기능을 상실하고 또 다른 정상적인 신체 기관의 구조와 기능에까지 악영향을 주게 된다.

③ 근육의 조절 기능

우선 근육의 신체 조절 기능을 보면, 원칙적으로 근육운동은 수축뿐이다. 뼈에 대한 근육의 작용은 팔이나 다리의 굴신(屈身)운동에 잘 나타난다. 딱딱한 뼈의 축에 지나지 않는 팔과 다리는 이를 둘러싼 근육의 수축작용에 의하여 비로소 그 교묘한 갖가지 운동을 할 수 있게 된다. 또 근육은 피부나 다른 근육도 끌어당긴다. 사람이 미소를 짓거나 얼굴을 찡그리게 되는 것이 그 좋은 예다.

이런 근육의 수축은 눈이나 귀와 같은 감각 기관에서 감지한 사실을 뇌가 일정한 행동으로 전환하는 판단에 따라 이루어지며, 호흡할 때처럼 반사적으로 늑골을 근육이 수축함으로써 몸 상체 흉곽이 스스로 늘었다 줄었다 하는 운동을 하도록 되어 있는 경우도 있다.

④ 혈관의 놀라운 현상

사람의 몸이 하나의 유기체로서 그 합목적성을 다하도록 하는 것은 신체의 구석구석에 산소와 영향을 공급하는 혈관망과 그 역할이다. 총연장 96,000㎞라는 길이와 동서남북으로 연결된 그 많은 혈관들이 신체의 위치나 중력에도 불구하고 항상 동맥은 심장의 반대 방향으로, 정맥은 심장을 향해서만 순환되도록 되어 있는 이치는 어떤 과학이나 이론으로도 설명이 어려운 신비스러운 현상이다.

특히 낮은 유압(流壓)의 정맥이 발끝에서 심장으로 흐르는 사이에도 역류되는 일이 없도록 혈관 내에 일정 간격으로 밸브가 장치된 일은 참으로 놀라운 사실이 아닐 수 없다.

전신을 돌아 올라온 정맥은 폐 혈관망을 통하는 동안 산소를 공급받음으로써 다시 깨끗한 동맥혈이 되어 전신에 나가게 된다. 이렇게 혈액이 우리 몸 전체를 순환하는데 드는 시간은 1분도 되지 않는다.

⑤ 신경계의 정신 조절 기능

신체 안팎으로부터 모든 자극에 대해 거의 순간적으로 대응하여 적절한 신체 운동을 유발하는 신경계의 전신 조정 기능 또한 놀라움의 극치가 아닐 수 없다.

뇌와 척수 그리고 전신에 퍼져있는 신경망 조직은 신체의 내부 또는 외부 세계로부터 정보를 수집하는 일을 할 뿐만 아니라 장차 필요할 때 이를 사용하기 위한 보관 기능은 물론 이를 분석해서 행동에 옮기게 하는 판단 기능까지 갖추고 있다.

전신을 누비며 퍼져있는 신경계의 중심은 역시 뇌와 척수다. 뇌에서는 신경섬유가 모여 머리, 눈, 귀, 코, 목구멍 등 상체 부위의 몇몇 기관을 관장하는 12쌍의 소위 뇌신경을 형성하며, 등골을 따라 내려가는 척수로부터는 31쌍의 신경이 척수골 사이 틈새를 지나 팔과 몸통, 다리 등 전신에 퍼져 나가게 되어 있다.

이런 신경계는 뉴런(neuron)이라는 기본 신경단위 세포와 이를 잇는 신경 섬유들로 이어지며 감각을 위한 감각신경 그리고 운동을 위한 운동신경이 서로 연결되어 자극에 반응하도록 되어 있다.

눈이나 귀, 그리고 코와 같은 감각 기관의 신비스런 작용이 모두 이 신경망의 조정을 통해서 이루어지는 것임은 두말할 나위도 없는 일이다.

⑥ 생명력을 불어 넣는 호르몬

끝으로 이런 모든 신체 활동에 생명력을 불어 넣어 주는 역할을 담당함으로써 신체의 유기체적 기능을 한껏 높여 주는 것으로 내분비계, 특히 여기서 분비되는 호르몬이 있다.

무엇인가를 혈관 속으로 끊임없이 내보내는 기능적 특성 때문에 선(腺)이라고도 불리는 내분비계는 실상 아직도 많은 부분이 밝혀지고 있지 않은 존재이기도 하다. 그래서 신비감을 더해 주는 이 내분비계는 한마디로 신체기능의 화학적 조절기관이라고 한다.

신경계가 체내외 환경 변화에 즉각적으로 반응하여 신체 기능을 조절하는 능력을 갖고 있는데 비해 내분비선은 주로 신체의 성장과 성적(性的)성숙, 그리고 생식능력 등을 좀 더 장기적으로 조절함으로써 신체의 전신적 기능과 정상상태를 유지하는데 관여한다고 할 수 있다.

지금까지 밝혀진 내분비선 가운데 비교적 잘 알려진 것이 뇌의 밑 부분에 위치한 뇌하수체와 목 부위에 있는 갑상선, 그 뒤에 위치한 4개의 상피소체, 신장 위에 작은 모자처럼 얹혀 있는 부신, 췌장에 위치하여 인슐린을 분비하는 랑게르한스섬이라는 조직 그리고 남성과 여성의 성선(性腺) 등이다.

갑상선은 주로 에너지생산을 관장하고, 상피소체는 혈액과 뼈 사이의 칼슘을 분배하며, 부신은 체내의 염분과 수분 양을 조절하고 췌장에서 나오는 인슐린은 혈액 속의 당분을 조절하며, 성선은 생식과 남녀의 자웅을 구별하는 형태적 특징을 관장한다. 이들의 내분비선은 말하자면 인체의 생명력을 조절하는 활력소와 같은 일을 하는 신체의 내부 기관이다.

결국, 이들 근육운동이나 혈액순환, 그리고 신경전달이나 내분비선의 존재는 인체가 결코 기계주의적인 분석방법에 의해서 그 신비감이 밝혀질 수 없다는 것을 실증적으로 말해 주는 것이며, 신체 각 부위가 숙명적으로 서로 자연스럽게 연관을 맺음으로써 각기 그 기능을 극대화하도록 하는 보이지 않는 신비 바로 그 자체인 것이다.

⑦ 인체의 독자성과 개별성

오늘날 약 65억의 세계 인구 중에 어느 누구도 서로 똑같지 않게 창조되었다는 사실은 또 얼마나 놀라운 일인가? 특히 인체의 개별성을 한 가지로 가장 잘 나타내 주는 것은 당연히 지문(指紋)이다, 미국연방수사국(FBI)이 보관하고 있는 지문은 약 2억 개다. 그 중에 똑같이 보이는 것 같은 두 개의 지문을 보통 사람이 보아도 쉽게 그 차이를 알 수 있을 정도라고 한다. 인체의 이 철저한 독자성과 개별성은 각기 절대적인 가치와 그 무엇과도 바꿀 수 없는 고귀한 창조물임을 웅변적으로 깨우쳐 주는 것이다. 그러한 인체가 과학적 연구대상이 되어 왔고 그 두터운 베일이 벗겨질수록 더욱 더 무한한 신비를 간직하고 있음을 발견할 따름이다.

⑧ 인체 속의 신비는 신의 호흡

인체의 구조와 기능에 관한 지식을 통해서 배우는 인체에 대한 신비감, 그것은 곧 깊은 개인적 성찰과 또 타인에 대한 깊은 애정을 유발시킴으로써 그 인체의 주인으로 하여금 가장 도덕적인 인간이 되게 한다. 인체의 신비를 윤리의 기초로 보게 되는 이치는 바로 이런 까닭에서인 것이다. "우리 인간의 본질, 그 인체 속에 내재하는 신비는 바로 신의 호흡이다. 신 스스로 당신 자신을 사람 몸속에 계시하신 것이다. 그러므로 사람 몸에 손을 대는 일로도 우리는 신에 접촉한다"고 볼 수 있다.

2. 영혼의 신비

사람의 영혼은 내적이자 정신적인 어떤 것이고 육신은 외적이자 드러나 보이는 몸이다. 그런데 성경은 영혼을 영과 혼으로 구분하고 있다. 영과 혼은 단어가 다를 뿐만 아니라 실제에 있어서도 같지 않다. 그리스도교가 사람을 영과 혼과 몸으로 구분한 것(살전 5장 23절)을 볼 때 사람의 영과 혼은 확실히 다른 것으로 이해해야 한다. 그러나 성경에서도 영과 혼이 혼용된 것을 볼 수 있다. 그 까닭은 많은 경우 성경 원어의 영이 영혼으로 번역되고 원어의 혼도 영혼으로 번역되었기 때문이다. 성서 원문이 영과 혼의 두 단어를 혼용했기 때문에 우리는 결코 이 두 단어를 혼용하지 말아야 한다.

창세기 2장 7절에 "하나님이 흙으로 사람을 지으시고 생기를 코에 불어 넣으니 생령(生靈)이 되었다"고 기록되어 있다. 신이 사람을 만드실 때 흙으로 사람의 모양을 만들고 생기를 그 코에 불어 넣었다. 이 생기가 사람의 몸과 접촉할 때 생령이 산출되었다. 이 생령은 사람의 몸과 영이 화합한 것이기 때문에 성경은 사람을 생령이라고 불렀다. 이 생기는 사람의 영이자 생명의 원천이다. 왜냐하면 요한복음 6장 63절에 '살리는 것은 영'이라고 말하기 때문이다. 이 생기는 신에게서 온 것이다. 그러나 이 생기의 영은 신의 영과 혼돈하지 말아야 한다.

하나님의 영과 사람의 영은 같지 않다. 이는 신이 불어 넣으신 생기가 사람의 몸속에 들어가 영이 되었고 동시에 이 영이 몸과 접촉하여 생긴 것이「산 혼」이다. 산 혼이라고 번역해야 할 것을 생령으로 잘못 번역한 것이다.9)

「흙으로 사람을 지으시고」, 이 글의 의미는 사람의 몸을 말한다.「생기를 그 코에 불어 넣으시니」는 사람의 영이 신으로부터 왔다는 것을 말한다. 이로써 그 사람은「산 혼」이 되었는데, 이것이 바로 사람의 혼이다. 영이 사람의 몸을 살렸기 때문에 사람은 산 혼이 되었고 살아 있으면서 자각(自覺)이 있는 사람이 되었다. 온전한 사람은 영혼과 육신이 하나로 화합된 존재다. 이 성경 구절로 볼 때 사람은 영과 몸의 두 가지 독립된 성질로 창조된 것이다. 본래 몸은 생명이 없는 것인데 영이 몸과 만남으로써 제 3의 혼이 나왔다. 영은 초월적 생명으로서 영이 없으면 몸은 죽은 것이고, 영이 있을 때 사람은 살아나게 된다. 몸 안에 영이 있을 때 유기적인 것이 되는데, 이러한 종류의 유기적인 것을 가르켜 혼이라고 한다.

여기서「산 혼」이 되었다고 말한 것은 영과 몸의 연합에 의해 혼이 생겨났다는 것을 말할 뿐 아니라 더욱 영이 몸에 연합되어 혼이 생겨난 후에 영과 몸이 다 혼의 일부로 병합되었다는 것을 말해 준다. 서로 연합된 이 세 가지 중, 중간에 연결하는 교량역할을 하는 인격체로서 혼은 사람을 독립적으로 존재할 수 있게 한다. 혼과 영과 몸의 결합체는 사람을 구성하는 요소들의 최종 완성이다. 그러므로 영과 몸이 완전히 연합한 후 사람은 산 혼이 되었다. 이 혼은 영과 몸이 상합한 총체요 사람의 인격이다.

혼은 그 사람의 자아로서 인격의 특징을 나타낸다. 혼은 사람의 자유의지를 갖는 기관이고 이 안에 영과 몸이 병합되어 있다. 혼에는 자유의지가 있기 때문에 신께 순종할 때 혼은 영을 주체로 삼게 된다. 그 반면에 혼이

---

9) 윗치만니, 『영에 속한 사람들』, 한국복음선원, 서울, 2000년, p.33 참조.

영에게 억압을 가하고 자기가 좋아하는 것을 따라갈 수도 있다. 종합적인 관점에서 영과 혼 그리고 몸의 의미는 다음과 같다.

사람의 몸은 '세상을 감지하는' 매개체이고, 혼은 '자신을 감지하는' 매개체이며, 영은 '신을 감지하는' 매개체다. 사람의 오관은 물질적인 몸을 통해서 물질적인 세계와 왕래할 수 있고, 영은 사람이 신과 왕래하는 부분이기 때문에 '신에 대한 지각'이라고 한다. 혼은 사람이 존재하도록 도움을 주는 지력(智力)의 부분과 다른 사람과 사물에 대해 사랑하는 관계를 갖게 해주는 감성의 부분 그리고 지각에서 산출된 자극의 부분으로 되어 있다. 이것들은 사람 자체와 그 인격에 속한 것이므로 '자아에 대한 지각'이다.

1) 영(靈)의 기능

영은 사람이 신과 왕래하는 부분이다. 이 부분에서 사람은 신과의 관계를 알고, 어떻게 신을 섬길 것인가를 알기 때문에 신에 대한 지각이라고 할 수 있다. 신은 영 안에 거하시고, 자아는 혼에 있으며, 지각은 몸에 있다. 혼은 집결하는 곳으로서 영과 몸이 여기에서 연합된다. 사람은 신과 영적인 세계와 교통하고 또한 영적 세계를 표현하는 능력과 생명을 받아들인다. 또 사람은 몸을 통해서 밖의 세계와 접촉하고 서로 반향 할 수 있다. 혼은 이 두 세계의 사이에 거하고, 이 두 세계에 속한다. 그러므로 한 면으로는 영을 통해 영적인 세계에 속한 것과 교통하고 한 면으로는 몸을 통해 물질세계와 상통한다.

비물질적인 영은 단독적으로 사람의 신체 내에 존재할 수 있다. 영은 신의 모든 요구를 집행하기 위해 여러 가지 기능을 내포하고 있다. 영에는 세 가지 기능이 있다. 그 기능은 직감, 교통 그리고 양심의 부분으로 나뉜다.

영으로 행한다는 것은 직감과 교통과 양심으로 행한다는 말이다.

① 직감

직감은 사람의 영 안에 있는 지각이다. 혼의 지각과 몸의 지각과는 완전히 다르다. 직감이라고 부르는 이유는 이러한 지각이 직접적이고 어떤 것에도 의존하지 않기 때문이다. 우리 몸 안에 생각과 감정과 의지의 도움 없이 생긴 지식은 직감에서 나온 것이다. 사람은 직감을 통해서 신의 뜻을 알 수 있다.

영이 인간의 몸 안에 거하므로 몸과 극히 친밀한 관계를 갖고 있지만 이 둘은 완전히 다르다. 영에 속한 사람은 그 사람 몸의 지각 외에 그의 가장 깊은 곳에 좋아하고 슬퍼하며 두려워하고 판단하고 분별할 줄 아는 다른 지각이 있다. 이것들은 영의 지각이다.

영의 지각은 몸으로 표현된 혼의 지각과는 전혀 다르다. 우리의 모든 느낌 속에 혼의 일보다 영이 하는 일이 많다. 어떤 사상이든 주장이든 혹은 느낌이든 간에 영에 속한 것과 혼에 속한 것을 알게 한다.

신앙생활은 영을 쫓아 행하는 삶이다. 영을 쫓아 행한다는 말은 영의 직감을 쫓아 행한다는 것이다. 영의 직감은 곧 신의 뜻을 나타내기 때문이다.

우리가 평상시에 말하는 신에게 감동을 받거나 깨달음에 이르는 것은 다름 아닌 신이 우리의 영 안에 역사함으로 직감이 신의 뜻을 이해하는 것이다. 여기서 우리는 신으로부터 온 것과 자신에게서 나온 것, 그리고 악령에게서 나온 것을 분별할 수 있다. 신이 거하는 곳은 우리의 영이고 우리의 영은 우리 존재의 가장 중심 되는 곳에 위치하고 있다.

우리의 영으로 알게 하는 분은 신이고 우리의 생각으로 이해하게 하는 것은 사람의 혼이다. 우리는 영 안에서 신의 뜻을 알게 되는 것이다. 그러나 대체적으로 직감 안에서 어떻게 행동해야 하는지를 알지만 생각이 사려 깊지 못하고 우둔하여 그러한 행동의 의미를 이해하지 못한다. 우리는 영적인 일을 알지만 그것을 이해하지 못할 수도 있다는 경우와 같다.

신앙인은 신이 자신의 영 안에 거할 때 영의 직감을 통해서 자신을 모든 진리 안으로 인도한다. 그리고 사람의 영 안에서 신은 자기의 뜻을 나타낸다. 직감은 신이 어떻게 감동하며 의미하는 것이 무엇인지를 알게 하는 인간의 본능을 드러낸다. 이렇게 해서 사람은 신의 뜻을 알게 된다. 사람의 생각으로 세상의 일을 깨닫듯이 직감은 사람을 통해 영적인 세계를 깨닫게 한다.

신은 큰 소리나 불꽃으로 혹은 능력으로 신앙인을 꺼꾸러뜨리거나 큰 소리로 말하지 않는다. 신은 신앙인의 영 안에서 신앙자의 직감이 영적인 것을 고요히 느끼게 한다. 직감이 이러한 느낌을 가질 때에 직감은 신이 무엇을 말했는지를 알 수 있게 된다.

만일 신앙인이 신의 뜻을 행하고자 한다면 그는 다른 사람에게나 자기에게 물을 필요가 없이 자기 속에 있는 직감으로 지시함을 쫓으면 된다. 신의 가르침을 받는 것이 필요하다. 신은 스스로가 사람의 영 안에 역사하여 사람의 직감이 신의 뜻을 알게 한다. 그런 다음에 사람은 신이 지시하신 것을 수행하게 한다.

신의 영은 아무리 단순하고 우둔한 신앙인일지라도 그의 영 안에 거함으로써 무엇이 신에게서 나온 것이고 무엇이 악령에게서 나온 것인지를 분별하게 한다. 이러한 영적 체험은 우리의 직감이 옳고 그름을 분별할 수 있게 한다.

신과 인간이 왕래하는 장소는 영 이외에는 없다. 다르게 말하면 영적인 직감 안에서 신을 아는 것 외에는 다른 방법이 없다. 사람은 자신의 영으로 말미암아 영원한 존재가 되고 신에게 속하며, 보이지 아니하는 영의 영역 안에 들어간다. 직감은 곧 영의 두뇌와 같다. 따라서 사람의 영이 죽었다는 말은 영적 직감이 마비되어 신의 참뜻을 알 수 없게 되고 신에 속한 일을 알 수 없게 되었다는 뜻이다.

② 양심

㉠ 양심의 의의

양심이란 인간의 고상한 인격과 존엄성을 가장 간단하고 분명하게 표현한 말이다. 인간은 양심이 있으므로 동물과 다른 점을 알 수 있다. 양심은 인간의 가장 생명력 있는 신비 그 자체다. 성경은 양심과 마음을 같이 사용하고 있다.

양심(conscience)이란 말의 어원은 "함께 안다"는 뜻을 가진 라틴어에서 갈라져 나온 말이다. 따라서 양심이란 '무엇과 함께 안다', 누군가와 함께 안다는 것이다. 양심적인 사람 그 자신의 의지보다 높은 어떤 의지와 함께 안다는 사실은 어느 민족에 있어서도 보편적인 특징이다. 초자연적, 초속세적인 어떤 의지가 있어 그것이 인간의 의지에 대해 무엇을 요구하기도 하고 또 그렇게 할 권리를 갖는다. 그러한 의지가 곧 신의 의지인데 사람들은 이를 일컬어 인간 생활의 준거가 되는 법 또는 도덕률이라고 한다. 그러므로 양심은 인간으로 하여금 도덕 또는 신의 의지에 순응하고 있음을 알게 하는 지식 또는 인식이라고 할 수 있다.

자신이 신의 '의지'와 '함께' 있는 존재임을 안다는 뜻에서 '함께 안다'는 것이다 따라서 양심은 인간에게 지금 자신이 어떤 존재인가를 말해 줄 뿐만 아니라 어떤 존재여야 하는가를 알려준다.

인간의 양심은 하나의 지식이요, 인식이다. 양심은 인간의 의지 앞에 스스로를 드러내는 거룩한 법, 초인간적인 법을 인식하는 것이다. 그러한 법은 복종을 요구하지 않는다. 인간으로 하여금 양심을 통해 그 법이 지켜야만 하는 법임을 알고, 억지로가 아니라 자유스럽게 따르도록 자신을 드러내고 있을 뿐이다. 인간은 동물들과 같이 자연의 법을 따라 살지 않고 '영적'인 법을 따라 살도록 신으로부터 창조되었다는 것을 알게 된다.

ⓛ 양심의 표현방법

양심은 그 스스로를 어떤 때는 행동하기 전에, 어떤 때는 행동하는 동안에, 어떤 때는 행동한 다음에 표현한다. 행동하기 전에는 자기가 생각하고 있는 그 행동을 실천 하도록 격려하든지 혹은 하지 말라고 권고한다. 행동하는 동안에는 대체적으로 양심의 소리가 약해진다. 그것은 그 때가 양심의 소리를 가장 듣기 어려운 때이기 때문이다. 일에 열중하다 보면 양심의 소리는 부분적으로 또는 완전히 질식되고 마는 것이다. 행동을 하고난 다음에는 그 일에 찬성하고 흐뭇해 하던지 아니면 반대하여 마음을 불안하게 하던지 간에 양심의 소리가 가장 강하게 들려온다.

전자의 경우 우리는 양심껏 한다고 하고 후자의 경우에는 양심에 걸린다고 한다. 그러나 이러한 표현은 둘 다 잘못된 것이다. 좋고 나쁜 것은 나의 양심이 아니고 그 양심이 선고하는 심판이기 때문이다. 따라서 우리가 좋은 양심이니 나쁜 양심이니 하는 것은 그 양심이 우리에게 끼치는 영향이 우리에게 가져다 주는 유쾌한 또는 불쾌한 감정을 말하는 것이다.

ⓒ 양심과 신의 뜻

양심은 다른 것들로부터 연역해 내거나 설명해 낼 수 없다. 그것은 사람답게 만드는 삶을 그대로 표명한 것이다. 도덕적 기능은 상대적인 세상, 유한한 사회에 살고 있는 인간에게 자신의 모습을 돌아보게 한다. 그럼에도 불구하고 사회적 인간은 완전히 다른 세계 '절대'의 영역과 접촉하고 있다. 인간은 양심을 통해 신의 의지와 만날 수 있고 그러한 의지를 경험하게 될 때, 절대적이고 무조건적으로 신의 뜻에 복종해야 한다는 느낌을 갖는다.

㉣ 감정과 양심의 관계

우리는 양심의 소리에 복종하여 옳은 일을 했을 때 영성적 쾌락을 느끼는 반면 양심에 순종 하지 못했을 때 불쾌해지고 가슴 아파한다. 그런데 양심 때문에 일어나는 감정과 다른 가치들 때문에 일어나는 감정 사이에는 분명한 차이점이 있다. 이 차이점은 부정적인 입장에서 고통의 감정과 관련되었을 때 강열하게 나타난다.

우리는 양심을 통하여 '절대'와 상면하게 된다. 여기에는 '표현해 낼 수 없는' 무엇이 포함되어 있다. 양심의 가책을 받을 때 느끼는 고통 속에도 표현해 낼 수 없는 무엇이 있다.

양심 때문에 당하는 고통은 절대적인 고통이며 돌이킬 수 없는 상실이다. 육체적 감정상실 또는 명예와 명성을 상실했다면 그것은 상대적이고 제한된 상실이다. 양심의 가책을 받을 때 더 이상 '상대적인' 무엇을 잃을 것도 없다. 나는 모든 것을 잃는 것이다. 사람은 양심의 가책을 받을 때 자기 자신을 멸시하고 증오하게 된다.

그런데 사람이 자기 양심을 침묵케 하는 것은 가능하다. 양심의 가책에서 오는 고통을 피하는 일도 가능하며 마지막으로 그것을 아예 '의식' 조차 않는 일도 가능하다. 그러나 누구도 그것을 자신의 잠재의식으로부터 몰아낼 수는 없다. 양심은 드러낼 수 있는 곳이라면 알 수 없는 불안에서부터 두려움, 근심, 공포, 끝없는 절망에 이르기까지 양심의 가책으로 인한 고통을 경험하게 한다. 이렇게 사람들은 양심의 가책을 받음으로써 지옥의 영원한 고통을 미리 맛보는 것이다.

한편 양심껏 했을 때의 그 양심도 속성을 갖는다. 양심의 소리에 순복했을 때 느끼는 쾌락은 정도의 문제가 아니라 질적으로 다른 쾌락을 느낀다. 인간이 양심을 그대로 지킬 때 인간의 전체 생활에 새 가치관을 심어주고 새로운 풍토와 만족을 가져다주며, 다른 어떤 기쁨보다 더 조용하고 평화

로운 기쁨을 부여한다. 이러한 것들은 도덕적 생활이 진실한 것이며 쓸모
있는 것임을 충분히 입증해주는 것이다.

지켜지지 않는 양심이 우리의 신체적, 정신적 삶 전체에 악영향을 미치
고, 우리의 잠재의식은 물론 의식에 이르기까지 불행한 영향을 주는 것과
같이, 지켜진 양심은 우리의 신체적, 정신적 '힘'의 근원이 된다.

ⓜ 양심의 심판

양심은 내가 하는 일을 또는 내가 하는 말을, 나의 전체 생활을 도덕률
곧 신의 뜻에 비추어 검토하고 판결을 내린다. 이 양심의 재판과정은 특이
하다.

첫째, '무조건적'이다. 양심은 이유 없이 그냥 판결을 선포한다. 양심의
　　행동이 좋은가 나쁜가를 분명하게 심판한다.

둘째, 양심의 심판은 '절대적'이다. 홍정이나 타협이 없다. 좋건 나쁘건
　　판결이 내려지면 그대로 해야 한다

셋째, 양심의 심판은 '개인적'이다. 양심은 모든 사람에게 작용하지만
　　양심의 판결은 개인에게 따라 다르다. 그것은 다른 사람과는 무관
　　하고 행위 당사자에게만 해당이 된다. 그러므로 다른 사람에게 내
　　양심의 판결을 받아드리라고 강요할 수 없다.

넷째, 양심의 심판은 상소할 수가 없다. 일단 양심의 선고가 내리면 그
　　경우에 있어서 선고가 철회 될 수는 없다. 양심은 사람을 존경하지
　　않기 때문이다.

ⓗ 신의 음성, 양심의 심판

신의 성상의 한 부분인 양심은 타락한 사람에게서도 발견될 수 있다. 비
록 인간이 타락하여 양심에 상당한 상처를 입었으나 여전히 본래의 양심

은 존재하고 있다. 인간에게 도덕의식이 있는 것과 마찬가지로 신에 대한 의식이 있음을 알 수 있다.

그러므로 일반적으로 양심이 개인과 종족들에 따라 여러 시대에 걸쳐 다양하게 표현되는 것은 인간이 타락하였기 때문이라고 볼 수밖에 없다. 사실 양심이 서로 다른, 때로는 비뚤어지게 된 것은 죄의 결과인 것이다.

양심은 인간 내부의 법정과 같다. 법정은 법을 만들지 않고 판결을 내리기만 하는 것과 같이 양심도 그렇다. 그것은 당사자가 당시에 가지고 있던 신의 뜻에 대한 지식에 근거하여 판결을 내린다. 따라서 양심의 '형식'과 '내용'을 구분해야 한다. 내용이란 양심이 선고하는 심판의 구체적인 알맹이를 뜻한다. 그리고 형식이란 사람에게 신의 의지를 따라 살아야 한다고 속삭이는 영혼의 특수한 기능을 뜻한다.

양심의 형식은 모든 사람, 모든 민족, 모든 시대에 '절대적으로 동일하다.' 그럼으로 양심은 그 형식에 있어서 '잘못을 범할 수 없다.' 모든 사람에게 있어서 양심은 비난할 수 없는 권위를 가지고 말하며, 신의 뜻에 복종하라고 한다.

그러나 양심은 그러한 내용에 있어서 잘못을 범할 수 있다. 양심이 선고하는 판결의 내용은 그가 신의 뜻을 얼마나 알고 있느냐에 좌우되기 때문이다.

물론 양심의 형식이 타락에 의해 상처를 입은 것은 사실이다. 양심의 소리는 그 '명료성'을 상실한 만큼 '힘'도 상실하였다. 양심이 우리에게 신의 뜻을 따라야 한다고 말할 때 그 말이 갖는 규제력은 많이 약화되었다. 그리고 양심이 행사해야 할 결정적인 중요성을 개인 생활 속에서 누리지 못하게 되었다.

양심은 신의 말이라고 한다. 그러나 전체적으로 양심을 살펴본다면 이 표현은 확실히 잘못된 표현이라고 할 것이다. 왜냐하면 양심의 심판은 서로 다르면서 충돌하고 있기 때문이다. 만일 그것이 신의 음성이라면 서로 충돌할리가 없다. 그러나 우리가 양심의 형식만을 생각한다면, 우리 모두에게 신의 뜻을 따라야 한다고, 즉각적으로 정확하게 말해주는 영혼의 기능만으로 생각한다면, 우리는 서슴없이 그것을 신의 음성이라고 정의할 수 있다. 신 자신이 우리에게 이러한 정상적인 권유가 절대, 영원의 영역으로부터 들려져야 한다고 결정한 것이다. 이 권유는 인간이 그것을 끄집어 내려고 따로 노력하지 않아도 들려오는 권유다. 그럼에도 불구하고 사실 대부분의 사람들은 자기 속에서 들려오는 이 신의 음성을 피하고자 한다.

Ⓐ 타락한 인간의 양심

우리는 종교마다 양심의 내용이 다를 수 있다는 것이 신의 뜻에 대한 불완전한 지식 때문임을 알 수 있다. 신의 뜻(진리)은 유일하지만 신의 뜻을 찾아가는 길(종교)은 다양하기 때문에 불가피 하다는 것도 알았다. 종교에 따라 사람의 생활영역에는 신의 양심이 전혀 발동되지 않는 부분이 있다는 것을 시사한다. 사람의 양심은 그의 삶에 있어서 행동, 말, 생각과 같은 특별한 것들에만 발동되는 것을 본다.

타락된 인간은 양심만 가지고는 죄의 본질을 알 수가 없다. 그 까닭은 타락된 인간은 신의 뜻에 대한 참된 지식을 상실했기 때문이다.

◎ 양심의 각성은 영적 각성

양심의 각성이란 영적 각성을 말하며 이는 신이 인간의 양심에 일으킨 기적을 뜻한다. 신은 기적을 일으켜 우리의 양심을 자극함으로써 양심이 정상적인 기능을 하도록 만든다. 어쩌면 우리의 양심은 지금까지 잠자고 있는 상태였을 것이다. 때로는 심판을 내리는 일조차 하지 못했고, 어떤 때는 너무 희미하게 또 모호하게 말함으로써 그 소리가 들리지도 않았으며 주목을 받지 못했다. 그러나 어떤 일이 일어났고, 무엇이 어떻게 일어났는지는 쉽게 말할 수 없다. 영적 각성이라는 것은 인간의 삶에 있어 가장 신비한 일들 가운데 하나다.

두려워 떠는 것이야 말로 각성한 영혼이 겪게 되는 양심이다. 각성된 영혼은 신의 음성을 들을 뿐만 아니라 신의 시선이 자기 위에 머물러 있음을 느끼기도 한다. 이제 신은 가까이에 있다. 때로는 신이 밤낮으로 곁에 있어 자기의 삶을 내려다보고 있다고 느낀다.

각성된 양심, 영혼은 무엇을 말해 줄 것인가? 첫째, 신의 뜻에 대하여, 둘째, 영혼이 저질렀던 죄에 대하여 말해준다. 양심은 처음에 거짓말, 속임수, 저주, 걱정 등을 나타내는 것, 불만, 심술 등 밖으로 나타나는 죄들을 심판하는 것부터 시작한다. 그리고 각성된 영혼은 기도하고 경전을 읽으며, 진리의 말씀을 들음으로써 신의 뜻을 좀 더 많이 알게 된다. 그리고 머지않아 자신의 생각, 욕망, 상상 등 '내면적'인 죄에 대하여 자신을 심판하기 시작한다. 그리하여 그의 양심은 놀랄 만큼 확장되어 종일토록 끊임없이 그를 심판하게 된다.

이렇게 얼마를 경과하고 나면 신의 뜻에 대한 지식은 날로 증가하고 따라서 양심은 삶의 또 다른 국면을 심판하게 된다. 즉 양심은 이제 매일 남에게 해줄 수 있고 해줘야하는 일을 게을러서 못하는 '태만 죄'에 대하여 자신을 심판하기 시작한다.

마지막으로 각성된 영혼은 신의 말씀을 통할 수 있게 깨달아, 양심은 생각, 말, 행동, 욕망, 상상 등 외면적인 죄와 태만 죄 뿐만 아니라 마치 강한 전원(電源)에서 빛이 나오듯 그 모든 죄들을 배출시키고 있는 마음 곧 '그의 전인격'을 심판하게 된다. 이렇게 양심이 마음까지 심판하게 되면 곧 그것은 진지하게 부분과 전체를 심판하기 시작 한다. 왜냐하면 이제 신이 그의 옳은 행동과 옳은 말만을 보지는 않는다는 것을 깨달았기 때문이다.

신이 문제 삼는 것은 언행 뒤에 숨어있는 '동기'다

이제 양심은 꺾이지 않는 정직과 준엄한 권위를 가지고 그에게 말한다. 너는 신을 사랑하지 않는다. 너는 사람을 사랑하지 않는다. 너는 너 자신만을 사랑할 뿐이다. 그리고 너에게 쓸모가 있고 너를 즐겁게 해줄 인간들만 사랑할 뿐이다.

③ 신과의 교통

인간은 몸을 통해 물질적인 세계와 교통하듯이 영을 통해 영적인 세계와 교통한다. 영적인 세계와의 교통은 생각이나 감정을 사용하는 것이 아니라 영을 사용하고 영의 직감을 사용하는 것이다. 신과 교통하려면 신과 동일한 성질을 가지고 있어야 한다. 신과의 교통은 인간 존재의 가장 깊은 곳인 인간의 생각과 감정과 의지보다 더 깊은 곳의 직감으로 이루어진다.

우리는 직감의 기능을 이해한 후에 사람이 신과 교통하는 성질을 이해하게 된다. 사람이 신과 교통하려면 반드시 신과 동일한 성질이 있어야 한다. "신은 영이시니 예배하는 자가 영으로 경배할지니(요 4: 24)" 에서와 같이 서로 다른 성질은 결코 서로 교통할 수 없다. 그러므로 신의 영으로 거듭나지 않은 사람 곧, 영이 살아나지 않은 자 또는 거듭났으나 아직 영으로 신을 섬기지 않는 사람은 신과 긴밀한 교통을 가질 수가 없다

영이 먼저 살아나는 것이 신과 사람과의 교통의 첫걸음이다. 신과의 교통의 유일한 장소는 영이다. 영을 통한 직감이 사람이 신의 사정을 아는 비결이다. 신과 교통하는 것과 관련된 모든 것은 오직 직감 안에서 신과 교통하는 가운데 행해져야만 유용하다.

교통의 통로는 기도다. 기도를 통하여 신을 만나고 신을 알게 된다. 기도는 신을 주체로 하고 신에게 간구하는 것이기 때문에 결국 기도는 신께 예배하는 것, 신을 섬기는 일이 된다. 신을 내 생명의 근원으로 공경하고

삶의 주체로 모시는 것이다.

ㄱ 신의 영과 사람의 영과의 교통

거듭남은 죽은 영이 다시 살아나는 것을 말한다. 본래의 영이 살아날 수 있는 이유는 새 생명을 영접했기 때문이다. 성서에서는 "신의 성전인 것과 신의 성령이 너희 안에 거하는 것을 알지 못하느냐"(고전 3 :16)라고 말하고 있다. 거듭난 자는 신의 거룩한 집(성전)이 되었기 때문이다. 신의 영이 거하는 장소는 성전 중에도 지성소다. 인간의 영이 지성소다. 그 신은 건축자이며 또한 거주자다. 신이 성전 건축을 마치기 전까지 그 신은 그 안에 거주할 수 없다. 신의 건축은 신이 거주하기 위한 것이다.

신의 영은 사람의 육체 안에 거하실 수 없다는 이 말은 신의 영이 사람의 생각과 감정과 의지 혹은 육신 안에 거할 수 없다는 뜻이다. 육신뿐만 아니라 혼에도 신의 영은 거하지 않는다. 또 사람의 영 안에도 거듭나지 않은 영 안에는 거하지 않는다. 신의 영은 사람의 가장 깊은 곳에 거하기 때문에 우리는 오직 영 안에서 신의 역사를 볼 수 있고, 신의 인도함을 바랄 수 있다.

사람의 영은 신의 영과 동역하는 부분이다. 우리의 영은 거듭났고 새롭게 된 영이다. 사람의 영 안에 있으나 사람의 영과 다른 신의 영과 더불어 우리가 신의 자녀인 것을 증거 한다.

ㄴ 내재하는 신에 대한 인식과 교통

믿는 자가 신의 영이 자기 안에 거하는 것을 모르거나 순종하지 않는 경우가 있다. 따라서 바른 신앙생활은 자기 안에 내재하는 신의 영을 인식하고 순종할 필요가 있다. 우리는 신의 영이 우리를 가르치고 인도하는 분임을 알아야 한다. 그러나 신앙인은 그것을 알고 자기를 다스려주고 가르쳐

주기를 기다릴 때 신의 영은 역사한다.

따라서 그와 같은 영이 있다는 것을 알고 또 이 영이 신과 교통하기 위한 기관임을 깨닫고 우리가 신의 영을 시인하고 존경해야만 우리 안의 은밀한 곳에서 그 능력과 역사를 나타내고 우리의 혼과 몸의 생명에도 신의 생명을 얻게 된다.

2) 혼(魂)의 기능

사람에게는 신과 교통하는 영(靈) 외에도 혼(魂)이 있다. 이 혼은 곧 사람의 자각(自覺)이다. 사람이 자신의 존재를 느끼는 것은 바로 혼의 일이다. 혼은 인간의 인격적인 기관이다. 인격에 포함된 모든 것은 사람이 되게 한 요소들이며 이것은 혼에 속한 것이다. 지력과 생각, 이상과 애정, 자극과 판단력, 의지 등은 혼의 각 부분에 지나지 않는다. 영과 몸은 혼 안에 융화되어 있기 때문에 혼은 사람의 개성이자 인격의 중심이 된다. 사람의 됨됨은 그의 인격에서 볼 수 있다. 사람의 존재와 특성, 생명은 다 혼에 있는 것이다.

혼은 이성과 감성 그리고 의지를 갖고 있다. 혼은 한 사람의 자아인데, 이는 사람의 의지가 혼의 부분이기 때문이다. 영이 사람의 온 존재를 다스릴 때는 혼이 스스로 낮은 데 처하기를 원할 때다. 혼이 거스를 때 영은 다스릴 능력이 없게 된다. 이것이 바로 '사람의 자유의지'의 뜻이다. 사람은 신의 뜻대로 움직이는 기계가 아니라 스스로 결정할 수 있는 권리가 있다. 사람은 스스로 신의 뜻을 쫓아 행할 수 있다. 그래서 사람의 의지(혼)는 영으로 다스리게 할 것인가 아니면 몸, 혹은 자아로 다스리게 할 것인가를 선택할 힘을 가지고 있다. 그러므로 혼을 쫓아 행한다는 것은 자기 생각과 감정과 의지대로 행한다는 것을 알 수 있다.

인격의 3대 요소는 인간의 의지와 생각과 감정이다. 의지는 어떤 주장을 내세우는 기관이고, 또한 우리의 판단력으로써 무엇을 원하고 원하지 않으며, 무엇을 받고 무엇을 거절하는가를 결정한다. 이러한 의지가 없다면 사람은 기계가 된다. 생각은 사상을 나타내는 기관으로서 인간의 지력(智力)이다. 인간의 총명과 지식 그리고 추리하는 것들은 다 이 생각에서 나온다. 생각이 없을 때 사람은 어리석은 자가 된다. 감정은 인간이 희로애락을 느끼는 기관이다. 감정이 없다면 목석과 같이 무감각하게 된다. 이상과 같이 인간의 애정과 자극과 감각 등은 혼에서 나온 것이다. 이것은 우리의 감정도 혼의 일부라는 것을 알게 한다.

혼은 환경 가운데에서 자신과 관련된 사물에 대해 자의로 선택할 자주권한을 갖고 있다. 그래서 영이 몸을 직접 다스리는 것은 불가능하다. 반드시 어떤 매개체를 통해야 가능한데, 그 매개체는 바로 영과 몸의 접촉으로 산출된 사람의 혼이다. 이 혼은 영과 몸 사이에서 영과 몸을 속박한다. 사람의 영은 몸이 신의 뜻에 순종하도록 혼을 통해 몸을 다스릴 수 있는가 하면 그 반면에 몸은 혼을 통해 영을 끌어들여 세상을 사랑하게 할 수도 있다.

이 세 가지 중에서 가장 높은 것은 영과 신과의 연합이다. 몸이 물질과 연합하는 것은 가장 낮은 것이다. 이 두 가지 사이에 있는 것은 혼이다. 이 혼은 영과 몸의 두 가지 성질을 자기의 성질로 삼아 이 양자를 연결하는 존재다. 혼은 이 둘로 혼을 통해 서로 교제하고 일하게 한다. 혼의 임무는 영과 몸이 각각 마땅히 서 있어야 할 위치에서 보존되게 하고 그들 서로의 정상적인 관계를 잃지 않게 하는 데 있다. 곧 가장 낮은 몸이 영에 굴복하게 하고 가장 고상한 영이 혼을 통해 몸을 다스리게 하는 것이다. 이런 점에서 혼은 실로 사람의 주축이 되는 요소다. 혼은 영이 그에게 준 것과 영을 통해 신의 영으로부터 얻을 것을 앙망하는데, 이것은 혼이 온전케 됨을 위한 것이고, 또한 혼이 얻은 것을 몸에게 전달하기 위한 것이다. 이로써 몸은 신의 온전함에 참여하여 영에 속한 몸이 된다.

영이 어떤 움직임이 있을 때, 영은 그것을 혼에 전달하고 혼은 몸으로 영의 명령에 복종하도록 몸을 다스린다. 이것이 혼을 매개체로 삼는다는 뜻이다.

총괄적으로 말해서 혼은 인격이 있는 곳이다. 사람의 의지와 지혜, 감정은 모두 혼 안에 있다. 영은 영적 세계와 왕래하는 부분이다. 몸은 자연계와 왕래하는 부분이다. 혼은 이 양자 중간에 서서 영적인 세계로 다스리게 할 것인가 아니면 물질적인 세계로 다스리게 할 것인가를 판단력에 의하여 결정한다. 따라서 혼이 영에게 다스리는 지위를 양보해 주지 않을 때에 영은 아무 것도 할 수 없다. 혼이 영으로 하여금 다스리도록 결정할 때 비로소 영은 혼과 몸을 다스릴 수 있게 된다. 이것은 혼이 인격의 근원이기 때문이다.

3. 육신과 영혼의 조화로운 리듬

영(靈)과 혼(魂) 그리고 육신과의 연관성은 윗치만니의 『영에 속한 사람들』을 참조하여 살펴보았다. 인간은 영혼이 하나로 화합된 존재이며 육신과 영혼의 기능이 아우러져 인격적 존재를 형성하고 있다는 것을 파악할 수 있다. 본고에서 아직 논의 되지 않은 본능적인 '인간의 마음'(肉心)과 '영혼의 마음'(生心)은 어떠한 관계를 가지고 있는가를 검토 할 필요가 있다.

인간의 영혼과 육신은 합일된 존재로서 다른 동물보다 차원 높은 특별한 성상과 형상을 지니고 있다. 인간 영혼의 성상은 생심(영)이며 형상은 영체(혼)다. 따라서 영은 혼의 마음이요, 혼은 영의 몸인 것을 알 수 있다. 그리고 육신의 성상은 육심(肉心)이고 형상은 육체다. 인간은 동물과 같은 본능과 감각기관, 신경 등의 구조를 갖고 있기 때문에 동물 차원의 본능적 마음을 육심(肉心)이라고 하며 영혼의 마음을 생심이라고 한다. 인간의 마음은 육심과 생심으로 율동적인 조화를 이루고 있다는 것을 알 수 있다.

육신(肉身)은 육심과 육체(肉体)로 되어 있다. 육심은 육체로 하여금 생존과 번식과 보호 등을 위한 생리적인 기능을 유지할 수 있도록 작용하는 부분을 말한다. 그러므로 동물의 본능성은 그들의 육심에 해당하는 것이다. 육신이 원만하게 성장하려면 양성의 영양소인 무형의 공기와 광선을 흡수하고 음성의 영양소인 유형의 물질을 만물로부터 섭취하여, 이것들이 혈액을 중심하고 완전한 수수작용을 해야 한다.

육신의 선행(善行)과 악행(惡行)에 따라서 영인체(靈人體＝영혼)도 선화(善化) 혹은 악화(惡化)한다. 이것은 육신으로부터 영인체에게 어떠한 요소를 돌려주기 때문이다. 이렇듯 육신으로부터 영인체에 주어지는 요소를 생력요소(生力要素)라고 한다. 인간 생활에서 육신이 선한 행동을 하면 마음이 기쁘고 악한 행동을 하면 마음이 언짢은 것을 경험한다. 이 까닭은 그 육신의 행동의 선악(善惡)에 따라 생기는 생력요소가 그대로 영인체에 돌아가기 때문이다.

육심은 의식주성(衣食住性)을 추구하는 기능을 갖고 있으며, 생심은 진선미애(眞善美愛)의 가치를 추구하는 기능을 갖고 있다. 이 육심과 생심이 합성일체화(合性一體化)한 것이 바로 인간 본연(本然)의 마음(本心)이다.[10]

육신은 만물과 동일한 요소로 되어 있어서 생명에는 한정이 있고 영혼은 육안으로 볼 수 없는 영적 요소로 되어있어 영원히 존재한다. 그런데 영존하는 영혼은 육신의 껍데기를 벗어버리고 영적 세계에 들어가 그곳에서 영원히 산다. 그러나 지상 육신생활에서 악한 삶을 살면, 사후에는 악한 영

---

10) 세계기독교통일신령협회, 『원리강론』(서울: 성화사, 2002), pp.62-65 참조.

계에 머물게 된다. 그 외에도 인간은 광물, 식물, 동물의 구조와 기능을 모두 갖고 있고 만물의 요소를 총합적으로 지니고 있기 때문에 만물의 총합 실체상(總合實體相) 즉, 소우주(小宇宙)라고 말한다.

Ⅲ. 우주적 신의 조화를 찾아서

형상이 없는 신(영)은 우주의 생명 그 자체이며 생명체로 드러남은 조화로운 신의 표현이다. 신의 표현으로 나타난 것은 또한 대자연의 법칙이며 그 법칙은 생동하는 존재의 근원이 된다.

1. 우주적인 신의 존재양식

1) 모든 현상의 근원(根源)

물리학은 모든 물질들이 점차적인 에너지 충동으로 구성되어 커져 나온다고 알려준다. 물질의 가장 섬세한 부분이 물질의 핵을 만들고 그 둘레에 다른 성질의 에너지 층들이 겹겹이 이어져있다. 그 물질의 가장 깊은 핵심 부분에 기본 알갱이들이 존재하고 있는데 이를 에너지 층의 축적이라고 한다. 한 물질(분자)을 형성하는데 양자, 중성자, 원자가 필요하다. 하이페론(hyperon, 무거운 입자)들은 중성자와 양자를 낳고 양자와 중성자는 핵을 구성하며 이 핵을 중심으로 물질의 원자가 탄생한다. 원자들이 합쳐져 분자를 만들고 분자들의 구체적인 형성물질이 우리 눈앞에 펼쳐지는 것이다.

역으로 미세한 층 밑에 드러나지 않고 있는 물질도, 에너지도 아닌 순수한 '무형의 존재' 세계가 깔려 있다. 드러나지 않고 감춰져있는 절대적 '무형의 존재' 하나가 우주의 가지가지 현상과 생명의 모습으로 자태를 나타내는 것이다.

무형의 존재가 모든 현상계의 근원이 되어 존재 세계를 드러내고 있음을 느낄 때 사람은 무궁한 절대 세계에 입정(入靜)하는 경지까지 도달할 수 있다. 이때 현상적 상대세계가 무형의 절대세계와 이어져 무한한 안정과 평안함이 깃들게 된다. 모든 현상의 근원이 우주적 신 임을 알 수 있다.

2) 편재성

신은 동서남북 상하 그 어느 곳에도 존재하지 않는 곳이 없고, 신은 살아서 움직인다. 신은 또한 인간에게도 존재하여 역사한다. 모든 창조물은 신이 서로 다른 형체와 현상으로 낳은 '의식'의 펼쳐짐이다. 펼쳐진 의식은 순수 '존재'라는 근본자리에서 비추어진다. 이는 마치 전기가 전구의 필라멘트에 도달하여 빛을 발하는 것에 비유될 수 있다. 빛은 그 원천에서 멀어질수록 점점 더 어두워지다가 아주 멀어지면 깜깜해지는 것과 같이 순수한 존재의 무한한 배터리로부터 방사되는 '심정', '환희의식' 또는 '순수의식'이 그 근원에서 멀어질수록 점점 줄어든다. 그러한 관계로 형체를 가진 모든 삶의 겉과 속에는 환희의식이 옅게 또는 진하게 나타난다.

순수 '존재'의 성격은 초월적이어야 우주의 근본일 수 있기 때문에 육안으로 보이는 개성과 마음, 에너지와 물질의 모든 형체와 현상을 넘어선 자리가 아니고는 살아 계신 영원하고 순수한 전능자와 함께 하는 기쁨도 모른다. 이것은 이 세상의 가장 미묘한 것보다 더 미묘하며 본질상 우리 오관으로는 느낄 수 없다. 우리의 오관은 나타난 것들만 알 수 있게끔 만들어져 있기 때문이다.

그러한 경험에서 감추어진 우주의 주관자가 순수한 '무형의 존재'인 것을 알게 될 때 아무도 그를 떠나서는 살 수 없다는 존재의 인과를 알고 한없는 행복과 사랑을 느낀다. 그러한 신의 형상은 무제한의 진화가 대자연 속에 이루어지도록 돕는다. 영원한 생명의 본질 그 자체는 바로 무소부재(無所不在)한 무형의 존재로서 존재의 편재성을 알려주고 있다.

3) 영원한 생명의 자리

무한대의 시간, 공간의 개념은 불변의 진리로서 태초로부터 영속적이다. 여기에는 변하는 창조계의 현상적 세계의 한계인, 원인도 미치지 못한다. 그것은 언제까지나 절대순수 상태인 채로 존재하고 영원불멸의 큰 생명의 시공간으로 존속할 뿐이다. 그 안에서 우리는 '순수실존', '순수의식', '생명의 원천과 본질' 등을 찾아 절대자의 영원무궁한 생명의 자리를 발견하고 그의 숨겨진 모습이 그 자리에서 전개되고 있음을 발견한다.

4) 생명 존재의 기반

삼라만상의 본질 속에 일상생활에 생명 존재의 가치를 신성(神聖)하게 높여주는 것이 호흡이다. 우리의 생명은 숨쉬기에 달려있다. 호흡은 인간의 모든 생각과 활동의 근본적 요소로서 가장 중요하다. 우주 자연의 법칙은 음양의 굴신작용에서 시작되듯이 우주의 생명 역시 아무리 강조해도 부족함이 없는 음양의 굴신작용인 호흡을 통해 생명이 발현되고 성장된다. 호흡의 존재는 생활의 다양한 모습과 형식의 기반이 된다. 이렇듯 신의 존재는 호흡과 같이 가장 귀중하고 찬미할 만한 생명생활의 기반이다.

5) 절대면과 상대면

드넓고 가 없는 존재의 자리가 미치는 범위는 드러나지 않는 절대적이고 영원한 배후 자리에서부터 나타난 현상적 변화세계 전반에 이르기까지 미치지 않는 곳이 없다. 그것은 마치 출렁이는 바다의 표면에서부터 잔잔한 바닥에 이르기까지 하나의 바다인 것과 같다.
'무형세계'의 한쪽 끝은 영원히 불변하는 침묵의 세계요, '유형세계'의 다른 쪽 끝은 항상 변하는 움직임의 세계인 것이다.

예컨대 물의 형성은 두 개의 산소와 하나의 수소의 결합으로 이루어진다. 물의 성질은 기온에 따라 액체, 고체, 기체의 판이한 상태를 유지하지만 수소와 산소 원자의 차원에서는 조금도 본질에 변화가 없다. 신적인 무형의 존재는 다양한 형체와 세계의 모습으로 자신을 드러내지만, 불변·절대·영원의 성격을 잃지 않는다는 것을 알려준다. 그러므로 모든 절대적 또는 상대적 실존은 그 자신 속에 절대, 상대의 두 성격을 함께 지니고 있는 존재의 표현임을 알 수 있다.

6) 영원한 궁극의 실재

영원한 궁극의 무형의 존재이자 이 세상의 실재를 우리가 직접 느끼고 경험할 수 있다면 크나큰 영광일 것이다. 이러한 존재가 삶에서 여러 모습으로 나타나는 것이 곧 삶의 다양성이다. 불멸의 존재는 변화무쌍한 우주 본체인 것이다. 그러한 존재가 영원 궁극의 실상임을 확실히 깨닫게 되면 개개인의 생활은 절대자의 영원한 생명에 의해 더 높이, 더 풍부하게 승화된다.

① 우주법칙

법칙이란 사물을 진행해가는 규칙을 말한다. 따라서 우주의 생명을 다루는 우주법칙은 삼라만상을 창조하고 창조한 생명을 유지하고 진행하면서 해체해가는 우주운행의 규칙인 것이다. 창조, 유지, 진화, 해체라는 이 창조의 사이클이 진행되어 나가면서 우주의 생명은 흐름을 이어간다.

우주법칙은 생명의 절대차원과 상대차원의 중간에 있는 하나의 차원으로부터 작용을 일으킨다. 그것은 안에 드러나지 않은 영원의 존재를 밖에 나타낸 다양한 상대세계와 조화시켜 간다. 그러므로 신비하고 전능한 성격의 우주법칙은 영원한 존재의 절대상태를 이끌어가는 힘이기도 하다. 그 힘은 각각의 고유영역을 유지하고 있는 삼라만상 속에 하나로 통일된 생명체의 존재이자 우주법칙이다.

② 외부로 드러나는 영성과 존재 : 하나의 실제

영성은 숨겨진 신의 모습을 나타낸 것이고, 드러나지 않은 상태에서는 잠재해 있는 무형의 존재이자 유형세계의 근간이 된다. 신의 품성은 창조계의 주체와 객체를 외부로 나타내는 과정에서 작용하는 생명의 힘이며 존재의 실체이기도 하다. 그러면 무엇이 영성으로 하여금 주체 또는 객체적 입장을 취하게 하는가?

'존재의 본성'은 우주의 심정이자 영성이며, 드러나지 않은 절대존재의 원천으로부터 영성이 솟아나면 존재는 영성의 역할을 이어받는다. 이로 인해 유형으로 드러난 존재의 성격 자체가 창조와 진화의 과정을 시작하는 모습이다. 그러한 존재의 본성 자체가 마치 절대자 자신이 창조를 통하여 자신을 상대화시켜 보고 싶어 하는 것과 같다.

절대적 존재의 고유성과 영원성은 변하지 않으나 다양한 존재의 모습으로 나타나는 입장을 취한다. 절대자가 상대의 역할을 하면서 다양한 존재의 모습으로 드러나는 것은 다양성에 있어서도 무한한 것이다. 즉 절대 존재의 유일성이 상대 세계에 다양성, 다종성 자체로 드러나는 것과 같다. 절대자와 상대세계 모두는 생명의 진리이며 드러난 창조계와 드러나지 않은 존재는 다르게 보이지만 본래는 하나이며 같은 것이다. 보이는 이원성은 곧 보이지 않는 단일성에 근간을 두고 있다. 그러므로 유형적 특징은 서로 다를지라도 절대 존재와 상대적 창조계는 함께 하나의 실재를 구성한다.

정리해 보면, 존재의 본성은 창조 또는 진화의 과정을 영성 안에서 잉태시킨다. 절대존재의 본성 안에는 창조성이 포함되어 있고 창조는 변화의 시작이며 진화되는 것은 영성적 존재가 자신을 폭넓게 확대해 가는 과정인 것이다. 따라서 영성은 '존재의 본성'이자 '창조의 원동력'이며 '마음의 원천'이 된다.

　③ 마음 속의 순수의식

마음은 바다 위의 물결에 비유된다. 바다 위에 바람이 불어 물결이 일어나듯 드러나지 않은 영성이 외부의 자극을 받으면 마음으로 나타난다. 마음의 물결을 일으키는 것이 카르마(karma; 원인, 업)이며 결과의 법칙이다. 본래의 마음은 불변이나 카르마의 영향으로 드러난 것이 사람에게는 인생이라는 것이다.

카르마를 소멸시키는 것이 본래의 마음을 찾아 발견하는 첩경이며 그 마음을 보존하는 것이 최상의 길임을 힌두교나 불교의 종교철학에서 밝히고 있다. 행위로 드러나는 마음은 영성과 카르마의 합일체로 보기 때문에 영성을 밝혀 마음을 바르게 하라는 것이다. 그러한 마음은 초월적 실존의 자리 또는 순수의식의 자리에서 체험할 수 있기 때문에 '순수의식' 또는 '본연지성'이라고도 한다. 더 이상 의식적인 나의 마음이 아니라 무의식적 참나(眞我)와의 만남이기 때문이다.

우주의 만사만물은 카르마를 매개체로(영성의 추진력을 받아) 온갖 형태와 현상으로 드러났지만 본래의 순수의식(본성)은 그대로 존재할 뿐이다. 그러므로 무형이나 영원한 존재로서의 영성과 마음과의 만남은 우주심과의 만남이며 영원한 절대적 존재의 완전한 모습인 것이다.

7) 내재적 존재로서의 신성(영성)

사람은 "곧 하나님의 형상"(창 1:27)이며 "남자는 신의 형상과 영광"(고전 11:7)이라고 한 것은 내재적 신의 모습을 설명한 것이다.

기도와 명상을 통해 내재적 신을 찾아내는 그 자리가 초월의 자리다. 초월의 자리가 어떠하다는 것을 경험한 자는 그 기쁜 마음을 잊지 못한다. 되풀이되는 명상 속에 마음은 점점 초월자리와 친숙해진다. 영원한 존재의 본성이 점차 살아나기 시작하는 것이다. 이러한 가치는 일상생활을 영위하는 사람들에게 실로 엄청난 것이다. 사람이 신의 성상을 발견하고 하나님의 의식 안에서 생활을 영위할 수 있다는 말이다.

보이지 않는 신을 알 수 있는 길은 피조물의 세계를 관찰함으로써 알 수 있다.[11] 바이블에 의하면, "창세로부터 그의 보이지 아니하는 것들 곧 그의 영원하신 능력과 신성(神性)이 그 만드신 만물 가운데 분명히 보여 알게 되나니 그러므로 저희가 핑계치 못할지니라."(롬 1:20)고 하였다. 신의 능력과 신성이 대자연의 삼라만상(森羅萬象) 속에 내재되어 있는 것을 발견하라는 것이다.

2. 우주적 신성(神性)

신성이란 신의 성품을 말한다. 신의 성품에는 신의 형상 외에도 기능, 성질, 능력 등이 내재되어 있다. 그리스도교나 이슬람교에서 말하는 전지, 전능, 무소부재, 지선, 지진, 지미, 공의, 사랑, 이법 등은 신성에 관한 설명이다. 이제 우리는 신의 심정, 이법, 창조성 등이 왜 중요한가를 살펴볼 필요가 있다.

---

11) 세계기독교통일신령협회, 『원리강론』(서울: 성화출판사, 2002), pp.20~28 참조.

1) 사랑의 신 : 심정

우주의 만물은 하나님의 사랑에 의해 "우리에게 이렇게 나타난 바 되었다"(요일 4:9)고 하였다. 신의 심정은 사랑이다. 그런 심정은 신의 속성이자 성상(性相)의 가장 핵심이 되는 부분이다. 사랑을 통해 기쁘고자 하는 정적인 충동'이기 때문이다.[12] 여컨대 인간은 행복과 기쁨을 추구하지만 참 기쁨, 영원한 기쁨을 얻지 못하고 살아간다. 대체적으로 기쁨은 금전이나 권력, 지위나 학식 속에서 찾아왔기 때문이다. 영원한 기쁨이 신의 사랑을 통해서만 얻어질 수 있는 것은 기쁨의 근거가 신에 있다는 것을 알 수 있다. 따라서 심정과 사랑, 사랑과 기쁨은 표리(表裏)관계에 있다고 하겠다.[13]

신은 우주와 인간을 사랑하는 심정을 가지고 창조하였다. 심정은 신의 성상의 핵심이다. 형상보다 내적인 것이 성상이요, 성상의 보다 내적인 것이 심정이기 때문이다. 이 사실은 심정이 인간의 인지적 활동, 정서적 활동, 의지적 활동의 기능으로서 원동력임을 뜻한다. 따라서 인간이 본성대로 살면 지적, 정적, 의적 활동의 원동력이 심정 곧, 사랑이기 때문에 학문도, 예술도, 규범도 모두 심정이 동기가 되고 사랑의 실현이 그 목표가 된다. 따라서 인간이 신의 심정으로 서로 사랑해야 하는 것은 선택사항이 아니라 누구나 범국가적으로 실행해야 할 천륜(天倫)이 된다.

2) 진리의 신 : 이법(理法)

이법(理法)은 원리와 법칙 또는 도리와 예법을 아울러 이르는 말이다. 광의적인 측면서 원리와 법칙에서는 우주와 자연의 이법이 있고 협의적인 측면서 인간과의 상호관계를 설명할 때는 도리와 예법에도 원리와 법칙을

---

12) 통일사상연구원, 『통일사상요강』(성화출판사, 1993), p.58.
13) 통일사상연구원, 앞의 책, p.60 참조.

다루는 이법이 있다. 이러한 이법은 신의 뜻에 부합하는 진리를 의미한다. 따라서 신의 심정을 근간으로 한 이법은 만물의 상호작용 및 관계의 기준에 관한 부분이기도 하다. 심정이 우주만물의 이성과 법칙이 되고 진리의 이법이 되어 대자연의 법칙과 가치를 창출한다. 여기서의 법칙은 자유성이나 목적성이 배제된 순수한 기계성, 필연성만을 지닌 규칙을 뜻한다. 때와 장소를 초월하여 언제 어디서나 나타나는 규칙적인 성상이 법칙이다.

이러한 이법은 이성과 법칙을 합일로 이끄는 통일체이며 신의 성상과 형상을 닮은 창조물이자 성상과 형상의 합성체이기도 하다. 이법을 통해 신의 구상이 실현된 것이 만물이기 때문에 이법은 신의 마음에 그려진 구체적인 청사진 또는 계획안이 담긴 일종의 설계도라고 할 수 있다. 따라서 이성과 법칙의 관계는 성상과 형상의 관계와 같다. 성상과 형상은 주체와 대상의 상대적 관계이기 때문에 이성과 법칙은 주체와 대상의 관계인 것이다. 피조물의 세계는 모두 이성적 요소와 법칙적 요소가 통일적으로 작용한다. 작용적인 측면에서 살펴보면 저차원의 존재일수록 법칙적인 요소가 더 많고, 고차원의 만물일수록 이성적인 요소가 더 많다. 양쪽 모두 이성적 요소와 법칙적 요소가 미미한 차원에서 통일적 존재로 작용하고 있다. 이 사실은 오늘날 전자, 광자 내의 기억과 사고의 메카니즘(mechanism)의 확인이라는 복소상대론(複素相對論)으로도 입증되고 있다.14) 식물에 마음과 사고의 원리와 구조가 있다는 사실은 모든 만물 속에 이성과 법칙, 자유성과 필연성이 함께 신의 진리로 작용하고 있다는 것을 말한다. 여기에서 인간의 자유는 엄격한 의미에서 이성적 선택의 자유이며, 생활에 있어서는 가치법칙(규범법칙)이고 자연에 있어서는 자연 법칙이다. 따라서 이와 같은 법칙은 자연의 이법이며 진리의 신이다.

---

14) 통일사상연구원, 『통일사상요강』(성화출판사, 1993), p.69 참조.

3) 생명의 신 : 창조적 본성과 자율성

신은 시간과 공간의 세계에서 우주만물을 창조하고 생명을 부여했다. 피조물이 시공간의 세계에 출현하는 데는 소형, 미숙, 또 유소(幼少)의 단계로부터 출발하여, 일정한 크기의 단계까지 완성한 후에야 비로서 신이 구상한 본래의 속성을 닮게 된다. 그때까지의 기간은 미완성의 단계이며, 신의 모습을 닮아 나아가는 과정단계다.15)

만물은 이 성장기간을 이법의 자율성과 주관성에 의해 완성하여 각자의 차원에서 신을 닮고 있다. 만물의 영장인 인간은 신에게 유기체적 생명력을 부여받아 자율성을 가지고 주어진 환경영향에 주관적으로 적응하게 하였다. 그러므로 인간의 육체적 성장에는 자율성과 주관성이라는 법칙이 작용한다. 다만 영혼의 성장과 발전은 미완성한 인간의 자유의지에 의한 것이기 때문에 인간은 각자 스스로 완성된 영혼을 추구해야 할 책임이 있다.

영혼의 성장과 완성이란 인격의 향상을 통한 영성의 성숙을 뜻한다. 신의 사랑과 자비를 실천할 수 있게 성장한 영혼은 어느 누구의 도움도 받지 않고 신의 계명을 준수하며, 스스로 판단하고 결정하여 사랑의 실천을 계속한다. 사랑의 실천은 인간이 감당해야 할 책임인 까닭에 신이 간섭할 수 없는 영역이다. 자유와 의지를 주신 신의 우주 창조에 참여케 하기 위한 신의 창조적 본성이 무엇인가를 가르쳐주고 있다. 인간이 수행해야 할 책임은 스스로 인격체의 완성 곧 영혼의 완성이라는 생명의 본질을 각성시켜주고 있다.

이러한 신의 심정을 통찰해 볼 때, 창조적 본성을 지닌 생명의 신은 시공간의 세계에서 인간에게 영성과 인격을 동시에 완성하게끔 자율성을 주었다. 하지만 인간은 타락하여 주어진 책임을 다하지 못해 자기중심적인

---

15) 통일사상연구원, 앞의 책, p.78 참조.

존재가 되고 이기주의가 팽배하게 되었다. 신의 심정을 다시 각성한 인간
은 생명이 신의 뜻에 따라 본래의 모습으로 돌아가는데 힘쓰지 않으면 안
되게 되었다.

3. 조화와 통일성

1) 만물의 수수작용 : 원환운동(圓環運動)으로서 조화의 신

만물은 양성과 음성의 상대적 관계를 맺음으로써 존재하게 된다. 만물
은 내성과 외형이 반드시 상대적 관계를 맺음으로써 존재하고 개별적으로
는 존재하지 않는다. 상대적 관계란 두 요소나 두 개체가 주체와 대상의 입
장에서 서로 마주 대하는 관계이며, 상대 기준을 조성한다는 것은 공동 목
적을 중심하고 상대적 관계를 맺는 조화적 통일체임을 말한다.

상대적 관계가 맺어지면 양자가 주고받는 현상이 일어나는데 이 현상을
수수작용이라고 한다. 신 안에서 성상은 주체의 입장이 되고 형상은 대상
의 입장이 된다. 주체(마음)와 대상(몸)이 수수작용을 하기 위해서는 주체
는 능동적 위치에 있고 대상은 피동적 위치에 있게 된다. 이는 주체가 중심
적일 때 대상은 의존적이고, 주체가 동적일 때 대상은 정적이며, 주체가 적
극적일 때 대상은 소극적이다.16)

신의 성상과 형상의 수수작용의 특징은 원만성, 원활성, 조화성에 있다.
수수작용에는 모순, 대립, 상충 같은 현상이 있을 수 없다는 것이다. 이와
같이 성상과 형상의 관계는 목적 중심이며 상대적 관계이기 때문에 조화
적이어야지 상충적이어서는 안 된다. 두 요소 간에 모순과 대립이 나타나
는 것은 생명창조의 목적과 같은 공통요소와 그 요소를 조화롭게 이끄는

---

16) 통일사상연구원, 『통일사상요강』(서울: 성화출판사, 1993), p.191.

중심이 없기 때문이다. 상호간의 관계적 발전은 주체와 대상을 공히 아우르는 수수작용에 의해서만 이루어진다.

수수작용의 핵심에는 생명의 창조목적인 합성체(合性體)이자 통일체가 있다. 생명창조가 목적이 되면 그 결과는 신생체(新生體)가 되어 번식하는 실체가 된다. 피조물의 세계에 서 합성체는 만물의 존재, 생존, 존속, 통일, 시공간운동, 현상유지 등을 뜻하며, 신생체의 출현은 새 요소와 새로운 개체 그리고 새로운 현상으로 발전하는 것을 의미한다. 따라서 수수작용은 만물을 조화롭게 하는 신성이다.

2) 만물회귀의 통일성 : 통합과 합일(合一)의 신

신의 세계는 시공을 초월한 세계이므로 초월적 신은 시간과 공간을 하나로 합일시켜 통일성을 유지하고 있다. 우주에는 한정된 공간이 없기 때문에 확정된 위치가 없다. 전후, 좌우, 상하가 없으며, 내외(內外), 넓고 좁음, 원근(遠近)이 없다. 무한대와 무한소가 같은 통합된 하나의 세계이며 모든 공간이 한 점에서 모두 중첩되어 있는 세계다. 그러면서 동시에 상하와 전후, 좌우, 내외가 없이 한없이 넓혀지고 있는 세계다.

신의 세계는 우리가 말하는 시간이 없는 세계다. 우주적 시간관념에서 유추해보면, 과거, 현재, 미래가 지금 현 순간에 공통적으로 합쳐져 있다. 순간 속에 영원이 존재한다는 것을 상기할 수 있다. 순간이 영원으로 이어지면 바로 순간과 영원이 동일선상에 있다는 것과 같다. 이것은 신의 세계가 하나의 상태 곧 성상과 형상, 양성과 음성이 통일된 상태에서 순수하게 지속됨을 뜻한다. 상태의 순수지속이 신의 세계의 시간관념이 된다. 한마디로 말하면 신의 세계는 시공간의 통일체다. 시간과 공간에서 벌어지는 우주의 모든 현상은 신의 존재인 하나의 점에서 발생한 것이다. 우주의 공간을 어느 한 점에서 상하와 전후좌우로 무한히 긴 직선을 무수히 그을 수 있는 것처럼, 이 하나의 통일체인 한 점에서부터 시공의 세계가 상하, 전후, 좌우로 무한히 팽창해 나가고 있는 것을 알려준다.

따라서 우주가 아무리 광대무변하고 우주의 현상과 우주의 운동이 아무리 복잡하더라도, 그 시공과 그 현상을 지배하고 있는 기본 원칙은 이 한 점에 있고 그 한 점은 만물회귀로 진행하고 있어 한 점으로 통일성을 지향한다. 이 통일성은 통합과 합일의 신이며 우주의 정신인 생명을 사랑하는 수수작용이다.

Ⅳ. 영성의 의미

영성(靈性)은 영의 품성이다. 영성은 사랑, 이법, 창조성, 기쁨, 평화, 인
내, 친절, 진실, 정직, 온유, 양심 그리고 조화와 통일성, 환희 등이 있다. 여
기에서는 중요한 몇 가지 영성만을 살펴보도록 한다.

1. 영성(靈性)은 신의 품성이다.

신령한 영(靈)의 성품을 신성(神性)이라고 한다. 신성은 신의 속성으로
서 신의 본질적인 모든 것을 포함한다. 영성은 신의 기운이며 그 기운은 영
기(靈氣)이며 신의 속성을 가지고 있다. 그런 까닭에 영성은 신령하고 영
묘(靈妙)하여 신기롭기만 하다.

영의 품성으로서 영성은 무형의 성질을 말하고 있으나 영 자체가 아니
다. 영(靈 spirit)은 혼(魂 soul)과는 다르다. 인간의 영은 하나님의 영이 투
여(投與)된 것으로서 인간의 내부에 충만해 있는 궁극의 실재다. 혼은 영
의 몸으로써 영이 육신의 틀(몸)을 갖게 되면 영혼이 된다. 창세기 2장 7절
에 "하나님이 흙으로 사람을 지으시고 생기(生氣)를 그 코에 불어넣으니
사람이 생령(生靈)이 된지라"고 기록되어 있다. 여기에서 생기는 하나님
의 순수한 영이고, 생령은 하나님으로부터 생기를 이어받아 사람의 육체
에 살아 활동하는 영이다. 즉 생령은 영과 혼이 육신을 쓰고 아우러져있는
상태를 말한다.

인간의 영의 근원은 본래 신의 영이기 때문에 인간은 영을 통하여 신과
교통하며 신은 인간의 영 안에 현존한다. 따라서 "너희가 하나님의 성전인
것과 하나님의 성령이 너희 안에 거하는 것을 알지 못하느냐(고전 3:16)"

고 한 뜻을 심화해 볼 필요가 있다. 인간이 타락되어 신과의 관계가 단절되어 신과의 영적인 교통이 불가능하게 되었기 때문이다. 다만 인간이 비록 불완전하지만 영성을 갖고 있고, 신의 성품인 영성을 계발하면 신과 교통할 수도 있어 영계의 사실들을 부분적으로나마 알게 된다.

2. 영성은 심정적 사랑이다

신의 심정은 영성의 가장 핵심부분으로서 "사랑을 통해서 기쁘고자 하는 정적(情的)인 충동"이다. 인간은 누구나 본성적으로 기쁨과 행복을 추구하고 있다. 그런데 참된 기쁨은 참사랑의 생활을 통해서만 얻어진다. 참사랑은 생명과 기쁨의 원천이기 때문이다.

순수한 영성은 본래 한없이 사랑하고 싶은 충동인 까닭에 영성의 정적인 충동력이 바로 지·정·의의 기능을 부단히 자극하여 진(眞)·선(善)·미(美)를 추구하게 한다. 진선미와 사랑의 생활은 가치를 추구하는 생활이다. 가치생활이란 인간 자신이 가치를 추구하며 기뻐하는 면도 있으나 생명을 사랑하는 가치를 실현하여 타인을 기쁘게 하는 보다 본질적인 면도 있다. 이와 같이 생명의 가치생활이란 무엇을 '위하여 사는' 사랑의 생활을 의미한다. 따라서 영성이란 개인은 가정을 위하고, 가정은 민족을 위하고, 민족은 국가를 위하고, 국가는 세계를 위하고, 더 나아가 신을 위하여 살고자하는 심성이다.

인간은 심정의 존재이기 때문에 사랑하지 않으면 도리어 마음이 괴로워진다. 심정적 사랑이 인격의 핵심이기 때문에, 인간의 완성은 신의 심정을 체휼함으로써 사랑을 실천할 때에 가능성이 열린다. 인간이 서로 사랑하는 것은, 해도 되고 안 해도 좋은 자의적인 것이 아니라 신의 심정을 이어

받은 영성적 존재는 모두 실천해야만 하는 천도(天道)가 된다.

3. 영성은 이법(理法)이다

하나님이 말씀(Logos)으로 만물을 창조하였다고 기록되어 있다(요 1:1-3). 말씀은 신의 사고, 구상, 계획 등을 뜻하며 말씀 안에는 만물 하나 하나에 대한 구체적인 청사진이 먼저 세워져 있었다. 신의 청사진에 의해 창조된 피조물에는 이성적 요소(자유성)와 법칙적 요소(필연성)가 함께 조화를 이루며 작용하고 있다. 영성은 이성과 법칙의 조화이기 때문에 모든 존재는 천체로부터 쿼크(quark)에 이르기까지 예외 없이 통합적 존재다.

조화 속에 통일운동을 한다는 사실은 전자나 광자 내의 기억과 사고의 작용원리나 구조를 확인한 과학자들에 의해 밝혀지기도 했다. 예를 들면 식물에 마음이 있고 전자에 사고의 작용과 구조가 있다는 과학적 보도는 모든 피조물 속에 이성과 법칙이 자연의 이법으로 작용하고 있다는 것을 밝히는 것이다.

인간은 이법의 존재이기 때문에 자연법칙을 따르고자 하는 본성을 가지고 있다. 인간이 자연의 법칙에 순응하는 길은 우주공법(宇宙公法)으로서의 수수작용이다. 수수작용의 법칙이란 주체와 대상이 상대적 관계를 맺어 잘 주고, 받음으로써 생존번식의 힘을 길러주는 우주적 이법의 작용을 말한다.

또한 모든 존재는 개체적이면서도 전체적인 목적을 지니고 있어 이중목적을 가진 연체(聯体)적 존재다[17]. 개성체로서의 존엄성과 연체로서 상호의존성 그리고 조화와 통합성을 갖는 것은 이법적 존재라는 진실을 드러낸

---

17) 통일사상연구원, 『통일사상요강』(서울: 성화출판사, 1993), p.186.

것이다. 인간이 이법적 존재로서 그의 본성(영성)을 회복할 때 비로소 가정도, 사회도, 국가도 본래의 질서를 갖춘 모습으로 돌아갈 수 있게 된다.

4. 영성은 생명의 역동성이다

영성은 드러내지 않은 신의 모습이자 생명의 역동성을 일구어낸다. 그러한 역동성을 형체 없는 절대충동이라고도 할 수 있다. 그것이 떨려서 밖으로 나가려는 경향을 지닌 것이 영성인 것이다. 무형의 존재가 떨리고 영이 떨리면 비로소 창조계가 드러나기 시작한다. 여기서의 존재가 주체적 성질을 취하면 마음이 되고 객체적 성질을 취하면 물질이 된다. 그 존재는 순수무구인 채로 '거룩한 존재'가 되어 주체와 객체를 이어주는 역할을 하며 온갖 다양한 현상세계에서의 유희를 시작한다. 이때의 영성은 창조계에 생명의 역동성으로 드러나는 존재의 힘이라는 것을 알 수 있다.

주체 또는 객체적 입장을 취하게 하는 것은 존재의 본성인 심정과 이성과 법칙이 절대 존재의 내부로부터 영성을 나오게 한다. 존재의 성격(＝성품) 자체가 창조와 진화의 과정을 시작하는 모습이다. 그 모습 안에 존재의 본성 자체는 절대자 스스로가 창조를 통하여 자신을 상대화하려고 하는 것이다. 창조의 목적은 기쁨의 확대이기 때문이다.

절대 존재는 조금도 변함없으나 존재의 여러 모습(창조의 다양성)으로 나타난다. 하나의 절대자가 여럿으로 드러나는 사실은 존재가 다른 모습으로 나타나는 것에 불과하다. 즉 절대자는 불변의 상태에서 하나의 모습으로 영원하고 끊임없이 변화되는 상대계의 다양성에 있어서도 무한한 것이다. 그러한 존재의 유일성은 동시에 현상(상대)세계에서 다양성, 다종성 자체로 드러난다. 절대자의 세계와 상대세계가 동시성을 가진 역동적 생

명의 진리인 것이다. 보이지 않는 세계와 보이는 세계가 영성적 차원에서
는 하나의 실제이며 하나의 실재를 구성한다. 이원성은 곧 단일성에서 시
작되었으니 결국에는 단일성으로 회귀되는 것이다. 그러므로 영성은 존재
와 비존재 모두의 본성이다. 그것이 창조의 원동력이며 생명의 역동성이
라는 것을 알게 한다.

5. 영성은 생명의 본질이다

영성은 우주만물의 에너지이며 우주의 생명이다. 그러한 생명의 에너지
는 우주에 충만하게 존재하고 생명의 장을 이루고 있어 또한 초자연적 생
명이다.

인간은 영성을 통하여 신의 생명의 놀라운 신비에 참여하게 된다. 인간
의 육신은 부모에게서 유래하지만 영은 신에게서 유래하였다. 마찬가지로
과학자들이 DNA(유전자의 본체)를 만들었다고 하더라도 그것은 생명이
머무를 수 있는 장치를 만든 것에 불과함으로 생명 자체는 아니다.

여기서 생명이란 생물체에 잠재하고 있는 의식성 에너지를 말한다. 에
너지의 생명운동이 생명운동을 유도한다. 생명운동에는 스스로 조정하고
환경변화에 자동적으로 대처하는 결정능력이 있다. 우주의 생명운동과 발
전에 방향을 제시해 주는 것이 우주의 배후에 잠재해 있는 어떤 기운이 있
다. 사람들은 이 기운을 우주의 영성이라고 하며 과학적 차원에서는 우주
의식 또는 우주의 생명장이라고 한다. 그러므로 영성은 우주생명의 본질
이며 유기체적 생명의 네트워크를 이루고 있다는 것을 알려주고 있다.

6. 영성은 인간의 본성이다

영성은 인간의 본연지성(本然之性)의 모습으로 드러난 것이며 궁극적인 나(我)인 동시에 신 안에 있는 참 나(眞我)에게 도달하게 해주는 무형의 매개체다. 신은 자기의 형상(形象)대로 인간을 창조(창 1:27)하고 흙으로 빚은 인간의 코에 신의 생기를 불어 넣어 주어 유형적 인간이 살아 움직이는 영(생령)이 되어 간접적으로나마 인간을 통해 영을 알 수 있다. 인간이 생령(生靈)이 되었기 때문에 인간의 영성은 본래 신의 성품이자 본성이라고 한다.

실천적 인간의 본성(영성)은 사랑, 이법, 생명의 역동성 등이기 때문에 이상적 인간, 가정, 사회, 세계를 실현할 수 있는 보배 중의 보배다. 한 가지 예로써 이상적 인간이란 신의 사랑을 중심하고 마음과 몸이 하나 된 사람이며 신의 사랑을 만인과 만물에게 베풀 줄 아는 사람이고 신을 영원한 존재로, 부모로 모실 줄 아는 자녀들이다.

7. 영성은 우주의 신령한 기운이다

우주의 신비한 힘을 우주의 생명에너지라고 한다는 것은 잘 알려진 사실이다. 영성을 추구하는 사람은 그러한 에너지를 느끼고 의미를 깨닫는다. 대자연은 영감의 근원이다. 우주의 공전과 자전을 통하여 생명의 의도성과 방향성을 알고, 자연의 존재원칙을 통해 우주의 영성을 깨닫게 된다. 그런 뜻에서 영성과 정령(精靈)은 다르다. 영성은 만사만물에 깃들어 있다는 정령주의가 아니라 태초부터 만물의 근원을 이루고 있는 신령한 기운을 말한다.

그렇다면 인간의 순수영성과 자연의 신령한 기운은 무엇이 다른가? 전자는 신의 성품(＝神性) 그대로 닮은 것이며 후자는 우주의 영묘한 기운 즉, 생명에너지다. 전자와 후자가 상호 교통하고 감응(感應)을 이룰 때 신의 섭리인 우주적 신성은 우리 앞에 한걸음 더 가까이 다가와 알게끔 한다.

8. 영성은 조화와 통일성이다.

우주의 존재는 양성과 음성, 내성과 외형, 주체와 대상이라는 상대적 관계를 맺고 있다. 서로 다른 이 두 요소가 마주 대하는 관계에 있으나 상호 보완적 관계를 맺어 조화를 이루고 공동목적을 위해서는 하나의 통일성을 지향한다. 통일성의 지향은 이 두 요소가 서로 주고받는 현상(＝수수작용)이 일어나 합성체를 이룬다. 이 현상의 특징은 반목, 모순, 대립, 상충같은 상극적인 현상이 있을 수 없고 신생명을 잉태하고 보듬어 살려내는 조화로움이 있다. 따라서 그러한 조화로움은 만물의 수수작용을 가능케 하는 우주적 신성이자 또한 영성이다.

우주적 신성 즉, 영성의 세계는 시공을 초월한 세계이므로 초월적 영성이다. 우주에는 한정된 공간이 없고 상하와 전후, 좌우, 원근(遠近)과 내외, 확정된 위치가 없기 때문에 무한대와 무한소가 같은 통합된 하나의 세계이자 한없이 넓혀지고 있는 영성의 세계다.

그러므로 영성의 세계에서 벌어지는 우주의 모든 현상은 우주의 중심체이며 신의 존재인 하나의 점에서 발생하여 시공의 세계가 상하, 전후, 좌우로 무한히 팽창해 나가고 있는 것을 알려준다. 따라서 우주가 아무리 광대무변(廣大無邊)하고 우주의 현상과 우주의 운동이 아무리 복잡하더라도, 그 시공과 현상을 지배하고 있는 기본 원칙은 이 한 점에 있고 그 한 점은 만물회귀로 진행되고 있어 한 점으로 통일성을 지향한다. 본래의 한 점으로 복귀시키기 위해 통일성을 이루어 조화시키는 것이 우주의 정신이자 영성이며 생명을 사랑하는 수수작용이다. 따라서 수수작용에 영성적 사랑과 생명을 사랑하는 속성이 없으면 이루어질 수 없기 때문에 하나님의 사랑과 속성은 궁극적으로 만물의 존재가 통일된 하나의 생명체를 이루어 조화를 이루고 있다는 것을 알 수 있다.

존 컵(John B. Cobb)이 모든 현실적 실재(Actual Entity)는 물질성과 정신성에 함께 참여한다고 보았듯이 물질과 정신(matter and mind)은 전혀 다른 두 실재가 아니라 존재적 형식에 있어서 작용과 반작용의 차원으로, 동일한 에너지(energy)이다. 모든 생명은 오메가 포인트를 향한 창조적인 조화와 통일의 과정에 있는 것으로서 물질은 의식의 복잡화 과정을 거쳐서 정신화에 이르게 된다. 즉 물질은 전체화를 일으켜 가면서 의식이 생기고, 의식은 정신화로부터 인격화를 거쳐, 우주적 통일로 나간다. 이러한 우주적 영성의 통일성은 단지 인간의 구원만이 아니라 하나님의 창조목적을 성취하기 위한 '전체성'으로서의 영성이기도 하다.

이와 같은 우주현상학적 관점에서 영성적인 측면을 살펴보는 것은 오늘날 지적인 정보발달과 수많은 자료가 축적되었으나 영성화에는 부실한 점이 많았기 때문이다. 현대의 과정철학자 화이트헤드(A. N. Whitehead)는 "현대는 하나님을 잃어버렸다. 그래서 하나님을 다시 찾고 있다"고 말하였듯이 조화와 통일성을 추구하는 영성(spirituality)의 재발견이 중요시 된다.

현대과학은 종교적 영의 하나 된 세계를 물질의 구조분석을 통해 간접적으로 암시하고 있다. 오늘날 물질의 섬세한 구조를 현미경으로 자세히 살펴보면, 분자파악의 수준을 거쳐, 쿼크의 수준으로까지 관찰된다. 개체의 무한한 다양성은 수 백 만개의 다른 원자들의 특수한 결합으로 형성되며, 이 원자는 또 몇 개의 쿼크들의 특수 결합체다. 원자의 구조를 더욱 세분화하여 관찰하는 것은 다양성으로부터 점차 단일성으로 향하고 있다는 경향이다.

쿼크의 입자들을 더 자세히 관찰해 보면 입자의 개념들이 사라지기 시작한다. 구체성을 지녔던 고체가 시공간을 통해 확장되면서 해체된다. 해체된 형상은 무한 파동들이다. 고립된 입자라는 개념이 없어진다. 이 차원에서는 관찰자인 '나'와 '세상' 사이의 구분이 사라진다. 우리가 물질세계를 분석하면 할수록 우리는 더욱 단일성·불가분성의 사상에로 귀착됨을 알 수 있다.

영성적인 관점에서 보아도 우리는 기도와 명상 중에 그 인식의 경계들이 해체되면서 그 절대의 상태, 즉 그것의 여러 가지 다양한 표현들을 넘어서 있는 '순수존재'를 경험하게 된다. 그래서 명상 중에 경험되는 순수의식은 영이며 '순수자아'로 본다면, 그는 모든 마음의 바탕이자 진아(眞我)이나 움직여 드러나면 현상세계의 원천이 된다.[18] 존재와 비존재라는 이원성의 세계가 본래는 영의 세계에서는 하나(단일성)다. 생명운동을 일으키는 변화의 특징은 서로 다를지라도 현상세계는 함께 하나의 실재를 구성한다. 따라서 영(성)은 현상적 측면에서는 다양성이나 그 다양성은 다시 본래의 하나로 회귀되어(一卽多 多卽一) 모두를 아우르는 통일성이다.

9. 영성은 환희(歡喜)다.

영성은 신의 전체성, 전일성(全一性), 충만성(充滿性)에 의한 환희다. 초월적인 신의 단일성(單一性)은 현상세계를 창조하면서 우주의 모든 존재들의 다양성으로 드러났다. 이 다양성의 세계는 본래의 단일성으로 회귀하기 위한 전체성과 전일성을 지향하며 전체성과 단일성은 충만성을 낳

---

18) 피터 러셀, 『초월명상 입문』(서울: 정신세계사, 2000), p.43 참조.

게 되고 충만한 기쁨, 곧 환희, 기쁨의 극치로 나타나게 된다.

따라서 명상을 통해 현상세계를 넘어선 본질세계에 들어가면 그곳은 신 영역으로서 순수의식, 환희의식을 만나게 된다. 신비적 영성체험의 최고 목표는 절정의 기쁨 즉, 환희이며 열락(悅樂)이다.

심정이 사랑을 통해 기쁘고자 하는 충동이라면 사랑하고 싶은 충동이 진동으로 표출되어 현상세계가 형성된 것이다. 그러면 사랑하고 싶은 충동을 일으킨 동기는 무엇인가? 심정의 바탕 즉, 동기는 기쁨이며 환희가 아닐 수 없다.

여기에서 우리는 마음의 본성을 살펴볼 필요가 있다. 마음은 기쁨을 주는 곳에 머문다. 그러나 우리의 일상적 경험은 마음이 어느 곳에 집중된 상태로 오래 남아 있지 못한다. 그 이유는 집중한 대상이 충분한 기쁨을 주지 못하며 더 큰 즐거움을 주지 못하기 때문이다. 이 세상에는 기쁨을 갈구하는 마음을 만족시켜 줄만큼 즐거운 곳이 없기 때문에 마음은 한 곳에 머무르지 못하고 항상 여기저기서 더 큰 기쁨을 찾으려고 한다.

그러면 과연 마음이 가장 크고 영원한 기쁨에 자리 잡을 수 있는 곳은 어디인가? 벌이 꿀이 담긴 꽃을 찾아 여기저기 날아다니지만 날아다니는 것이 벌의 기본 성격은 아니다. 꿀이 있는 꽃을 찾지 못했기 때문에 날아다니는 것이다. 그러나 꿀을 찾으면 금새 그곳에 내려앉는다.

마찬가지로 우리의 마음도 이리저리 헤메고 있다. 그러나 본성이 그런 것은 아니다. 가고 싶고 하고 싶은 일이 있기 때문에 방황하는 것이다. 기쁨과 매력을 주는 곳에서는 떠나려하지 않는다. 그러한 자리에서는 마음이 쉬고 즐기며 기쁨 속에 오래도록 남아있게 된다.

본성에 따른 일은 우리를 기쁘게 하고 본성에 맞지 않는 일들은 무엇이든지 싫다. 쉴 장소를 찾지 못하거나 기쁨의 대상을 만나지 못해서 뛰어다닐 수밖에 없는 마음은 처량하고 비참하다.

마음이 안정되게 하기 위해서는 마음이 좋아하는 일들을 하면 된다. 기쁘고 매력 있는 곳을 찾아야 한다. 창조계의 외형적 사물은 그 어느 것도 기쁨을 바라는 마음의 갈구에 영원한 만족을 줄 수 없다. 우리의 경험은 사물의 미묘한 내면세계가 훨씬 매력이 있음을 알려준다. 바깥 세계로부터 차차 내면층으로 마음을 이끌어가면 더 큰 기쁨을 발견한다. 창조계의 상대세계를 넘어 초월적 환희의식에 도달함으로써 마음은 상대세계의 그 어떤 기쁨보다도 더욱 큰 영원 절대의 환희를 발견한다. 절대 환희를 얻은 마음은 좀처럼 그것을 놓치지 않는다. 환희에 완전히 밀착된 나머지 환희의식이 마음의 본성에 주입되게 되고 마침내 마음은 환희의식으로 화한다.19) 마음이 그렇게 확립되었을 때 더 이상 다른 것들을 필요로 하지 않는다. 절대존재(신)의 상대세계 안의 그 무엇도 절대 환희의식을 능가하지 못하기 때문이다.

마음으로 하여금 자연스럽게 이 환희의식에 뿌리내리도록 하는 효과적인 방법은 명상을 통하여 마음이 환희의식을 체험하게 하는 것이다. 이 환희의식은 신의 본성이며 순수의식이다.

순수의식(우주의식)을 지닌 사람은 전체성, 전일성, 충만성으로 인해 충만한 기쁨, 즉 환희를 느끼게 된다. 우주만물을 향하여 모든 방향으로 무한한 사랑이 넘쳐 나간다. 이 농축 상태의 우주적 사랑을 사는 사람은 무엇을 보거나 듣거나 혹은 냄새 맡거나 만져 보거나 한없는 사랑이 그저 흘러 오는 경지다. 끝없이 다양한 생명계 전체가 사랑·기쁨·평화·만족·영원·절대가 넘실거리는 바다일 뿐이다.

누구든지 명상을 거듭할 때 순수의식에 도달할 수 있다. 이 경지에까지 놓여진 개인은 우주 생명과 하나 되어 일거수 일투족이 우주의 몸짓이요, 그의 생이 우주 생명 안에 확립되는 것이다. 그의 생각과 말, 행동들은 창

---

19) 마하리시 마헤시요기, 『초월의 길, 완성의 길』(범우사, 2005), p.175 참조.

조목적을 돕게 되며 개인 생활의 모든 차원에 걸쳐서 우주 생명의 목적을 이루어 간다.

이 때에 인간의 자아는 무한으로 확장되어 가장 큰 자아(大我), 더 커질 수 없는 자아인 신의 자아로 화한다. 사람의 개별적 마음이 신의 우주적 마음으로 화한다.

사랑의 길은 눈이 먼 환희의 길이다. 사랑의 길은 한 길로만 간다. 작은 행복에서 더 큰 행복으로만 간다.[20] 신의 길, 사랑의 길은 오로지 한 곳으로만 간다. 작은 행복에서 더 큰 환희로, 영원한 환희로 간다.[21]

사랑을 매개로 신이 세계 안에, 세계가 신 안에 있다. 신이 체험되기 위해서는 기쁨이 증가해야 한다. 그러기 위해서는 우리의 주의(注意)는 생명의 내면 차원, 의식의 내면 수준으로 들어가야 한다. 주의를 깊은 의식의 차원으로 가져가는 것이 크나큰 기쁨을 체험하는 열쇠다. 순수의식, 환희에 들어가는 길이다.

명상하는 사람은 명상을 할 때, 생각의 내면 상태를 느껴간다는 것을 안다. 그 생각마저 넘어 가지고 마음이 초월상태에 이르면 순수의식, 환희의식을 자각하게 된다. 그 순수의식이 나의 마음에 채워지게 된다.

이 안에 들 때 세상은 움직이는 거룩함 그 자체이며, 삼라만상은 영원한 환희의식의 바다에 출렁이는 물결들이다. 모든 느낌, 들려오는 말소리, 손끝의 감촉, 모든 냄새가 영원한 환희의 바다로부터 밀려오는 기쁨들이다. 모든 생각, 말, 행동의 기쁨이 출렁임이다.

---

20) 마하리시 마헤시요기, 앞의 책, p.306.
21) 마하리시 마헤시요기, 앞의 책, p.307.

2부

좋은 열매를 맺기 위하여_
영성적 삶의 완성을 향하여

제2부
좋은 열매를 맺기 위하여 :
영성적 삶의 완성을 향하여

우리는 앞에서 인간의 뿌리를 살펴보았다. 그 뿌리는 영성이며 영성은 신의 성품이요 인간의 본성임을 알게 되었다. 우리가 인간으로서 아름다운 꽃을 피우고 좋은 열매를 맺기 위해서는 인간의 뿌리를 영성에 내리고 영성적인 삶을 통하여 우리가 신을 닮고 신의 형상을 이루어 나가야 한다. 그러기 위해서는 자아의 의식 속에 영성을 의식화하고 그 의식을 생활화함으로써 인간 본성의 성장과 완성을 이루어 나가지 않을 수 없게 되었다.

Ⅰ. 영성의 성장

1. 영성생활의 필요성

영성생활은 신에 의해 새로운 피조물로 거듭난(重生) 새 생명이 영적으로 성장, 성숙하여 신의 뜻 가운데 온전히 사는 삶이다. 따라서 영성은 성장하고 성숙할 때까지 물을 주고 돌봐야 할 씨앗과 같다. 아이가 태어나서 몸은 자라는데 정신적으로 성장하지 못하면 정신적으로 병든 아이가 될 수밖에 없듯이 중생한 자의 성화, 곧 인격적인 변화 없이 온전한 인간이 될 수는 없다. 성서는 "신은 사랑"(요1서 4:16)이라고 하였다. 그런 까닭에 사랑 안에 거하는 자는 신 안에 거하게 되는 것이다. 따라서 영성생활은 인간이 사랑과 덕의 완성을 향하여 나가는 삶을 의미한다.

그러기 위해서는 마음이 육신을 주관하여 심신일체를 이루어야만 한다. 마귀의 유혹과 육신적인 쾌락, 탐욕으로부터 승리해야 한다. 이런 것으로부터 승리하기 위해서는 몇 가지 유의해야 할 사항이 있다.

첫째, 진정한 믿음을 가져야 한다. 세상을 이기는 것은 믿음이기 때문이다(요1서 5:4). 굳건한 믿음은 모든 사물 안에서 신을 만나게 된다.

둘째, 사탄 마귀의 유혹을 극복해야 한다. 세속적인 소유, 현세의 쾌락, 물질에 대한 애착 등의 유혹에 빠지기 쉽다.

셋째, 세상일이 덧없음을 묵상해야 한다. 종교인은 영원한 피안(彼岸) 곧 본향을 향해 나가고 있기 때문이다.

넷째, 세상이 미워하고 핍박하는 것을 무시해야 한다(요 15:18-20)

결국 영성생활은 내적으로 신성이 이루어지고 외적으로 신의 사랑과 자비를 실천하는 삶이다.

우리는 일상생활을 하는 동안 언제라도 신을 발견할 수 있고 신의 인도와 감동을 받으며 살아갈 수 있다. 영성 생활은 신의 현존과 능력을 조금 더 강렬하게 체험할 목적으로 의도적이고 집중적인 노력을 기울임으로써 획기적이고 지속적인 삶의 변화를 이루어 내려는 영적 활동을 의미한다. 삶을 변화시키는 능력은 오직 영성 생활을 통해서만 얻을 수 있다. 영성 생활 없이는 일상생활에서 삶을 변화시키는 신의 능력을 결코 체험할 수 없다.

영성 생활의 목적은 은혜 체험에 있다. 우리는 영성생활을 통해 신과 말씀의 특별한 능력을 체험할 수 있다. 신의 말씀은 영성생활의 범위를 규정하고, 신은 영성 생활을 통해 영적 능력을 베푸신다. 모든 형태의 영성 생활에는 두 가지 능력, 즉 신의 능력과 말씀의 능력이 함께 역사하신다. 우리는 그러한 능력을 통해 신의 기쁘신 뜻에 따른 삶, 즉 일상에서 신이 원하시는 일을 감당하며 의무와 책임을 다하며 살아가는 삶을 살아갈 수 있다.

은혜의 체험이란 신의 임재를 체험하는 순간에 놀라운 역사가 이루어진다. 그런 때에 신은 스스로를 계시하며, 그분의 존재를 확신케 하고, 충만한 기쁨을 베풀어 주신다. 신의 임재는 말씀을 읽을 때나 기도할 때, 혹은 다른 영적 활동을 할 때 나타난다. 신의 임재를 체험하는 순간 우리는 갑작스런 사랑과 초자연적인 능력을 느끼게 된다. 그로 인해 나타나는 결과는 많다.

먼저 마음과 생각의 변화가 일어나고 새로운 영적 능력이 솟구친다. 또한 신에 관한 관점이 새로워지고 신에 대한 지식이 깊어지며, 신과 경전을 통해 전하는 신의 음성을 들을 수 있고 신의 위로와 임재를 강렬하게 느낄 수 있으며, 더욱 신을 가까이하고 싶은 마음이 우러난다.

하지만 신이 임재하는 궁극적 목적은 감성적 즐거움과 희열을 맛보게 하기 위한 것이 아니다. 영성생활을 하는 동안 신의 능력이 임하는 이유는 우리를 신의 형상으로 변화시키기 위함이다.

신의 형상으로 창조된 인간(창 1:27)이 타락함으로써 신의 형상을 상실하게 되었다. 신성 곧 영성을 상실하게 된 것이다. 따라서 신의 형상을 회복하지 않으면 안되게 되어 있다. 신의 형상을 회복하기 위해서는 신에 의하여 거듭나는 영적체험을 하고 신과 신비스러운 관계 속에서 신을 모시고 살아가는 신앙생활이 있게 된다. 거듭난 사람이라 하더라도 처음부터 온전하지는 못하다(고전 5:48). 신의 온전하심에 이르기까지 상당한 기간 훈련이 필요하다. 믿음과 정화와 성화의 과정을 거치면서 신의 뜻에 맞는 사람이 되어야 한다. 신앙인은 영혼이 온전해질 때까지 내적 정화를 통해 영성이 성장하여 신을 닮아 나가야 한다. 그러기 위해서 영성생활은 필수적이다.

2. 영성생활

우리는 정상적인 방법에 의해 영성이 성장하도록 노력해야 한다. 정상적인 영혼의 바람직한 영성발달은 영성생활의 바탕 위에서 이루어진다. 영성생활은 생명을 중요시하고 차원 높은 영성을 추구하는 지성과 정성 그리고 의지의 삶이다. 이런 면에서 영성생활은 전인적인 영성발달을 추구하는 의식화와 생활화가 근간을 이룬다. 따라서 영성생활은 영성을 닮아가는 생활이자 신을 중심으로 하는 생활이 된다.

1) 영성생활의 의미

영성생활은 자신의 내부에 지니고 있는 영적 풍요로움을 발견하고 하나님의 사랑을 발견하여 사랑을 실천하는 일 그리고 예배 등 종교적 행사에 참여하여 체험하고 실천하는 인내의 삶을 말한다. 또 영성생활은 생활 속에 신이 부여한 내재적 영성을 체험하는 훈련과 신앙적 삶을 승화시키고 완성시켜 외적(행위)으로 실행해나가는 모습, 은혜의 모습을 말한다. 영성생활이 영혼의 내적인 것과 외적인 것 모두를 포함하고 있다는 것을 알려준다. 그래서 내적 생활은 영성생활과 관계되는 신의 내재성(內在性)을 강조한다. 즉 신앙인이 자신의 내적 세계와의 긴밀한 연관을 하나님의 은사(능력) 안에서 갖는 것을 말한다.

초기의 정상적인 영혼의 영적 성장은 영성생활의 바탕 위에서 가능하다. 이 기초가 다져진 후에야 초자연적인 신비적 삶으로 들어 갈 수가 있다.

따라서 영성생활에서 중요한 것은 영적 체험이다. 그러한 영성생활은 궁극적으로 구원받은 신앙자가 신앙대상과의 일치를 목적으로 하기 때문에 신과 일치를 이루기 위해서는 신과 원수되는 것과 투쟁하여 승리하는 길 밖에 없다. 육체의 정욕과 싸워 마음에 굴복시켜야 한다.

그러므로 영성생활은 새로운 자아를 찾고 신의 뜻에 순종하는 삶을 살아감으로써 신의 형상을 점진적으로 닮아 가는 생활이다. 그런데 신에게 가까이 가기 위해서는 많은 장애물을 헤쳐 나가야 한다. 그것은 교만, 시기, 혈기, 책임전가 등 많은 것들이 있다. 이것들을 제거하기 위한 노력이 영성생활이다.

우리는 영성 생활을 통해 하나님을 만날 수 있는 기회를 만드는 한편, 하나님의 은사에 의한 은혜의 체험을 통해 하나님을 더욱 사랑하고 사람을 내 몸과 같이 사랑할 수 있는 능력을 갖게 해주시기를 기대해야 한다.

영적 생활은 우리의 노력과 하나님의 역사에 의해 이루어진다. 단지 우리의 노력만으로 또 아무리 굳은 결심으로 영성생활을 이행한다고 해서 은혜를 체험하고 삶이 변화되는 것은 결코 아니다. 하나님이 우리 안에서 그분의 기쁘신 뜻대로 행하시며, 또 그분의 뜻을 행할 수 있는 의지를 제공하실 때 영적 성장이 이루어진다. 영적 성장은 하나님이 정하신 방법에 의해 성취된다.

하지만 우리는 하나님이 영적 성장을 위해 제공해 주신 은혜의 수단을 열심히, 효과적으로 적용해 나가야 한다. 하나님은 우리에게 은혜의 수단을 제공하기를 기뻐하신다. 우리는 은혜의 수단을 통해 하나님과의 만남을 체험하고, 그분의 능력을 보며 삶의 변화를 가져오는 하나님의 강력한 역사를 체험할 수 있다. 하나님을 사모하며, 그분이 우리 안에 역사하시기를 소망하는 마음으로 영성생활을 충실히 이행할 때 우리는 하나님을 중심한 삶과 타인을 사랑하는 진실한 신자가 될 수 있는 능력을 얻게 된다.

이런 점에서 우리는 영성 생활이 형식으로 전락하지 않도록 주의해야 한다. 영성생활을 하면서도 하나님을 사랑하고 사람을 사랑하는 경건한 삶이 이루어지지 않는다면 하나님이 원하시는 영성생활이라고 할 수 없다.

2) 육체의 생명과 영혼의 생명이 완성되는 세 가지 방법

① 출생으로 인하여 인간은 존재하고 생활하기 시작한다. 마찬가지로 영혼의 생명에는 종교적 체험 곧 신을 체험함으로써 영적인 출생을 하게 된다. 육신이 성장하여 성숙되고 힘을 갖게 되는 것과 마찬가지로 영혼의 생명에는 신의 품성이 주어진다. 인간의 생명과 힘을 유지시키는 영양분으로 인해 육신생명이 완성하듯이 선행과 신의 은사에 의해 영혼의 생명을 완성시킨다.

② 선행(善行)이 은총과 사랑의 성장을 가져오게 된다. 외적 행위는 윤리적으로 선한 대상이나 목적을 지향하고 있고 또 외적 행위는 초자연적 동기가 되는 사랑에서 나오는 까닭에 어떤 외적 선행도 은총과 사랑의 증대를 가져오게 된다. 인간의 모든 기능에는 그 존재자체의 목적이 있고, 목적에 따라 행동할 때 그는 한 인격으로서의 성장과 완전한 사랑에 기여하게 된다. 사랑은 사람이 올바르게 살아가고 또 신이 사람 안에 작용하는 것이다. 신의 모습대로 창조된 인간은 사랑을 통하여 신을 닮아 간다.

③ 기도는 회개와 용서, 영적 기쁨 등을 얻게 된다. "구하라 그러면 얻을 것이다"(마7:7). 영성생활은 영성이 충분히 성장하고 완숙될 때까지 노력하는 삶이다. 그러나 인간이 영성생활의 본질과 그것이 지닌 잠재력이나 능력 및 그것이 충분히 성숙하기까지 거치는 단계 등을 완벽하게 이해하기 위해서는 인간 노력의 목표가 무엇인가를 먼저 알 필요가 있다.

3) 영성생활의 네 가지 목표

영성생활의 목표는 첫째, 신을 믿어 새로운 피조물로 거듭나는 것이며, 둘째, 신의 풍성한 생명에 참여함으로써 구원받은 자가 변화, 성장, 성숙하여 나가는 것이다. 이때의 삶은 늘 기쁨과 평안, 안식으로 가득 차게 된다.

셋째, 신의 능력과 신성 가운데 존재함으로 신의 뜻대로 사는 인간이 되어 선하고 착하며 아름다운 존재가 되어 선과 진리와 미를 추구하는 삶을 산다.

넷째, 신인합일(神人合一)의 인간이 되어 참사랑을 실천하는 삶을 사는 것이다.

영성생활은 자기완성을 위한 영성수련을 해야 하며 인격의 완성은 신을 사랑하고 사람을 자기 몸과 같이 사랑하는 데서 이루어진다.(눅 10:27)

그러므로 신앙인은 중생하여 신의 참자녀가 되고 신의 본성(神性)에 참여하여 거룩하게 되며 참사랑을 실천함으로써 완성하게 된다. 영성생활이 인간다운 삶의 촉진제가 되어 인간 본성에 의한 진실과 겸손, 사랑으로 조화와 통일을 이루어 참사랑의 인류공동체를 실현해야 한다.

영성생활의 완성은 신앙인 개인이 신의 완전성 곧 신성과의 일치에 참여하는 정도에 따라 이루어진다.

4) 내적생활

신앙생활이란 내적인 생활로서 인간 내부에 존재하는 마음, 정신, 양심 등의 삶을 말한다. 따라서 물질적이고 감각적인 삶과는 대립된다. 영의 범주에서 이루어지는 인간의 생명적 활동이기 때문에 지성과 의지의 삶이다. 이런 면에서 내적 생활은 신앙생활 또는 영성생활과 동의어로 사용된다.

영성생활은 일상적인 체험적 훈련 모습이고 또 하나는 삶을 승화시키고 완성시키는 은혜의 모습이다. 그래서 내적 생활은 영성생활과 관계되는 내재성(內在性)을 강조한다. 즉 신앙인이 자신의 내적 세계와의 긴밀한 연관을 신앙과 하나님의 은사(능력) 안에서 갖는 것을 말한다. 반면에 영성생활은 자신의 내부에 지니고 있는 영적 풍요로움을 신앙 안에서 사랑과 사랑을 실천하는 일, 그리고 예배 등 종교적 행사에 참여하여 체험하고 실천하는 인내의 삶을 말한다.

이런 뜻에서 내적 생활은 하나님의 은사를 통해서 하나님과의 일치를 이루며 하나님의 사랑에 참여함으로써 행복에 이르는 신앙생활의 순수한 상태를 말한다. 그리고 영성생활은 종교적 완성을 추구한다. 완성은 행동방식을 의미한다. 하나님의 창조이상에 부합되는 삶을 말한다.

초자연적 생활이란 지상의 영적 삶 안에서 영혼이 능동적으로 경험하게 되는 행위들을 묘사하는 말로 사용된다. 즉 초자연적인 생활이란 신앙적인 삶에 있어서 영혼이 능동적으로 하나님을 체험하게 되는 모습이다.

반면에 신비적 생활이란 한 영혼의 순수한 내적인 삶으로서 어디까지나 하나님이 모든 주도권을 갖고 계시며 영혼은 수동적으로 하나님을 따르고 체험하는 삶을 말한다.

신앙생활에서 내적 생활은 가장 기본적인 첫 단계의 삶이다. 초기의 정상적인 영혼의 영적 성장은 내적 생활과 영성생활의 바탕 위에서 가능하다. 이 기초가 다져진 후에야 초자연적인 신비적 삶으로 들어 갈 수가 있다. 내적 생활에서 가장 중요한 것은 기도로서, 기도는 내적 생활의 바탕을 이룬다.

(1) 내적 생활의 의미

내적 생활은 인간 내부에 존재하는 양심, 마음, 정신 등을 신앙 안에서 올바르게 키워 가는 삶으로서 한 영혼이 하나님 안에서 갖게 되는 모든 영성적인 문제들을 포괄한다. 영성생활이라고 하면 영혼의 내적인 것과 외적인 것 모두를 포함하는데 비해 내적 생활은 초자연적 생활의 바탕이 되는 것을 다룬다.

내적 생활에서 마음과 정신 그리고 양심이 올바르게 확립되어 있지 않으면 결코 그 영혼이 올바로 성장할 수 없다. 올바른 내적 생활의 바탕이 확립되어 있지 않은 채 아무리 사랑을 베풀고 전도를 행할지라도 좋은 열매를 맺을 수가 없다. 자기 영혼이 하나님 안에서 깊은 관계를 맺고 있지 못하면서 어찌 이웃에게 기쁜 소식을 전할 수 있겠는가?

그러므로 활동을 많이 하면 할수록 내적 생활은 그 영혼에게 더 필요하다. 하나님 안에서 영양을 섭취하지 못하는 영혼은 하나님의 뜻을 전달하는 것이 아니라 자신의 뜻을 전달하게 된다.

사랑이 없는 인간보다 더 불쌍한 인간은 양심이 무디어진 사람이다. 올바른 하나님을 찾기 위해서는 내 마음과 정신, 양심을 올바르게 뿌리 내려야 한다. 이처럼 내적생활에서 있을 수 있는 문제들을 올바르게 다룰 때 올바른 영성생활, 더 나아가 초자연적 생활과 신비생활에 들어가게 된다.

우리는 정상적인 방법에 의해 영성적으로 커 나가도록 노력해야 한다. 정상적인 영혼은 내적 생활과 영성생활을 바탕으로 할 때 비로소 초자연적 생활과 신비생활로 들어가게 된다. 정상적인 영혼의 바람직한 영성발달은 내적 생활과 영성생활의 바탕 위에서 이루어진다. 이 바탕이 다져진 후에야 초자연적 생활(본질세계와의 관계되는 생활)에 들어갈 수 있고 이것이 일반적이고 정상적인 영적 성장의 길이다.

(2) 기도생활

기도는 내적생활의 바탕이다. 마음과 정신 특히 양심을 올바르게 다루는데 기본적으로 요구되는 것은 기도다. 기도는 인간의 숨결처럼 신앙생활의 숨이다. 기도하지 않는 신앙인은 있을 수 없다. 신앙을 잘하기 위해서는 기도하지 않을 수 없다.

기도는 인간을 하나님에게로, 불완전에서 완전으로, 그리고 현상 세계에서 초월적인 세계로 이끌어 주는 기초가 되는 것으로 내적 생활에서 절대적인 역할을 한다. 따라서 기도에서 얻는 은혜(능력)는 엄청나게 큰 것이며, 또한 기도는 그만큼 어렵다.

기도의 가장 큰 기적은 기도하는 사람의 마음이 시간의 흐름과 함께 점차적으로 하나님께 향해지면서 하나님의 사람으로 되어가는 것이다. 그러기에 기도는 많은 인내를 필요로 한다. 기도는 하나님께 나아가는 기본적인 자세로서 신앙의 본질이다. 기도는 사랑과 깊은 관계를 맺는 것으로서, 기도는 그 자체가 완성되는 것이 아니라 사랑 안에서 완성된다. 기도는 생활과 연결되어야 하는 것으로서 기도와 생활을 구분해서는 안 된다. 오히려 생활 자체가 기도가 되도록 노력해야 한다. 생활과 기도가 연결되는 상태에서 이루어지는 것이 신앙생활이며 이것은 어디까지나 내적 생활이 바탕을 이루어야 한다.

기도는 자기 자신을 위해, 사랑을 실천하기 위해 인류를 구원하기 위해, 그리고 하나님의 뜻에 응답하는 것이다. 이 응답은 말로만 끝나는 것이 아니라 사랑을 통한 삶의 실천으로 나타나야 한다. 하나님의 부르심과 그분의 뜻에 응답하는 기도는 인간으로 하여금 빛나는 삶과 가치있는 삶을 살아가게 해 주는 것으로서, 이러한 삶을 기도의 삶이라고 한다.

기도는 내적 생활의 핵심을 이루는 마음과 정신, 양심이 하나님의 뜻 안에 올바로 뿌리내릴 수 있게 해줌으로 매우 중요하다. 온갖 기계 물질문명에 빠져 자아를 잃어버리고 타력(他力)에 꼭두각시처럼 살아가는 현대인을 그 비극적 삶에서 구출해 줄 수 있는 것은 내면적 생활인 기도다.

(3) 외향적 생활

여기에서 말하는 외향적 삶이란 사랑을 실천한다든가 하나님의 뜻을 이루어 나아가는 타자를 위한 삶과는 다르다. 자기의 모든 신경이 전부 이웃에게 집중되어 있는 사람을 외향적 사람이라고 말한다. 내 마음과 정신이 전부 타인에게 가 있음으로써 "왜 너는 나를 이해해 주지 못하느냐", "왜 너는 나를 그렇게 욕하느냐"는 식으로 나타나는 삶이다. 참된 신앙생활, 가치있는 삶은 결코 이런 모습이 될 수 없다.

이와는 정반대로 내적인 삶을 사는 사람은 "왜 너는 나를"이 아니라 "나는 너에게"로의 정신에서 비롯되는 삶이다. 남의 말이나 감정에 말려들지 않음으로써 남이 나를 욕하고 비평하거나 이해해 주지 못하는 것을 불평하거나 괴로워하지 않는다. 오히려 그것 보다는 하나님의 자녀인 내가 만나는 모든 사람들에게 무엇을 어떻게 해야 하는 가를 하나님 안에서 줄기차게 찾고자 한다. 이것이 기도에 바탕을 둔 내적 생활이다.

외향적 생활을 하는 사람은 자기 구미에 맞는 사람하고만 어울리고 구미에 맞지 않으면 싫어한다. 내적 생활을 하는 사람은 내가 신앙인으로서 상대방에게 무엇을 어떻게 해 주어야 할까를 생각하고 좀 더 따뜻하게 대해 주려고 노력하는 사람이다.

신앙 안에서 마음을 키워 가는 것은 매우 중요하다. 신앙생활을 얼마나 했는지 기도를 얼마나 하고 있는지가 중요한 것이 아니라, 각자의 마음이 하나님 안에서 커 나가고 있는지 아니면 굳어지고 닫혀지고 있는지가 중요하다. 마음이 그 사람의 삶을 말해 준다. 주위에서 우리는 사랑을 많이 베푸는 데도 남보다 더 괴팍하고 마음도 굳게 닫혀 있는 사람을 볼 수 있다. 이런 사람의 사랑은 자기 만족을 위한 것일 뿐 하나님 안에서 올바른 사랑을 행하지 못한 것이다. 사랑을 그만큼 베풀었으면 그 마음도 좀더 성장했을 터인데 그렇지 못하기에 말이다. 올바르게 기도한 사람은 자기가 하고 싶어서가 아니라 자기가 모르는 사이에 자연히 사랑을 베풀게 되는 것이다. 그러므로 기도를 했는데도 사랑이 안되는 것은 그 기도가 잘못되었기 때문이다.

3. 수행의 길

종교는 인간이 완성되도록 이끌어가는 길이다. 완성된 인간은 하루 아침에 이루어지는 것이 아니라 목표를 향한 점진적 과정을 밟는 것이다. 신자가 영성수행을 통하여 온전한 인간이 되고자 한다면 위에서 언급했듯이 신앙(영성) 성장의 목적과 방향 그리고 과정을 알아야 한다.

영성수행의 구체적인 방법은 기도와 명상을 통한 수련, 경전을 공부하는 수련, 사랑을 실천하는 수련이 있다.

첫째, 명상수련이란 자아성찰과 더불어 신의 창조와 타락, 구원의 역사를 주의 깊게 묵상하는 것이다. 이것은 마음을 정결케 하고 신의 섭리를 끊임없이 기억하게 함으로써 우리의 기억을 정화시키고, 신과 함께 동행하는 것을 가능케 한다. 기억은 곧 참여이기 때문이다. 지속적인 자아성찰을 통하여 욕망으로부터 해방 받게 된다.

둘째, 경전을 공부하는 영성수련이란 경전을 집중적으로 읽으면서 교조의 생각과 정신에 익숙해지도록 하는 것이다. 우리가 신을 찾는 목적으로 경전을 읽는다면 우리의 혼란된 정신은 정돈되어 지고 정화되어 간다. 그리고 우리의 정신은 본래의 목적에로 바뀌어 나가게 된다. 경전을 읽는 과정을 통하여 마음을 신께 순종시키고 경전을 읽음으로써 이해된 모든 것은 교조에게 사로잡히게 한다.

셋째, 기도를 통한 영성수련이란 기도를 통해 우리의 마음을 소생케 하는 법을 배우며 신과의 교제를 통하여 자신을 부정하고 신의 대상이 되게 하는 것이다. 명상을 통하여 영적 영양을 공급받으며 경전을 읽음으로써 신령한 은혜를 받고 기도를 통해서 소화해냄으로써 전인적인 건강함을 얻게 하려는 것이다.

영성성장에 근본적으로 필요한 것은 기도다. 기도는 자아와 신과의 관계 형성으로부터 자아와 자아 그리고 자아와 타인과의 관계가 건강하게 형성될 수 있는 것으로써 영성을 구체적으로 실현할 수 있는 가장 보편적인 인간 행위다. 기도는 자신의 의지를 신의 뜻에 완전히 순응시키려는 행위다.

따라서 기도는 신의 성품을 내면화하는 내적인 운동이라고 할 수 있다. 기도는 신이 인간에게로 인간이 신에게 나아가는 만남의 행위다.

기도를 통해 인간이 자기 자신을 초월하여 자기 자신을 바라볼 수 있는 영적인 존재라는 것을 알게 된다. 자기 자신을 발견하는 것은 영성을 발견하는 것이며 동시에 인격적인 변화를 경험하게 된다. 이러한 변화의 모습을 영적 성장이라고 말한다.

참된 기도는 욕구실현이 아니고 나 자신과 신과의 관계 형성에 그 초점을 두어야 한다. 자기 암시와 신의 인도를 받는 기도의 근본적인 차이는 전자는 자기 욕구의 집착에서 벗어날 수 없다. 그러나 신의 인도함은 욕구로부터 시작된 기도가 점점 개인의 집착으로부터 자유로워지면서 내적인 관심이 신과 타인에게로 인도되어진다.

따라서 기도는 신을 향한 열려진 관계를 형성하려는 자세를 제시하는 것으로 이해해야 한다. 기도는 자기 욕구 성취의 도구가 아니라 신과의 관계를 형성하는 것이요, 우리 영혼이 신의 성품(영성)에 참여하기 위함이요, 신의 성품을 내 안에 형성하기 위함이다.

그러므로 영성수련을 영성 형성으로 본다면 성숙한 기도는 신과의 관계 형성을 위한 가장 기본적이고 기초적인 것이 된다. 영성 형성을 위한 기도는 우리의 뜻이 아니고 신의 뜻을 따라하는 기도이며, 우리의 정욕이 아니고 우리를 향하신 신의 요구에 응답하기 위한 기도다.

영성수련이 신의 성품(영성)에 참여하는 것이라면 영성수련은 기도를 통하여 영성의 삶을 내면화하는 과정에서 이루어지는 것이다. 그것은 신의 말씀을 내면화할 때 우리는 신의 성품에 참여하게 되고 우리의 인격은 신의 성품을 덧입게 된다. 말씀이 단계적으로 기도를 통하여 내면화된다면 우리는 지속적으로 신과의 관계를 형성하게 된다. 여기에서 우리는 신의 거룩함과 온전함을 이루게 된다.

묵상기도는 신의 영이 역사하는 수동적인 기도를 하고자 하는 열망이 동기가 되어 추구한다. 명상기도란 실체의 내면을 바라보는 것을 의미하며 실체의 근원을 바라보면 거기에서 신을 바라보게 된다는 것으로 유추된다. 명상이란 사고에 의한 분석적인 신의 경험이 아니라 주체와 객체가 하나가 되는 신의 임재체험과 관련된다.

성숙한 기도에 이를수록 그 희구하는 바가 점점 희박해진다. 그 이유는 내가 주장하는 기도가 아니라 듣는 상태의 기도이기 때문이다. 이 기도는 우리의 소원을 말하는 데 있지 않고 신의 음성과 그분의 뜻에 귀를 기울이는 것이다. 명상수행이란 신이 자기 내면으로 들어오시도록 자신을 열어놓는 상태이며 마침내 신의 신비가 자기 자신의 내면에 부딪혀 옴으로써 기도의 주체와 객체가 하나 되는 일치의 경험 상태다. 그 상태는 지성적인 냉냉함이 아니고 가슴으로 느끼는 경험이요, 정감적인 경험이며, 분석적인 경험이 아니라 직감적인 경험이다. 이 경험에서는 ① 신의 현존 체험이 현저하다. ② 능동적이기 보다는 훨씬 수동적이다. ③ 신과의 일치의 체험과 동시에 존재론적 변화를 가져온다. ④ 실천적 삶에 대한 큰 변화를 느낀다.

II. 통합적 영성발달

엘리슨(craig ellison)은 1983년 개개인의 영적 건강사태를 측정하기 위하여 영적성숙지수(SMI ; spirtual maturity index)라는 평가도구를 만들었다.[1] 영적으로 성숙한 사람들은 신과의 관계 및 인간과의 관계를 잘 맺으면서 영적기쁨을 누리며 살아간다. 그들은 신과 인간들을 섬기며 살아가는 타자중심의 삶을 산다. SMI는 30개 문항으로 되어 있는데 그 중에서 26개항이 관계성을 묻는 내용이다 따라서 신과의 관계와 인간과의 관계를 묻는 영적성숙지수는 관계성을 영성의 중요 개념으로 하고 있음을 알 수 있다.

1. 영성과 자아

자아가 영성의 개념에서 중요한 위치를 차지하는 이유는 무엇인가? 영성발달이 하나의 자아가 신과의 관계 및 인간과의 관계를 맺고 살아가는 과정이기 때문이다.

많은 종교에서 보는 자아는 아주 부정적이다. 자아는 환각적이고 모든 문제와 고통의 근원이며 저주스러운 존재라고 본다. 따라서 영적 발달을 하기 위해서는 자아를 정복해야 한다고 본다.

이슬람교도들은 자아를 영적 발달의 장애물이라고 여긴다. 그리스도교 신비주의자들도 영성이 발달하려면 자아로부터 해방되어야 한다고 믿고 있다. 동양종교에서는 자아를 환각으로 취급한다. 자아는 문제를 일으키는 장본인이라고 여기고 있다 세계의 중요 종교들이 영성훈련에서 자아를

---

1) 권택조, 『영성발달』(예찬사, 1999), pp.66 참조.

탈피해야 한다고 여기는 점은 동일하다.

고래(古來)로부터 인간은 물질적 요소인 육신과 비물질적 요소인 영혼으로 구분하고 본질적 자아는 영혼이라고 보아왔다. 인간의 타락이란 자기중심에 빠진 것이다. 그러므로 새 자아는 외부와의 관계를 맺기 위하여 자신으로부터 나와서 초월 되어야 한다.

영성발달이란 신과의 관계 발달이며 동시에 인간과의 관계성 발달이다. 따라서 영성발달은 자아의 사회적 관계를 떠날 수 없다.

성경은 인간 속에 있는 '옛 사람'과 '새 사람'이라는 이중적 자아가 있다고 하였다. 옛 자아는 자기중심적 자아이고 새 자아는 타자중심적 자아다. 따라서 머튼(merton,1961)은 새 자아를 참자아라고 하였다.

1) 참된 영성

영성적 삶이란 신과의 관계를 맺고 사는 삶을 의미한다. 물질적인 것이나 육신적인 것은 절대로 영적인 것이 아니라는 개념은 잘못된 것이다. 따라서 물질로 된 육신이라 할지라도 신과의 긍정적인 연관성을 맺고 살아갈 때 그것은 영적인 삶이다. 물질적인 몸이지만 영적인 존재의 몸이 되는 것이다. "너희 몸은 하나님으로부터 받은 바 너희 가운데 계시는 성령의 전(殿)인줄을 알지 못하느냐"(고전 6:19)고 한 것과 같이 영적인 것과 물질적인 것은 서로 적대관계가 아니다. 영혼과 육신은 서로 밀접한 관계를 갖고 있다. 인간은 전인적(육신과 영혼이 조화와 균형을 이룬 사람)인 존재이기 때문이다. 영성은 영적인 것과 물질적인 것이 결합된 영성이다. 신의 초월성과 내재성, 영적인 것과 물질적 것이 결합된 영성이다.

영성이 물질과는 정반대되는 개념으로 알고 있는 까닭은 타락한 인간의 육신(물질)이기 때문이다. 그러한 관념은 참자아를 찾기 위한 수행과정에서 나타나는 관념에 불과하다. 영성수련은 신과 인간과의 관계를 맺어 인간이 성전을 이루기 위한 과정에서 필요한 것이다.

영성은 근본적으로 신으로부터 오는 생명, 혹은 숨이다. 따라서 영성은 생명으로 충만한 삶 혹은 영으로 충만한 삶의 길이라고 정의할 수 있다. 참된 영성은 생명을 사랑하고 생명을 극대화하여 살려고 힘쓰는 사람들에게 속한다. 인간으로 하여금 신과의 관계, 타인과의 관계를 잘 맺도록 하기 위하여 신으로부터 오는 에너지가 영성의 근원이다.

관계라는 개념은 영성의 척도를 재는 중요한 요소다. 영성이 발달된 사람인가 아닌가를 알려면 그 사람이 얼마나 신과의 관계를 잘 맺으며 인간과의 관계를 맺는가를 보면 된다.

2) 타자 중심주의

영성에 있어서 타자중심주의는 매우 중요한 개념이다 그 까닭은 타자중심이 아니고는 타자와의 좋은 관계를 맺을 수 없기 때문이다. 자기중심인 사람은 타인의 사정을 별로 고려하지 않기 때문에 타인과의 좋은 관계를 맺기 힘들다.

타자 중심의 관계를 잘 맺는다는 것은 타자중심주의를 말한다. 신과의 관계를 잘 맺으려면 신중심주의의 삶이 필요하고 사람과의 관계를 잘 맺기 위해서는 다른 사람중심의 삶을 살아야한다. 따라서 영성수련 또는 영성성장이란 자기중심에서 신 중심으로, 자기중심에서 타자 중심으로 중심을 바꾸어나가는 과정이다.

그 사람이 얼마나 신 중심으로 바뀌어 가고 있는가를 아는 것은 그 사람이 얼마나 타인중심으로 사느냐에서 나타난다. 눈에 보이는 사람에게 잘못하면서 어떻게 눈에 보이지 않는 신께 잘할 수 있겠는가를 성경은 질문

한다.

1992년 하버마스(Habarmas)와 이슬러(Issler)가 만든 도덕발달의 한 모델에 의하면 인격적으로 성숙한 사람일수록 더욱 타자 중심적이라고 했다. 타자중심주의란 위로는 신과 아래로는 사람들이 자기의 삶의 영역에서 중요하게 고려할 대상으로 삼고 사는 삶의 태도를 말한다. 그러므로 타자중심주의는 신 중심과 타인중심을 다 포함하고 있다. 타인들을 고려하지 않는 신 중심은 위선에 불과하고 신을 고려하지 않은 타인중심은 세속적 인본주의에 불과하다.

영성수련은 성화를 위한 것이며 성화란 완성을 위한 과정이다. 이러한 영성생활의 과정을 통하여 인격이 형성되고 그의 열매가 맺힌다.

2. 영성발달

1) 포괄적 영성발달

신의 역사는 인간을 새롭게 하여 진정한 인간성을 회복하는데 초점이 맞춰져 있다. 세상을 창조하시고 새롭게 하는 신은 또한 인간을 창조하고 새롭게 하는 신의 영이다. 그러므로 신은 우리의 눈을 열어 세상을 보는 눈을 새롭게 뜨게 한다.

신은 인간의 영혼에만 역사하는 영이 아니고 자연계 안에서 물질을 쓰며 살고 있는 인간 영혼과 육신 전체를 하나로 연합시키는 전인적 존재로서의 인간을 새롭게 한다. 신은 우리의 일상생활 속에서 우리를 변화시키는 작업을 원하신다. 따라서 우리들의 세계관과 인생관이 달라져야 한다. 자기중심인 사람이 타인중심의 사람으로 변화되어야 한다.

인간이 영적인 체험을 하면 네 가지의 변화를 일으킨다. 첫째, 종교적 체험은 체험자로 하여금 신의 뜻(法)을 삶의 법칙으로 받아들이며, 둘째, 거듭난 사람은 신의 은총에 감사하여 신을 섬기게 되고, 셋째, 순수한 인간성을 가지게 되며, 넷째 그 뜻을 이루어야 한다는 책임감을 가지게 된다.

신은 인간을 거듭나게 하시며 그 새사람(참사람)이 영적으로 성장하여 성화되도록 한다. 참된 변화 곧 성화는 자아가 자기중심에서 신의 은총과 인간의 수행을 통하여 타자중심으로 바뀌는 것을 뜻한다. 그러므로 영적인 성장과 발전은 수행을 통한 신비체험을 필요로 한다.

또한 영적발달을 위해서는 신의 역사와 인간의 수행, 실천하게끔 하는 종교교육이 동시에 이루어져야 한다. 신의 역사가 없는 종교수행은 잎만 무성한 채 열매 없는 나무와 같으며, 수행이 없는 신의 역사를 기대하는 것은 잎과 꽃이 없는 나무에서 열매를 기대하는 것과 같다.

신은 지식과 정서와 의지를 갖고 있다. 신은 지성과 감성을 가지고 있기 때문에 우리를 가르치고, 우리가 그 뜻대로 살 때에 기뻐하고 잘못된 길로 갈 때에 슬퍼한다. 또 신은 의지를 지니고 있기 때문에 자기의 뜻을 따라 행동한다. 그러므로 신을 닮아 창조된 인간의 전인적인 인격도 지(知)·정(情)·의(意)로 구성되어있다.

2) 전인적 영성발달

전인적 영성의 발달에는 크게 두 가지 측면이 있다.

첫째는 신의 은사와 역사의 측면이다. 신령역사와 신비체험의 차원은 신을 알고 신을 사랑하며 신과의 관계성 안에서 삶을 살아가는 것이다. 여기서 안다는 것은 인지적 영역이고 사랑한다는 것은 정서적 영역이며, 관계성 안에서 삶을 살아간다는 것은 행위적 영역에 해당한다.

신은 지성과 감성과 의지를 가지신 영이기 때문에 이와 같은 3대요소로 이루어진 인간의 인격을 변화 시킬 수 있다. 신의 지적인 능력이 인간의 지성을 발전시킬 수 있고 신의 감성적 능력이 인간의 감성을 발전시키며 신의 의지적 능력이 인간의 의지를 발전시켜 인간으로 하여금 전인적인 영성발달을 할 수 있도록 하신다.

둘째는 인간의 수행차원이 있다. 수행 곧 영성수련과 종교교육이 인간의 영성발전에 큰 역할을 한다. 그 까닭은 종교교육과 종교수행에서도 지(知)·정(情)·의(意)의 세 가지 분야를 주요영역으로 다루기 때문이다. 지성에 해당하는 인지적 영역, 감성에 해당하는 정서적 영역, 의지에 해당하는 행위적 영역이 서로 일치하기 때문이다.

종교교육과 수행의 지(知)·정(情)·의(意) 세 가지 영역은 인격의 3대 요소와 직접적인 관계를 가지고 있다. 따라서 신중심한 인간의 노력이 전인적 인격발달을 목표로 삼는다면 영적 발달을 가져올 수가 있다. 신을 알고 그의 사랑을 느끼고 그 사랑을 실천함으로써 자지 중심적으로 살던 사람이 신 중심적인 삶을 살고 타인중심적인 삶을 사는 것이 놀라운 영성발달로 인한 결과다.

종교인은 신의 은총과 종교교육과 수련을 통하여 진리를 깨닫고 지적영역이 발달하게 되며, 영적체험과 수행을 함으로써 뜨거운 사랑을 갖게 되는 정서적 영역이 발달하고 그리고 사랑을 실천하는 희생과 봉사의 생활로서 행위적 영역이 발달하게 된다. 이와 같이 신의 역사와 종교교육과 수련은 분리될 수 없고 서로 결합될 때 인간의 지식과 정서와 행위가 자기중심에서 타자중심으로 변화된다.

(1) 인지적 영역에서의 영성발달[2] = 독경(讀經) = 훈독회

① 인지와 영성

인지란 인간의 지혜와 지식으로서 '앎의 과정'이라고 할 수 있다. 인지는 사람과 그 환경과의 계속적인 상호작용의 과정이다. 그러므로 인지라는 것은 발전적인 말이다.

인지적 발달은 영성발달이나 인성 발달에 매우 중요한 위치를 차지한다. 심리학의 인지적 영역은 영성학에서도 중요한 위치를 차지한다. 인간이 인지능력을 상실하거나 왜곡하면 인격과 신앙의 기본 틀이 무너지게 된다. 그것은 인간의 인지적 작용이 인격 및 영성에 큰 영향을 미치기 때문이다.

인격의 성장과 성숙은 신의 은사와 인간의 노력을 통하여 진리를 인격 속에 접목시키는 것을 말한다.

② 경전과 영성

인지적 발달은 영성 발달과 불가분의 관계가 있다. 왜냐하면 신이 우리 안에 존재한다는 것을 이해하는 인지적 기능이 필요하기 때문이다. 이해는 인지적 발달의 제2단계에 해당하는 지적 발달의 차원으로서 이것이 기초가 되어 신의 역사가 이루어진다. 각 종교의 경전을 영성발달의 원천적 자료로 삼고 경전을 통해서 인간이 신을 알려면 일단 이성과 지성을 사용해야 한다.

지각이나 이성은 인간에게 부여된 중요한 기능이기 때문에 인간이 진리를 찾을 때에 항상 사용해야 할 좋은 기능이다. 이성을 잃고 느낌으로만 행한다면 인간은 짐승의 차원으로 전락될 것이다.

2) 권택조, 『영성발달』(예찬사, 1999), pp.118-200 참조.

영성발달에는 감정이입이 매우 주요한데 그러기 위해서는 분별력, 지각 혹은 자기이해 등이 선행되어야 한다. 분별력, 지각, 자기이해 등은 모두 인지적 영역에 속한 것으로서 영성발달에 있어서 인지적 발달이 얼마나 중요한가를 말해준다. 종교인이 자기를 알고 타인을 알며 신을 아는 것은 우리의 영성을 올바른 방향으로 발전시킬 수 있다. 영성은 자기와 신과의 수직적 관계와 자기, 타인간의 수평적 관계 속에서 발전하기 때문이다.

인간은 지적이며 이성적인 존재다. 그래서 인간은 깊은 통찰력을 가지고 사고함으로써 진리를 탐구하여 지성을 갖춘 인격자로 성장할 수 있다.

③ 영과 이성

신은 영이시고 인간에게도 영이 있다. 영의 중요한 속성은 이성과 의식과 의지다. 영은 이성적이며 도덕적이다. 신은 인간에게 자기 속성을 부여하였다.

사람이 영적 세계에 대한 지적기능이 결핍되어 있다면 그 사람은 영적 역사에 대한 무지 때문에 받은 은사를 충분히 활용하지 못하게 된다. 영적인 지성은 영성에 속한 지성으로서 영성발달에 필수적인 요소가 된다. 깨닫는 것 혹은 안다는 것은 매우 중요하다. 자기가 영적인 은사를 받았다는 것을 알지 못한다면 영성발달은 불가능한 것이다.

④ 수련

가르치고 배운다는 것은 인지적 기능을 사용하는 것이기 때문에 인간에게 주신 이성을 통하여 신의 말씀을 배움으로써 영성발달을 위한 인지적 발달이 가능해진다. 진리를 깨달아 앎으로써 영성이 발달되고 영적 성숙을 이루게 된다. 수련 혹은 수행이란 알고 느끼며, 행함으로 완전에 이르고자 하는 것이다. 그러므로 각 종교의 경전은 우리의 인지적 노력을 통하여 영성을 발전시키는 영적인 자원이다. 앎에는 아는 것과 믿는 것이 하나가 되어야 한다. 진리를 알지 못하고 믿기만 한다든지 신을 믿지 않고 알려고만 한다면 영성발달은 불가능하게 된다.

⑤ 지식과 영성발달

영성발달은 신을 아는 지식은 물론 자신과 남을 아는 지식도 필수적이다. 영성발달은 신과의 관계는 물론 다른 사람과의 관계를 잘 맺는 과정에서 증진된다. 그러므로 자신을 비추어 보는 경전의 인식은 물론 신을 알고 타인을 알아야 한다. 더 나아가 세상에 대하여 알아야 한다. 이 세상은 신이 창조하였고 신이 운행하시는 역사의 현장이기 때문이다. 모르면서 좋은 관계를 맺을 수는 없다. 넓고 높고 깊은 인지영역은 넓고 높고 깊은 정서 영역에서 상호작용, 상승작용을 하게 되고 그에 따라 행위를 드러낸다.

(2) 정서적 영역에서의 영성발달, 기도와 명상

영성발달을 위한 정서적 기능은 기도와 관련하여 설명할 수 있다. 기도를 통하여 신과의 영적인 교감을 하게 되면, 그의 마음은 평안과 확신으로 가득차서 정서적 안정을 찾게 되어 영성발달을 경험하게 된다.

정서란 인지적 영역과 행위적인 영역을 포함하는 말이다. 그런데 좋은 생각이라도 그것이 실천으로 옮겨지려면 마음이 움직여져야 한다. 말씀에 감동을 받으면 생활이 변화되는 것도 이 때문이다.

감정적인 사람은 영적으로나 인격적으로 성숙한 사람이 아니다. 감정적인 사람은 자기통제를 잘못하는 사람으로서 정서발달이 잘 안된 사람을 의미한다. 종교인은 감정적 삶이 아니라 정서적인 삶을 발달시킴으로써 신의 뜻을 이루는 삶을 살아야 한다.

영성발달에 중심이 되는 용어이자 행위가 되는 것은 긍휼이다. 긍휼이란 사람들에게 깊은 관심을 가지고 그들을 돌보아주게 된다. 측은지심에서 긍휼히 여기는 마음이 생기고 그리하여 사랑과 자비, 어진 마음을 베풀게 된다. 기도를 통해 긍휼한 마음을 가지게 한다.

① 기도

기도는 정서적 영역에서의 영성발달을 도모하는데 큰 역할을 한다. 기도는 기도하는 사람과 그 기도의 대상인 신과의 영적인 관계가 형성되고 발전하기 때문이다. 인간이 기도를 통하여 신과의 긴밀한 관계가 맺어짐으로써 신과의 친밀감이 증진된다. 그 까닭은 기도가 정서적 영역에 속한다는 것을 말해준다.

기도를 통한 신과의 관계는 인간의 감성적 변화를 체험하게 한다. 근심과 걱정에 얽매여 정서가 메마른 신도가 기쁨을 잃어가는 중에 기도를 하고 난 다음, 희색이 만연하고 기쁨이 충만하게 되는 것은 기도를 통하여 정서적 변화를 체험하였기 때문이다. 기도를 통하여 기도자의 정서가 안정되는 것은 기도가 정서적 안정감을 주고 감성을 건전하게 발전시킨다는 것을 알 수 있다. 그러므로 기도는 정서적 영역에서의 영성발달에 지대한 영향을 미친다.

또한 신자는 기도를 통하여 신에게 이를 수 있고 신은 그 기도에 응답한다. 따라서 기도는 신과의 대화로서 영성발달의 초점이 된다. 기도는 인간으로 하여금 신의 뜻을 알고 신의 궁극적인 뜻과 목적에 일치되는 삶을 살 수 있도록 한다. 기도는 인간의 뜻을 신에게 맞추는 훈련을 하게 됨으로써 신중심의 삶을 핵심으로 삼는 영성발달의 중요한 요소가 된다.

기도는 신과의 수직적 관계를 맺게 되며 나아가 다른 사람과의 수평적 관계를 올바로 가질 수 있게 하기 때문에 영성발달의 중요한 방법이 된다.

② 감정이입

감정이입이란 다른 사람 안에 들어가서 그 사람의 입장에서 함께 느끼는 마음의 상태를 말한다. 그런 느낌은 다른 사람을 돌보아주는 행동의 원천적 힘이 된다. 다른 사람의 고통을 자기 고통으로 받아들이는 사람은 다른 사람을 돕고자 하는 마음이 생기게 된다.

다른 사람의 고통을 자기 고통으로 느끼는 사람은 그 느낌을 통해서 다른 사람을 위로하고 도와주는 삶을 살게 되고, 그 과정을 통하여 영성이 발달하게 된다. 영성은 자기중심이 아니라 타자중심의 삶을 의미하기 때문이다. 긍휼은 성서적 용어이고 감정이입은 심리학적 용어이지만 결국 같은 내용의 말이다.

③ 감성발달의 중요성

영적인 성숙을 위해서는 인지적 영역의 발달도 중요하지만 정서적 영역의 발달이 더욱 중요하다. 그것은 일반적인 삶의 영역에서도 마찬가지다. 오늘날 많은 사람들이 지능지수(IQ)도 중요하지만 감성지수(EQ)가 더 중요하다고 하는 것도 이를 뒷받침해 주고 있다.

정서는 인지적 합리성 이상의 힘을 발휘한다. 믿음에서 나온 정서는 합리성을 지배하며 건전한 정서는 합리성을 넘어 헌신적인 삶을 살도록 도움을 준다. 성서에서 인간의 가슴과 마음은 애정, 긍휼 등의 정서적 영역에 속하는 개념들이다. 현대 서구에서 정서발달과 가슴(the heart)이라는 분야에 큰 관심을 갖게 된 것은 이성을 과도하게 강조한 문화 속에서 나온 심리적 굶주림을 반영한 것이다. 지금 지구상에는 수많은 어른 아이들(adult children)이 있는데 그 이유는 몸은 어른이 되었지만 그들 속에 있는 정서는 어린아이들의 정서에 불과 하기 때문이다. 인격과 정서는 서로 밀접한 관계가 있다. 정서는 인간됨의 기초이며 필수적인 요소다. 유아기부터 시작하여 정서는 인간 발달의 모든 분야에 중심적인 위치를 차지하고 있다.

정서적인 마음은 이성적인 마음보다 더 빠른 속도로 생각을 행동으로 옮긴다. 따라서 중요한 일을 결정하여 행동으로 옮길 때에 정서의 영역이 가장 중요하다.

④ 감성발달의 필요성

한 인간의 정서적 특성은 타고나지만 성장함에 따라 정서적 발달을 도모하게 된다. 감성발달은 출생 시부터 죽을 때까지 계속되어야 할 인간적 과제다. 어린아이들은 사랑과 보호와 지도를 받아 성숙한 감성을 지닌 성인으로 성장 할 수 있다. 만약 어린아이가 제 시기에 감성발달이 이루어지지 않으면 신체는 어른으로 성장해도 감성발달이 지체되어 어른아이가 되며 이런 어른아이는 가정과 사회에서 많은 문제를 일으키게 된다.

인간의 심리적 과정은 인지적 영역과 정서적 영역, 행위적 영역이 서로 밀접한 관계를 맺고 있기 때문에 한 인간의 성장은 이 세 가지 영역을 다 고려해야만 한다. 즉 지(知)·정(情)·의(意)를 총망라한 전인적인 성장이 필요하다.

⑤ 기도를 통한 행동발달과 정서발달

㉠ 행동발달

행동발달이란 영적인 성장을 의미하는 용어로서 신앙의 양적 발달을 가리킨다. 이에 대칭되는 말로 인격 발달이라는 말을 사용하는데, 이것은 영적 성숙을 의미하는 것으로서 질적 성장을 가리킨다.

행동발달은 행동 내지 행위에 관계된 말로서 힘을 필요로 하는 개념이다. 종교인의 인격은 타자 중심적이어야 하고 그의 행위는 능력이 동반되어야 한다. 기도는 신앙인을 성숙하게 만들 뿐만 아니라 능력 있는 삶을 살게 만든다. 기도를 통하여 신과의 교통이 이루어지면 신의 능력을 받고 그 능력에 의해 타자를 사랑하고 타자를 위한 헌신의 삶을 살 수 있는 능력이 나타나게 된다. 기도는 신의 뜻을 이루기 위한 신의 능력을 불러 드리는 유일한 길이다.

기도는 욕심과 집착, 사탄 마귀와 싸우는데 있어서 가장 강력한 무기다. 그러나 종교인들이 이 무기를 잘 사용하지 않고 있다. 신은 우리의 기도를 통하여 신의 뜻을 성취시키는 힘을 생산하신다. 기도는 기도자로 하여금 자기가 받은 영적 은사를 깨우쳐주고 영적인 열매를 맺을 수 있는 에너지를 생산한다.

ⓒ 정서발달

친밀감, 기쁨, 감사하는 마음, 소망 등의 정서는 기도와 깊은 관계를 가지고 있다. 기도는 신과의 교통을 통해 신으로부터 오는 정서적 변화를 경험하게 된다. 그와 같은 기도를 많이 하는 사람일수록 신으로부터의 정서적 발달을 더 많이 경험하게 된다.

ⓐ 감정의 치유

기도를 하면 신의 사랑과 자비를 체험하게 되고 사랑의 체험은 정서가 순화되며 영적인 가치를 창조하게 된다. 신은 사랑이시기 때문이다.

인간 속에는 부정적 감정이 있는데 그것은 열등감, 무의미, 걱정, 죄책감, 후회, 공포 등이다. 기도는 이와 같은 인간의 부정적 감정을 치유할 수 있다. 기도는 일반적으로 찬양과 감사, 고백과 요청 그리고 타자를 위한 기도로 구성되어 있다. 그 중에서도 찬양과 감사기도는 사람의 정서적 아픔을 치유하는 능력을 생산케 한다.

ⓑ 친밀감

친밀감은 개방적이며 협조적인 감각으로서 부드러운 인간관계를 맺을 수 있는 능력이다. 친밀감이 없으면 신과의 관계나 다른 사람과의 관계가 생명력과 사랑을 상실한 채 하나의 기계적 관계밖에 되지 않는다. 그런데 기도를 통하여 신과의 침밀감이 증진되는 것은 물론 다른 사람을 위해 기도할 때 그 사람과의 친밀감이 증진된다. 기도는 정서적 기능이 활발하게 작동함으로써 신과 인간과의 관계와 인간과 인간과의 관계를 잘 맺게 하여 영성 발달에 크게 기여하게 된다.

ⓒ 감사

감사가 없는 삶은 인간관계를 깨뜨리는 것은 물론 신과의 관계를 손상시킨다. 기도와 감사는 서로 밀접한 관계를 갖고 있다. 감사는 인간과 인간과의 관계뿐만 아니라 인간과 신과의 관계를 증진시키는데 중요한 여할을 한다.

ⓓ 소망

소망은 가슴과 정서와 관계가 있기 때문에 인지적 영역에 속한다기보다는 정서적 영역에 속한다고 볼 수 있다. 인간의 궁극적인 소망은 신의 사랑과 자비다. 종교인의 최대의 적은 사탄마귀와 타락성이며 그 문제를 해결하지 못하는 한 절망적인 존재가 아닐 수 없다. 각 종교의 성인으로 말미암아 절망적인 인간에게 소망의 빛을 비추어 주었고 영원한 생명의 길을 열어 놓았기 때문에 인류는 궁극적 소망을 갖게 되었다. 또한 종교인의 소망은 종교인으로 하여금 영성을 발달할 수 있게 한다. 소망을 잃고 방황하던 사람이 기도할 때 기도자의 가슴 속에 새로운 소망이 생겨 힘차게 살아감으로써 정서적 영역에서의 영성발달이 이루어진다.

경전을 공부하는 사람이 그의 인지적 영역에서 영성발달이 이루어지듯이 기도는 기도자의 정서적 영역에서의 영성 발달을 촉진한다. 신은 최고의 지성과 감성을 가진 영이기 때문에 그 분과 연합된 말씀 공부와 기도는 사람의 지성과 감성을 가장 효과적으로 발달시킨다.

⑥ 인격발달

인격발달과 영성발달은 불가분의 관계가 있다. 인격발달이 안된 사람은 영성이 발달되었다고 할 수 없다. 신앙자의 인격발달은 영성발달에 포함되어 있다. 신앙자는 신과의 영적 관계를 맺고 있기 때문이다.

자기중심은 인격의 미숙을 의미하고 타자중심은 인격의 성숙을 의미한다. 미숙한 사람일수록 자신만을 먼저 생각하고 성숙한 사람일수록 다른 사람의 입장을 생각한다. 여기서 타자 중심이란 신 중심과 타인 중심을 의미한다. 자기 이외의 타자는 신과 다른 사람들이기 때문이다. 불신자들의 타자는 사람밖에 없으나 신자들의 타자는 신과 다른 사람이다.

신앙자는 자신 이외의 존재들에 대한 관심과 배려를 하기로 작정한 사람이다. 위로는 신과의 종적관계를 맺고 옆으로는 다른 사람과의 횡적 관계를 잘 맺고 살아가려는 사람이다. 인격의 성숙은 이와 같은 상하좌우의 관계를 잘 맺는 가운데에서 가능하다.

기도는 우리로 하여금 자기중심에서 신 중심의 인격으로 변화시켜 주며 다른 사람들을 위하는 타인 중심적인 생각과 정서와 행동을 하는 인격자로 변화시켜 준다. 기도의 주된 목적은 기도를 통한 신과의 연합으로서 자기 자신을 추구하는 것이 아니라 신에 대한 자기 헌신이다. 따라서 참된 기도는 기도자를 신중심주의로 변화시키는 힘을 갖게 된다. 참된 기도는 인간의 뜻을 신께 알려서 기도자의 뜻을 관철시키는 절차가 아니고 신의 뜻이 기도자의 삶 속에 이루어지도록 자신을 신에게 복종시키는 신 중심적인 영적 행위다.

신의 뜻은 인류전체를 구원하시는 것이기 때문에(요 3:16) 참된 기도는 신의 뜻을 자기 삶속에서 이루어 나가는 것으로서 다른 사람들을 위한 기도가 된다. 다른 사람을 위한 기도는 타자 중심주의를 예비하고 만들어가며 완성시키는 힘을 가지고 있다. 타자중심주의는 인격의 중심부위를 이루고 있고 종교의 모든 가치관이 요약되어 있다. 타자를 위한 기도는 어떤 기도보다도 기도자의 영성을 발달시키는데 도움이 된다.

특히 타자를 위한 기도는 다른 사람과 깊은 관계를 맺어주며 서로가 서로를 돌봄으로써 신의 뜻을 활기 있게 하는 힘을 가지고 있다. 다른 사람을 위해 기도할 때 우리는 다른 사람에 대한 사랑, 곧 긍휼을 가질 뿐만 아니라 그 사람에게 필요한 것을 도와주고 싶은 경지에 이르게 된다.

(3) 영성발달을 위한 행위적 기능, 사랑의 실천

종교교육과 수련을 통한 사랑의 삶과 전도는 종교인이 실천해야할 중요한 요소들로서 행위적인 영역에 속한다. 또 종교인의 삶과 전도는 순종과 봉사라는 점에서 타자 중심적인 내용들이기 때문에 영성발달의 핵심을 이룬다.

① 행위적 영역의 정의

행위는 정신작용에 의하여 운동을 일으키는 것이다. 작용과 운동은 정신과 연결되어 있는 것으로서 행위란 정신적 작용이 행위로 연결되는 것을 의미한다. 아는 것과 느끼는 것이 행함으로 연결되는 것이다. 이 행위적 영역은 종교인에게 있어서 매우 중요하다. 믿음은 행위로 입증되어야 하며 행함이 없는 믿음은 열매 없는 나무와 같고 영혼 없는 육신과 같다. 알고 느끼면 행해야 한다. 행함 없는 믿음은 죽은 믿음이다.

㉠ 전도

전도는 진리를 알고 믿는 사람이 행하는 인간구원의 행위다. 거룩한 생명을 살리는 것은 수행하는 선행의 발걸음이다. 전도와 신자로서의 삶과 지도력은 사랑을 실천하는 봉사의 삶이다. 봉사의 삶은 다른 사람을 섬기는 일로서 신과 맺어진 관계가 연속되는 것이기 때문에 영적 행위에 속한다. 이와 같은 인간관계는 영적 성장에 매우 중요한 역할을 한다.

영적 성장은 사람들과의 관계 속에서 이루어진다. 종교인은 신과의 관계 속에서 자아를 찾아야 하며 또한 다른 사람들 속에서 자아를 찾아야 한다. 신에 대한 봉사와 다른 사람에 대한 봉사는 모두 타자중심주의로서 영성의 핵심요소다.

종교는 신(神) 안에 있는 것과 신과 사람에 대한 봉사로 구성되어 있다. 전자를 통하여 참자아를 찾고 후자를 통하여 성화 혹은 성숙이 이루어진다. 거듭난 사람의 제일 과제가 성장과 성숙인데 사랑과 자비와 봉사를 통하여 그것이 가능하게 된다. 따라서 신(영)에게 순종하고 다른 사람을 위해 봉사하는 것은 영성발달의 핵심요소가 된다.

㉡ 신앙자의 도리

신과의 좋은 관계를 맺는 것은 영성의 기본적인 요소다. 신앙자의 삶이란 신앙인으로 성장하고 성숙하는 과정이다. 신앙자는 신에게 순종하는 자, 영을 주체로 세워 영에게 순종해 나가는 사람들이다. 순종은 종교인 개인의 영적 성장과 성숙은 물론 종교 공동체 전체의 영적 성장과 성숙을 위해 필수적인 것이다. 그러므로 순종은 영적 행위 속에서의 개념이라고 할 수 있다. 신(영)에 대한 순종과 더불어 사람에 대한 봉사는 타자중심주의를 증진시키기 때문에 영성발달과 직결된다.

ⓒ 영적 지도력

영적 지도력은 목표를 향한 변화를 설정하고 안내하는 일련의 행위에 속하는 행위영역이다. 영적 지도자에게는 신에 대한 순종과 자기를 따르는 자들에 대한 봉사가 필수적 요소다.

순종과 봉사는 지도력의 양면이다. 지도력은 따르는 자들이 지도자에 대한 순종과 지도자가 따르는 자들에 대한 봉사로 이루어진다. 오늘의 봉사정신은 지도력의 형태가 급진적으로 바뀌고 있다. 조직체 안에서 상급자에 대한 충성을 강조하는 쪽에서 피지도자를 위한 봉사적 차원의 지도력이 강화되고 있다. 이것은 섬기는 자로서의 지도자 상이다.

변화하는 지도자란 지도자 자신이 모든 권력을 독점하는 것이 아니고 자기 권력을 따르는 사람들에게 적절하게 분배하여 그들이 지도력을 발휘할 수 있도록 함으로써 결국은 전체적으로 볼 때 더 큰 효과를 얻을 수 있다. 종교적인 봉사정신은 항상 따르는 자들 곧 타자 중심적 지도력이다. 이것이 영적 리더쉽의 핵심적 요소이며 영성 발달의 증거이기도 하다.

종교인은 신의 역사와 종교적 수련을 통해서 영적으로 성장하고 성숙한다. 이런 영적 행위영역은 그 자체가 독립된 것이 아니고 인지적 영역과 정서적 영역과 깊은 관계를 맺은 상태에서 신에게 순종하고 사람들에 대한 봉사의 과정을 통해 영성발달이 이루어진다.

② 관계성

인지적 영역과 정서적 영역 그리고 행위적 영역은 서로 밀접한 관계를 갖고 있다. 인간의 행동은 지성과 감성에 기초를 두고 있기 때문이다. 인간 행동의 동기는 지성과 감성에서 기인한다.

인간을 영과 혼과 몸으로 분류하지만 전인적(全人的)인간은 영, 혼, 몸이 통합된 개념으로 보아야 한다. 인간의 정신과 육신은 서로 긴밀하게 연결되어 있다. 정신적 자극은 곧 육신적 반응으로 나타난다. 이와 같은 정신과 육신의 반응 원리는 육신과 정신뿐 만아니라 혼과 영까지도 밀접한 관계를 맺고 있음을 알 수 있다. 인간의 행동은 영혼과 육신의 결합 속에서 이루어진다.

인간은 지성과 감성과 의지가 결합되어 도덕적 행위를 창출한다. 따라서 아는 것과 느끼는 것 그리고 행하는 것은 영적 발달의 필수요소다. 지성과 감성과 행위는 영성 발달의 통로다. 자아는 생각과 느낌(감정)과 행동의 중심이다.

종교교육과 수행의 목적은 변화에 있다. 종교인은 지적 영역이나 정서적 영역에 머물러 있지 않고 변화된 행동을 요구 받는다.

종교인으로서 포교하는 것과 신자로서의 삶을 사는 것 그리고 훌륭한 지도력을 발휘하는 것은 영적 행위의 중요한 요소들이다. 이 세 분야의 공통적 특징은 사랑과 봉사다. 사랑과 자비와 봉사는 영성발달의 가장 중요한 요소인 타자중심적인 삶을 사는 구체적인 행위다.

(4) 영성발달의 통합적 모델

영성발달의 구체적이고 통합적 모델은 영성을 매일의 생활에서 진단하고 발전시킬 수 있게 모델을 만들어 개인의 영성 발달에 따라 사회가 질적으로 성장하고 발전할 수 있는 비전을 제시하려는 시도다.

예컨대 영성발달의 통합적 모델은 각 종교의 창시자이며 그분들을 닮는 것이 영성발달이고 종교 수행의 목표다. 그것은 참사람이며 참된 인격자다. 종교인의 삶은 타인을 섬기는 삶으로 일관해야 한다. 전적으로 타자중심적인 삶이어야 한다.

성인들이 이 땅에 나타난 것은 첫째, 신을 계시하기 위하여, 둘째, 마귀의 역사를 파괴하기 위하여, 셋째, 거룩한 삶을 보여주기 위함이었다. 따라서 그분들의 삶은 완전히 타자중심적인 삶이었다.

성인들은 어디에 가든지 주로 말씀 하고 교육하고 치유하는 곧 인간의 영혼과 육신을 구원하여 신의 뜻을 이루는 타자 중심적 행위를 하였다. 그들이 한 일은 인간의 영과 혼과 육신을 살리는 능력 곧 생명력이 충만한 능력 있는 분들이었다.

종교인은 자기중심적인 옛 사람을 벗어버리고 타자중심적인 새 사람이 되어 신의 능력이 그를 통하여 타인들에게 흘러들어가도록 해야 한다. 신앙자로 하여금 거룩한 삶을 살도록 힘을 주시며 기적적인 능력이 나타나도록 역사하시는 권능의 근원은 신이다.

① 타자중심주의와 도덕발달

도덕성은 사회 속에서 상호적인 규칙과 관계가 있는 것이기 때문에 타자중심적인 것을 요구한다. 콜버그(Kohlberg)의 도덕에 관한 정의도 공적인 행위의 규범과 관계가 깊다.

사람의 도덕적 행동 배후에 있는 도덕적 판단의 이유를 중시한 콜버그는 도덕발달의 인지적 이론을 적용하였고, 도덕적 판단력의 법칙은 아이들이 성장함에 따라서 점차적으로 발달한다고 보았다. 그런데 이런 점진적인 발전은 주로 환경적 사회적 조건에 의존한다고 한다.

콜버그의 도덕발달이론은 한 개인의 자아와 타인들과의 관계에 근거하고 있다. 그런데 영성이란 한 개인의 자아가 신과의 수직적 관계를 어떻게 맺고 타인과의 수평적 관계를 어떻게 맺느냐는 데 초점이 맞추어 지고 있다. 그런 까닭에 콜버그의 도덕발달이론은 영성발달이론과 깊은 관계를 가지고 있다.

그의 도덕발달론은 3수준 6단계로 나눠진다. 첫째는 보통 이하의 수준으로서 자아 중심적 수준이고, 둘째는 보통 수준으로서 자아가 타자를 고려하며 적절한 관계를 맺는 수준이며, 셋째는 보통 이상의 수준으로서 자아가 타자들을 위하여 공헌하는 수준이다.

㉠ 자아 중심적 수준에서 제1단계는 자기 자신에게만 관심을 갖는 단계고, 제2단계는 다른 사람과 관계를 맺되 타인에 대하여 일방적인 관심을 보이는 단계다.

㉡ 타자를 고려하는 수준에서 제3단계는 여러 사람과의 관계를 맺으며 자기중심에서 타인중심으로 관심을 갖기 시작하는 단계고, 제4단계는 좀 더 넓은 시야에서 자신을 사회와 연결시켜 사회를 위한 자신의 존재를 인식하는 단계다.

㉢ 타자중심적인 수준에서 제5단계는 사회적 계약을 중요시한다. 사회의 질서를 위해서라면 자아를 희생하고자 하는 단계를 의미한다. 제6단계는 만인에게 통하는 윤리적 법칙을 따라 행동하는 단계다. 완전히 자아를 버리고 타자를 위해서 희생하는 최고의 단계를 말한다. 그러므로 콜버그의 도덕 발달론에서 타자중심주의는 최고의 도덕수준에 있음을 알 수 있다.

② 타자중심주의의 성격

1992년 인격 교육이란 책을 쓴 리코나(Lickona)는 인격의 2대요소를 타인들에 대한 책임감과 존경심으로 일관하고 있다. 책임감이란 타자에 대한 자신의 의무를 잘 감당해야 한다는 것이고, 존경심은 다른 사람을 인정하고 그를 높여주는 마음이기 때문에 책임감이나 존경심은 모두 타자중심적인 것이다.

타자중심주의는 그 사람이 얼마나 영적으로 성숙했는가를 알려주는 척도다. 따라서 다른 사람의 유익을 고려하며 사는 사람들은 도덕적으로 성장한 사람들이다. 자아로부터의 해방은 매우 중요하다. 자기 집착으로부터 벗어나는 것이 영성발달의 기초이기 때문이다. 여러 가지 봉사활동에 참여하거나 다른 사람들과의 인간관계를 맺거나 혹은 다른 사람을 돕는 것이 자기집착에서 벗어날 수 있고 또 타자중심주의를 발전시키는 것이기 때문에 영성발달의 방법이기도 하다.

나 자신이 얼마나 인격을 갖추었는가, 나의 영성은 얼마나 성장하였고 어느 수준, 어느 단계에 있는가를 알 수 있는 것은 내가 얼마나 타자중심적인 삶을 사는 가에 달려 있다. 우리는 매일의 생활에서 어떤 행동을 선택할 때 그것이 타자중심이냐, 자기 중심이냐를 생각하면 현명한 선택을 하게 된다. 이것이야 말로 영성 측정기가 아닐 수 없다.[3]

③ 영성발달의 모델

영성을 신과의 수직적 신비적 관계만으로 국한시킨다면 그런 영성은 신앙이 생활화 되지 못하게 하는 것이다. 진정한 영성은 신앙이 생활화 되게 하는 삶 속에서의 영성이다. 종교인의 삶이란 위로 신을 경외하고 사람을 사랑하는 삶인 것과 같이 진정한 영성은 신과의 수직적 관계와 인간과의 수평적 관계를 잘 맺는데 있다.

영성발달의 중요한 네 가지 요소는 ㉠ 영성이 발달해야 할 주체인 자아 ㉡ 영성발달의 목표인 신의 온전성 ㉢ 영성을 발달시키는 신의 역사 ㉣ 영성발달의 도구인 교육과 수련이다.

---

3) 권택조, 『영성발달』(예찬사, 1999), p.225 참조.

III. 영성의 의식화

1. **영성의 의식화란 무엇인가?**

영성생활에서 영성을 형성한다. 또는 신의 이미지를 만들어간다는 말은 무엇을 의미하는가? 그것은 신의 품성을 자아의 의식 속에 입력해 나가는 것을 의미한다.

의식화를 논하기 전에 먼저 '의식'에 대하여 알아 볼 필요가 있다. 의식은 인식의 능력이며 무의식 즉, 마음이 하는 일들까지를 포괄한다. 의식은 두뇌와 상호작용을 하지만 두뇌는 의식의 전체가 아니다. 의식이 두뇌를 통해서 작용하는 것이기 때문에 이 구분을 명확히 해두어야 한다. 그렇지 않으면 의식이 두뇌를 넘어서서 작용하는 점들을 이해할 수 없다.

치유에 대한 연구들을 보면 의식이란 두뇌가 할 수 없는 일을 해줄 수 있음을 알 수 있다. 두뇌는 시공간을 넘나들며 먼 곳에 있는 것들에 차이를 유발해 내지 못하지만 의식은 그렇게 할 수 있다. 의식이란 우리가 마음, 정서, 태도, 인식, 무의식 등으로 부르는 모든 것을 포괄한다. 직접 보고 느끼기 전의 뭔가 훨씬 더 기본적으로 확산되어 있는 존재가 의식이라고 할 수 있다. 의식은 인식, 무의식, 전의식, 순수의식 등 모든 것을 포함한다. 그래서 의식이란 마음과 두뇌를 아우르는 우산과 같다.

신경언어 프로그래밍 NLP(Neuro-Linguistic Programming)[4]에 의하면 마음에 들지 않는 습관이나 행동은 없애거나 수정해서 좋은 습관을 만든

---

4) 신경언어 프로그래밍(NLP)은 인간의 마음과 행동이 일어나는 원리를 설명하고 어떻게 해야 효과적으로 마음과 행동을 변화시킬 것인지를 다루는 심리 전략 프로그램이다. NLP는 어떻게 하면 마음의 작용을 좋은 방향으로 해서 좋은 습관, 좋은 성격, 성공적인 생활을 할 수 있는지 그 활용 원리나 방법을 배우는 것이기 때문에 삶에 많은 도움을 얻게 된다.

다면 인생도 즐거울 수 있다. 우리의 습관이나 행동을 지배하는 것은 의식할 수 있는 마음이라기보다 의식하지 못하는 무의식 속의 마음이다. NLP는 무의식 속마음 자체를 고치는 것이기 때문에 오래된 문제들도 무의식의 기본 원리에 따라 변경하고 치료하며 치유하는 것이다. 그래서 효과적으로 변화되고 치료될 수 있다.

전날 밤 아주 달게 마셨던 물이 다음 날 아침에 보니 해골에 담긴 물이었던 것을 알고 고통스러워 한 원효대사의 깨달음이 일체유심조(一切唯心造)다. 중요한 것은 물 자체라기보다 물에 대한 마음이며, 마음이 행복하게 만들고 고통스럽게 만들기도 한다. 우리가 마음을 어떻게 먹느냐, 마음을 어떻게 다스리느냐는 것이 모든 것에 영향을 끼치고 좌우한다. 그래서 마음을 대하는 자신의 태도가 중요하다.

‘생각과 마음이 행동을 지배하고 마음의 작용이 몸을 지배한다’는 NLP의 원리가 그대로 반영된 것이다. 생각을 하거나 마음에 어떤 작용이 있을 때, 그 생각이나 마음의 작용은 단지 마음에서만 끝나지 않는다. 감정을 일으키고 몸의 생리적 작용이나 반응을 일으킨다.

무의식의 작용, 뇌의 작용이 우리 몸에 영향을 주어 긴장하고 땀도 흘리며, 가슴도 두근거리고 웃기도 하며 울기도 하는 것이다.

신경과학에서는 의식이란 단순히 두뇌의 화학 작용과 해부적 기제 또는 생리학적 작용에 의한 것이라고 한다. 이러한 관점은 의식을 극도로 제한적으로 바라보는 것이다. 의식이란 명백하게 두뇌가 할 수 없는 일들도 할 수 있기 때문이다. 의지, 기도 등을 통해 먼 거리를 두고도 작용하는 원거리 치료에 대한 수백 건의 시험들이 말해 주듯이 의식이 단순히 두뇌의 화학물질 작용이라는 관점을 벗어나야만 한다. 두뇌는 두개골 내부에 고정돼 있지만, 의식은 먼 거리에서도 작용한다.[5] 따라서 의식이 두뇌의 활동

---

5) 래리 도시 박사의 인터뷰 내용을 보면, 그는 ‘의식의 원거리 이동’으로 멀리 떨어져 있

을 포함하기는 하지만, 그보다 훨씬 더 큰 범위라는 것이다. 그것은 바로 확장된 의식의 폭이며 영성적 의식과 일맥상통한다.

영성의 의식화는 영성생활을 통해 인간에게 영성을 형성해 나가는 것이다. 그럼으로써 영성형성은 신의 형상(形象)을 이루는 것이다. 즉 신의 형상대로 창조된 인간이 본래의 그 형상을 만드는 것이다. 이와 연동된 영성생활은 궁극적으로 신을 체험하는 것이며 신을 알고 신을 닮아 나가는 것, 즉 신과의 관계를 맺어 나가는 삶이 또한 영성의 의식화다. 영성의 의식화의 과정을 세분화시켜 보면 다음과 같다.

(1) 의식화는 자의식 속에 신의 이미지를 메이킹(image making)하는 것이다.

영성의 의식화는 먼저 자의식 속에 신의 이미지를 메이킹(image making)하는 것이 필요하다. 몸은 하드웨어, 의식은 소프트웨어의 역할을 담당한다. 그러한 공조적인 관계 속에 영성을 의식 속에 입력시켜 나가는 것이다. 신의 이미지는 사랑과 자비, 기쁨과 평화, 조화와 통일성, 전체성과 전일성 그리고 충만성 등이다. 그 방법으로는 경전을 공부하여 지적으로 신의 이미지를 함양하고 기도와 명상을 통해 정서적으로 영성을 체득하며, 선행을 실천함으로써 의지적으로 신성을 갖춘 인격자가 되도록 노력해야 한다.

(2) 의식화는 지속적인 신의 이미지 트레이닝이다.

이미지 메이킹은 이미지 트레이닝을 통해 형성된다. 과학적인 차원에서의

는 사람의 병을 치료할 수 있다고 주장하며, 그것이 제3세대 의학이라고 한다.

이미지 트레이닝은 뇌의 훈련과 연관되어 있다. 예를 들면, 우리 뇌 안에는 많은 신경전달물질이 있지만 도파민(Dopamine), 아세틸콜린(Acetylcholine), 가바(Gaba) 그리고 세로토닌(Seroton- in), 이 네 가지가 핵심이다. 이 화학물질들은 두뇌에서 분비되는 단순한 물질들이지만 사람을 다양하게 변화시키는 작용을 한다. 느슨하게 하거나 긴장감을 주기도 하고, 행복하게 하거나 불행하게 하기도 한다. 그러므로 이미지 트레이닝이 중요한 것은 머리에 훈련 과정을 기억하게 하면서도 근육에도 기억하게 만들기 때문이다. 신체 훈련과 이미지 트레이닝을 인간의 뇌는 구분하지 못한다. 그래서 이미지 트레이닝은 신체훈련과 똑같은 효과를 볼 수 있다. 이미지 트레이닝은 실질적인 상황이 아니기 때문에 자연스럽게 최적의 기술 수련을 할 수 있다. 연습과 수많은 반복에 의해서 기술이 자동화 되면 무의식적으로 동작이 나온다.

일반적으로 사용하는 스포츠 심리 훈련은 목표를 설정하고 그 다음에 선훈련인 이완 훈련, 집중 훈련을 한다. 그리고 이미지 트레이닝으로 시합을 할 수 있는 시나리오(루틴 프로그램)를 작성해서 거기에 맞춰서 흔들림 없이 불안해하지 않고 시합에만 집중할 수 있도록 한다. 운동선수들의 이미지 트레이닝도 실제 경기에 많은 도움을 주는 것은 연습과 훈련 과정이 있었기에 가능한 것이다. 부정적 생각을 긍정적 생각으로 바꾸는 훈련도 포함시킨다. 부정적인 무의식을 긍정적인 무의식으로 바꾸면 효과는 배가 될 수 있기 때문이다.

영성적 관점에서 신의 이미지를 메이킹하여 보다 성숙되게 행하기 위해서는 영성을 자신의 마음에 거하도록 지속적인 영성훈련이 필요하다. 그럼으로 의식화의 이미지 트레이닝은 첫째, 정성을 다하여 성심껏 둘째, 매일 반복적으로 셋째, 꾸준히 장기간 실천하는 것이다.

(3) 영성의 의식화는 의식의 확장이다 – 소아가 대아로 바뀌는 것이다.

　영성적인 인간은 의식의 확장을 통해 인간이 잠재적으로 가지고 있는 '발달된 개인'에 좀 더 가까이 갈 수 있다. 인격은 경험과 이상의 조합, 우리가 실제로 살아가는 모습과 자기가 바라는 이상적인 삶 사이의 긴장을 통해서 형성된다. 인간은 자아 측면에서 자기중심적이고 이기적이며, 물질에 욕심내는 그런 모습을 가지고 있다. 그러나 우리에게는 선, 아름다움, 완전, 자비, 희생 등의 초월적인 면이 분명히 존재한다. 영성지능(SQ)[6]은 우리가 직접적이고 소아(小我)적인 자기를 극복하고 우리 안에 감춰져 있는 저 깊은 가능성의 층 이상에 도달할 수 있도록 협조하고 훨씬 더 의미 있는 삶을 살도록 도와준다.
　그리고 우리는 선과 악의 문제, 삶과 죽음의 문제, 실패를 거듭하면서 겪는 어려움 등으로 고통스러울 때 영성지능을 사용한다. 우리는 자주 그러한 문제들을 합리화해서 넘겨 버리거나 그 문제로 감정의 늪에 빠져 버린다. 우리는 때때로 실패, 고통, 고난과 상실을 체험하는데 그것들을 다룬 다음이라야 영성적 의식이 더욱 확장되어 영성지능을 완전히 소유할 수 있게 된다.
　또한 의식의 폭을 확장하는 것은 자기중심적이고 이기적 의식을 버리는 것이다. 그러면 생명을 살리는 우주의식과 공명, 조화를 이루고 환희와 영성적 충만감이 발생되어 생명을 사랑하는 마음을 가지게 된다. 그러한 사랑의 마음은 에고에서 벗어나 신의 전체성(全體性)으로 개혁되게끔 만든다. 즉 소아가 대아로 바뀌는 것이다. 대아적 삶의 발견과 실천은 나와 너, 나와 우주가 하나라는 전일성(全一性)을 의미하는 동시에 또한 범아일여(梵我一如)라는 전체성을 형성한 것이다.

---

6) 도나 조하, 『SQ』, 조혜영 역, (룩스, 2001) 참조.

(4) 영성의 의식화는 신인합일을 이루게 된다.

신이 부여한 인간의 순수한 본성이 본래의 성품이자 우주적 영성이다. 그래서 인간은 내적으로 신성을 형성하면 신과 일치하게 되는 것이다. 그러므로 지적, 정서적, 의지적 성품을 스스로 갈고 닦아 신의 성품을 발굴하고 양성하여 그 신의 성품을 내면화하는 것이 원천적으로 중요하다. 그와 같이 성숙된 영성은 "내가 신의 영안에 거하고, 신이 내 안에 있게 되는 것"을 의미한다. 그래서 우주 속의 인간은 소우주이자 천지인(天地人)이 하나라는 사상이 나왔고 그 사상은 우주적 전일성을 말하는 것이다, 이와 무관하지 않은 것이 우주영성이며 그 핵심은 일심(一心)의 경계를 말하는 신인합일의 사상으로 요약된다. 생명을 일구어내는 우주영성은 모든 존재의 근원이 된다. 그 근원은 불변하는 우주의 영성나무로 비유하기도 한다.

현대의 인간은 행위보다 개인적 존재를 우선시 한다. 어떻게 행동하느냐 보다 어떻게 존재하느냐가 더 큰 문제로 보고 있다. 하지만 열매 맺는 나무가 건실하고 좋으면 열매도 좋고 그러하지 못한 나무의 열매가 나쁜 것은 당연한 결과다. 인간이 좋은 열매를 맺는 나무가 되려고 노력하는 것은 자신에게 내재된 영성을 계발하여 가려진 우주나무(宇宙木)를 찾아 그곳에 근원을 두려고 하는 것이다. 그래서 모든 존재는 우주의 영성나무 안에서 일체동근(一切同根)이며 일심동체(一心同體)가 되는 것이다.

이런 의미에서 영성의 의식화는 본질적이고 존재론적인 변화를 가져오는 것이다. 특히 궁극적 존재인 신의 형상화는 근원적인 변화이기 때문이다.

2. 의식이란 무엇인가?

의식화란 자아의 의식 속에 영성을 형성하는 것이기 때문에 의식에 관하여 상세히 알아 볼 필요가 있다.

(1) 영성세계에서 본 의식과 무의식

이 장에서는 융의 심리학적 관점을 인용하여 영성세계를 깨우치는 의식과 무의식세계에서의 자기(自己)와 자아(自我)를 살펴보고자 한다.

① 의식과 무의식

칼 융은 무의식이 본래적인 요소이며, 의식은 그 다음에 무의식으로부터 파생된 것이다. 의식이란 마치 바닷물이 빠질 때 육지가 나타나는 것처럼 각성과정을 통해서 무의식으로부터 분리된 요소라고 말한다.

㉮ 의식과 무의식의 관계

융에 의하면 의식은 사람이 자신에게 주어진 환경에 적응하는 과정에서 적응을 돕기 위해 집단적 무의식7)으로부터 파생된 것이라고 한다. 우리가 의식에서 현실에 대한 반응이나 현실 적응에 관한 내용들을 기대하는 것은 의식이 특별히 현재 일어나고 있는 사건들(생각하고, 말하고, 행동하는 것)과 관계된 내용만을 담고 있는 영혼의 일부이기 때문이다.

그리고 의식이란 자아와 거의 동일시되는 것이다. 즉 의식은 자아가 현재 생각하고, 보고, 듣고, 느끼며, 지각하는 내용들로 구성된 것이다. 의식이란 자아가 그에게 주어져 있는 상황 속에서 무엇인가를 지각하고 파악

---

7) 무의식에는 집단적 무의식(원의식)과 개인적 무의식이 있다. 집단적 무의식이란 객관적 무의식으로서 이것은 무의식의 종류와 특징에서 상세히 다루도록 하겠다.

하는 하나의 기능 또는 활동이라고 말할 수 있다. 의식의 본질은 의식적인 상태에 도달하기 위해서 어떤 것들을 분화시킨다. 그래서 의식은 이것과 저것의 차이를 갈라놓아야 하기 때문에 자아를 가리켜 종종 자아의식이라고 불렀다. 분화의 기능이 대단히 중요하다는 것을 묵시하고 있다.

개인적 무의식은 여러 가지 이유 때문에 의식에 머물러 있지 못하고 무의식으로 넘어간 요소들로 구성되어 있다. 그런데 의식과 무의식은 그 둘이 합쳐져서 온전한 정신 전체를 이루기 때문에 그 둘은 언제나 상보적인 관계에 있다. 즉, 무의식은 의식이 소홀히 하고 있거나 의식에 부족한 것들을 여러 가지 방식을 통하여 알려주고, 의식과 무의식을 연결시키고 있다. 그래서 무의식의 활동은 의식을 보상하는 방식으로 이루어진다.

융에게 있어서, 보상이란 우리의 정신작용에서 어떤 한 부분이 일방적으로 우세한 입장을 취할 때 그 반대편에서 그것과 다른 부분이 생겨나 우리 정신이 전체적으로 균형 잡힐 수 있도록 하는 것이다. 그러므로 보상작용이란 우리 정신에 전체성을 되찾게 해 주는 것이며, 그것을 이루기 위해서 우리 정신의 모든 부분들을 통합해 나가는 작용이라고 할 수 있다. 이런 관점에서 어떤 사람이 의식의 영역만을 우리 정신의 전체라고 주장한다면, 그는 인간 정신을 도무지 알지 못하는 사람인 것이다. 인간의 영혼을 연구하려면, 영혼을 의식과 혼동해서는 안 된다. 혼동하면 우리는 연구 대상을 흐려버리는 우를 범하고 만다. 오히려, 우리 영혼이 의식과 얼마나 다른가 하는 사실을 알고 인정해야 한다. 그때에만 우리는 영혼과 의식을 분화시킬 수 있게 된다.

그러나 사람들은 무의식이 의식과 더불어 정신 전체를 구성하고 있다는 사실을 너무나도 자주 망각하고 무의식적인 존재를 무시하려고 한다. 더구나 의식이 무의식으로부터 분화되면서부터 의식은 본능으로부터 더욱 더 멀어지게 되었다. 이렇게 의식과 무의식이 유리되어 무의식에서 나오는 활동들이 내적이며 무의식적인 강압의 형태로 고통스럽게 느끼게 된다. 의식의 태도가 무의식의 내용들과 멀리 떨어지면 멀리 떨어질수록, 무의식의 내용들은 우리 의식을 더욱더 잘못되게 한다. 의식과 무의식 사이의 균열이 깊으면 깊을수록, 인격의 분열은 점점 더 심해진다. 그래서 신경증적인 성향의 사람들에게서 신경증은 더욱더 깊어지고 정신 분열적인 성향의 사람들에게서 분열은 더욱더 심각해진다. 우리 의식에 전혀 알려지지 않은 무의식적인 요소들이 우리에게 큰 영향을 미치는 것은 틀림없는 사실이다. 그러므로 우리는 무의식의 존재와 그 영향력을 무시해서는 안 된다.

우리가 전인(全人)이 되기 위해서는 무의식의 요소들을 의식과 통합시켜야만 한다. 무의식은 의식의 반대 면을 구성하기 때문에 우리 의식에 지금 어떤 것이 부족해 있는가를 알려줄 수 있기 때문이다. 그래서 무의식이란 결코 우리 의식이 폐기해 버린 것들을 담고 있는 용기가 아니라 우리 의식을 거듭나게 할 수 있는 원초적 토양이 된다. 무의식이 가지고 있는 자기 조절 기능을 이용하여 의식과 무의식을 통합시켜야 한다는 것이다.

ⓝ 의식과 무의식의 작용

ⓐ 의식의 작용

의식의 작용은 사물을 지각하고 인식하며, 평가하고 선택하며, 결단하는 것이다. 이런 과정을 통해서 의식이 본능의 확실성을 충분한 정도로 보상할 수 있을 때, 의식은 점점 본능적인 행동들을 대체하게 된다. 그래서 의식이 사람들의 삶에서 매우 중요한 역할을 담당하는 것은 자아가 주어진 상황에 제대로 적응할 수 있게 해 주기 때문이다.

의식의 중요 활동을 요약해 보면 구별하는 일, 인식하여 깨닫는 일 그리고 통합하는 일을 한다.

첫째, 구별(분화) 하는 일은 의식의 기능 가운데 제일 중요한 것이다. 의식의 본질적 기능은 구별이기에 의식 상태에 이르기 위해서 의식은 이것과 저것의 차이점을 구별해야 한다. 의식은 자아와 관련을 맺을 때에만 차이점을 구별하고 파악하는 기능을 발휘할 수가 있기 때문에 자아와 무관하면 그것은 무의식적이지 의식적이 아니다. 그래서 자아와 의식을 동일시해서 흔히 자아의식이라고 한다.

둘째, 인간의 의식은 무엇인가를 인식하여 깨닫게 하는 일이다. 무엇인가를 인식하게 하는 것은 외부적인 상황이나 자신의 내면에서 오는 자극들을 지각한 감각 기능의 산물로 구성되어 있기 때문이다. 인식 작용을 통해서 의식은 자아가 외부적인 상황에 적응하는데 중요한 역할을 수행한다. 의식의 인식작용 가운데서 중요한 것은 의식이 외부적인 상황을 인식하고, 사람들에게 그 상황에 적응할 수 있도록 해 주는 것 뿐만이 아니라, 무의식적인 것들을 인식하는 것도 포함된다. 의식이 무의식의 요소들을 인식하지 못하면 사람들의 정신에서는 파멸적인 문제들이 생겨난다. 사람들이 무의식에 있으면서, 자아가 인식하지 못하는 요소들은 곧바로 투사작용을 일으킨다. 즉, 자기 내면에 있는 정신적인 요소들을 자기 밖에 부어 놓고서 거기에 사로잡히는 것이다. 예컨대 자기 내면에 독선적인 요소가 있다는 사실을 알지 못하는 사람은 다른 사람에게서 독선적인 모습을 발견하고 필요 이상으로 그를 비판하곤 한다. 제 눈의 들보를 보지 못하고, 다른 사람의 눈에 들어있는 티를 비난하는 것과 같다. 인격이 발달하지 못하고 불모 상태에 빠지는 가장 커다란 이유는 무의식적인 요소들을 각성하지 못하며, 그것을 인격에 통합하지 못해서 생기는 것이다. 자기 내면에도 그런 요소들이 존재한다는 사실을 깨달을 때 독선적인 것이 철회된다. 부정적인 의미에서 보는, 과민하게 반응하는 어떤 정신적인 요소가 자기에게도 있으며, 자기 인격의 일부를 이루는 요소라는 사실을 깨달을 때 더 이상 거기에 사로잡히지 않게 된다. 무의식적인 요소들에 대한 의식의 각성이 인격발달을 위해서 무엇보다도 중요하다. 우리가 알지 못하던 우리 인격의 일부분을 각성에 의해서 받아들일 때, 우리 인격이 그만큼 확장되면 우리 자아의 좁은 안목이 더 넓은 세상이 있다는 사실을 깨닫게 된다.

셋째, 의식은 정신적인 요소들을 자아의식에 통합시키는 역할을 한다. 각성된 의식은 흩어져 있는 자신에 대해서 다시 돌아보면서 서로 연결되지 못했던 요소들을 다시 하나가 되게 작용한다. 의식이 통합되면, 그에게는 새로운 활력이 생기고, 새로운 질서가 생겨난다. 그러나 의식이 무의식에서 흘러나오는 요소들을 동화시키지 못하면, 사람들은 위험한 상황에 빠지고 만다. 왜냐하면 무의식적인 요소들은 태초에 가지고 있던 고태(古態)적이고 혼돈된 형식들을 가지고 있어서, 의식의 통일체를 부숴버리기 때문이다. 우리 의식을 확장시켜 우리 내면에 남아 있는 유아적이고 본능적이며 무의식적인 요소들을 없애버리는 것이 관건이다. 우리 의식이 좀 더 확장되고 고상해지려면, 좀 더 안정적이고 명석해져야 한다. 무의식적인 요소들을 통합시키고, 의식의 경계를 넓히는 일이 결과적으로 의식의 활동 가운데서 가장 본질적인 활동이다.

의식을 통합하는 과정에는 두 가지가 있다. 하나는 인격발달에 많은 영향을 미치는 무의식적인 내용들을 각성하는 것이고, 다른 하나는 외부에 투사시켰던 무의식의 내용을 거두어들이는 것이다. 중요한 것은 집단적 무의식 내에 원형적인 표상의 형태로 존재하는 요소들을 각성시켜 그것을 의식에 통합시키는 일이다. 무의식의 요소들이 한 사람의 정신을 구성하는 요소로서 인정받고 그의 정신에 재통합될 때, 그의 인격은 더 원만해지고 더 성숙하게 되는 것이다. 그러므로 사람들이 무의식과 직면하려는 목적은 그의 내면에서 생긴 분열을 없애는데 있다.

ⓑ 무의식의 작용

무의식은 육체적인 기관처럼 하나의 실체로 존재하지 않기 때문에 우리 눈으로는 볼 수가 없다. 하지만 무의식적 존재는 상징적인 방식으로 자신을 드러내기 때문에 무의식의 언어는 무의식을 표상해 낼 수 있는 가장 좋은 수단이기도 하다. 우리는 무의식의 중요한 활동들을 억압, 투사, 상징적인 이미지의 산출에서 살펴볼 수가 있다.

첫째, 우리는 우리 주위에서 어떤 정신적인 요소들을 억압시키는 것을 많이 본다. 억압이란 어떤 정신적인 내용이 너무 충격적인 것이라서 의식에 머무를 수 없기 때문에 거기에서 정신 에너지를 회수하여 그 요소가 무의식에 잠기게 되는 현상을 의미한다. 억압적인 요소는 인격의 일부를 형성하고 있지만 본인은 그 사실을 전혀 알지 못하며, 그 요소가 의식에 존재하면 무의식과 갈등을 일으킨다. 그러나 그것이 무의식에 들어가면, 의식에서는 그 내용이 떠오르지 않게 되어 그것을 잊은 채, 편안하게 지낼 수 있는 것이다. 하지만 그 요소 역시 그의 인격의 일부이기 때문에 그의 인격에 통합될 때까지 정신적으로는 물론 육체적으로도 많은 문제를 야기시킨다. 정신병이나 신경증 등은 모두 억압의 결과로 생겨난 산물들이다. 억압된 요소들은 그것이 본래 가지고 있던 정감적인 요소를 잃게 되며, 거기에 정신적인 공백이 생기게 된다. 이때, 사람들은 이 공백에 그의 불안과 공포 등 환상적인 것들을 채우게 된다. 비현실적으로 되는 것이다. 억압이 사람들에게 커다란 해를 입히는 것은 이와 같은 이유 때문이다.

둘째, 투사는 무의식의 활동 가운데서 가장 대표적인 활동이다. 사람들이 그의 정신 깊은 곳에 담겨 있는 무의식적인 요소들을 인식하지 못할 때 그 내용들은 그의 밖에 있는 대상들에 투사된다고 융은 주장하였다. 그의 주장을 정리해 보면 억압이나 투사는 사람들에게 정신병리적인 문제들을 많이 일으킨다. 의식에서 분리된 무의식적인 자동성이 의식의 통제를 벗어나 제멋대로 활동하기 때문이다. 그리고 자동성이란 무의식의 요소들이 의식의 합리적인 통제를 뚫고서 나타나는 현상을 가리킨다. 무의식의 자동성은 무의식에 들어가서 여태까지 안정된 상태로 존재하던 정신적 무의식의 요소들을 흔들어 깨운다. 이렇게 자극된 정신 요소들은 새로운 에너지를 얻게 되어, 의식의 통제가 약한 틈을 타고 나타나 사람들을 당황하게 한다. 그 이유는 무의식에 있던 요소들은 그것이 의식화되지 못했기 때문에 제대로 발달하지 못하여 열등하고 미숙한 모습을 지니고 있다.

자동성을 지닌 무의식이 의인화되어 나타나는 경우에는 그것과 관계된 이미지의 형태로 나타나거나, 음성처럼 들리는 것이다. 그러나 어떤 경우에도 무의식의 자동적인 표현들을 통제 할 수가 없는 것은 도저히 제어할 수 없는 에너지와 정동(靜動)이 가득 담겨져 있기 때문이다. 무의식의 자동성은 정동과 함께 생겨난다. 정동이란 인간의 내면에서 생겨나는 본능적이며 비의지적인 반작용이다. 그것은 인간 정신의 원초적인 차원에서 분출되는 것으로서 의식의 합리적인 질서들을 교란시킨다. 사람들은 자기 마음대로 감정적인 반응을 일으킬 수가 없다. 그것은 그냥 분출되는 것이다. 이때 일어난 감정 속에는 그 감정을 일으킨 사람도 놀랄 정도로 이상스러운 구석이 있기 마련이다. 이 모든 것들은 사람들이 일단 병리적인 상태에 빠지게 되면 의식 속에서 저절로 생기는 현상인 것이다.

셋째, 무의식은 상징을 만들어서 사람들의 의식에 무의식적인 요소들을 이어주고 있다. 무의식에 모여진 정신 에너지는 그 당시 그의 정신 상태에 따라서 물, 불, 빛, 만다라8) 등 여러 가지 상징들을 만들어서 그에게 무의식의 상황을 알려주고, 무의식의 요소들을 의식에 통합시키게 해 준다. 무의식이 이렇게 상징을 만드는 이유는 자아의식이 무의식의 요소들을 무시하고 일방적인 삶의 태도를 보이기 때문이다. 그러한 태도는 현재의 정신

---

8) 만다라(mandala) : 불보살을 배치한 그림으로 우주의 진리를 나타내는 것

적인 상황이 잘못되어 있음을 지적하고 그 대가를 보상받고자 한다. 이처럼 무의식의 요소들은 언제나 인간 정신의 본래적인 전체성에 도달하기 위해서 자아의식에 통합되려고 한다. 이때, 무의식이 하고 있는 상징적 산출작용은 보통 무의식이 하는 부정적인 작용을 뛰어넘어서 매우 창조적이며 긍정적인 활동일 수도 있다.

② 무의식의 종류와 특징
㉮ 개인적 무의식

융은 개인적 무의식의 기원을 네 가지로 나누어 설명했다. 첫째, 망각과 무시가 있다. 망각이란 지극히 정상적인 정신작용인데, 이때 우리 의식에 있던 생각들은 우리가 다른 대상으로 관심을 돌리기 때문에 거기에 투입되었던 에너지를 잃게 되면서, 어둠에 잠기고 무의식화 되는 것이다. 무시 역시 마찬가지로 우리가 어떤 정신적인 내용을 그 전까지는 의식하고 있었지만 그 내용이 그렇게 중요하다고 생각되지 않거나, 우리에게 불쾌감을 자아내기 때문에 우리 의식에서 쫓아내는 것이다. 그리하여 무의식에 들어가 콤플렉스를 구성하여 호시탐탐 의식화 될 기회만을 노리고, 여러 가지 병리적인 작용을 한다.

둘째, 억제와 억압이 있다. 억제와 억압은 모두 어떤 정신적인 내용이 의식에서 받아들이기에는 너무 불쾌하고 충격적인 것이라서 우리 의식과 함께 있을 수가 없기 때문에 무의식의 영역으로 추방해 버리는 작업이다. 그런데 억제는 억압보다 한결 단순한 작용이다. 그것은 어떤 정신적인 내용이 일단 우리 의식에 한번 떠올랐지만 그것을 억눌러서 무의식의 영역으로 쫓아버리는 것이다. 예를 들면 우리에게 어떤 욕망이 솟아올랐지만 현실적인 상황이 그 욕망을 실현시킬 수 없기 때문에 그것의 실현을 일단 유보하고, 다음 기회에 실현시키기로 우리 의식과 타협한 것이다. 그러나 억압은 이보다 한층 더 복잡한 과정을 거쳐서 이루어진다. 억압의 경우, 우리 내면에서 어떤 정신작용이 틀림없이 일어나기는 했지만 그 내용이 너무 충격적이기 때문에 그것이 의식화되기 전에 무의식 영역으로 쫓아버리는 것이다.

대부분의 사람들은 근친상간의 욕망 같은 것을 한 번도 의식에서 느껴본 적이 없을 것이다. 그러나 정신분석에서는 사람들에게는 근친상간의 욕망이 있다고 주장하며, 신경증 환자들의 꿈을 살펴보면 실제로 근친상간과 연관된 꿈들이 많이 나온다. 그러면 이 꿈들은 어디서 나오는 것일까? 이 꿈을 설명할 수 있는 것은 억압이론 밖에 없다. 즉, 사람들의 내면에서 근친상간에 관한 욕망이 솟아나는 순간, 그 욕망이 너무 부도덕하고 용납할 수 없는 것이기 때문에 사람들이 의식하기를 거부하고 무의식의 영역으로 내쫓아버린다는 것이다.

우리에게 어떤 정신적인 작용이 생겨나면, 우리는 그것을 마음에 안고 살아야 한다. 가장 좋은 것은 그것을 우리 의식에 받아들여서 소화시켜야 하는 것이다. 그러지 않고 억압하는 경우, 그것은 우리에게 어떤 신체적이나 정신적인 증상을 남기면서 무의식에 들어가고 만다. 우리에게 신경증이나 정신병을 일으키는 것은 모두 이렇게 억압된 정신적인 내용들이다.

셋째, 강도의 부족이 있다. 이 세상에는 어떤 자극의 강도나 가치가 우리 의식의 관심을 끌거나 감각 기관에 지각되기에 너무 미약해서 무의식 영역으로 들어가 버린 것들이 있다. 이 내용들은 우리 의식에 인식되지는 못했지만 언젠가 한번 틀림없이 존재했던 것 들이다. 그래서 식역하(識域下)에 머물러 있으면서 그와 연관되는 사건이 생겨날 때 의식으로 올라온다. 우리가 생전 처음 가보는 곳에서 언젠가 한번 와봤던 것처럼 친근한 느낌을 가지게 되는 것은 대체적으로 우리가 비슷한 곳에서 경험했던 식역하의 지각들이 작용하기 때문이다.

넷째, 긴장의 부족이 있다. 어떤 정신적인 요소들은 그전까지 의식에 머물러 있었는데, 이제 더 이상 의식에 남아있을 만한 긴장을 유지하지 못해서 무의식으로 넘겨지는 요소들이 있다. 이 요소들 역시 무의식의 내용을 구성하게 된다.

이렇게 개인적 무의식을 구성하는 요소들은 인간의 정신 속에서 콤플렉스의 형태로 존재한다. 콤플렉스란 어떤 충격적인 경험 때문에 어떤 정신적인 내용들이 하나의 핵을 중심으로 해서 모여 있는 것을 말한다. 자연히 콤플렉스는 인간의 정신 속에서 에너지의 흐름을 방해하고, 그와 관계되는 내용들이 생겨날 때 자연스럽지 못한 반응을 이끌어 내곤 한다.

㉯ 집단적(초개인적) 무의식

무의식에는 위에서 설명된 개인적인 층만 있는 것이 아니다. 지금까지 한 번도 의식화 되지 않고 무의식의 영역에 머물러 있지만 언젠가 부분적으로 의식화될 수 있는 요소들이 있다. 이 요소들은 한 개인의 삶을 무한히 뛰어넘으며 지금까지 인류가 경험했던 삶의 흔적들이 배어있는 요소들이다. 이 요소들은 한 개인의 경험과 무관하게 독립적으로 존재하여 객관적인 정신이라고 한다. 개인적 무의식과 달리 이 세상 어디에나 존재하며 모든 개인들에게서 찾아볼 수 있는 내용과 행동 양식들을 가지고 있기 때문이다. 그리고 개인적인 특성에서 찾아볼 수 없는 것은 초개인적인 무의식 또는 집단적 무의식이다.

㉰ 집단적 무의식과 원형

개인적 무의식과 달리 집단적 무의식은 억압의 산물이 아니라, 인간 정신의 깊고 어두운 곳에서 생겨난 것으로서 사람들이 태어나면서부터 무의식적으로 되어 있는 부분이다. 그래서 우리는 집단적 무의식이라는 자체에 대해서는 물론 그 기원에 관해서도 알 수 없으나 그것은 다만 육체적인 기관들처럼 생래적으로 물려받은 것이라고 융은 말했다.

ⓐ 집단적 무의식의 의미

인간의 무의식에는 한 개인적인 층의 것 보다 더 깊고 폭넓은 무의식의 층이 존재한다. 그 층의 명칭이 집단적 무의식이다. 개인적 무의식은 한 사람의 정신적 영역이지만 집단적 무의식은 한 사람의 정신 영역을 무한히 초월해 있고 집단적인 정신으로 존재한다. 개인적 무의식과 집단적 무의식의 차이점은 융의 주장에 의하면 세 가지가 있다.

첫째, 개인적 무의식이 그림자나 콤플렉스 등으로 구성되어 있는 반면에, 집단적 무의식은 본능과 본능에 관계되는 요소 및 원형(原形) 등으로 구성되어 있다. 집단적 무의식의 내용은 한 개인에게만 귀속되지 않고, 보편적인 특성까지 지니고 있다. 인간의 정신에는 집단적인 본성이 있어 개인적인 욕망과 반대되기까지 하는 초월적 성향과 기능이 존재하고 있어 정신생활을 풍부하게 해 주는 보편적인 토대가 되고 있다. 따라서 집단적 무의식의 특성은 한 개인의 주관적인 특성과는 독립적으로 객관성을 가지고 존재한다.

둘째, 개인적 무의식이 개인적인 삶의 산물이지만, 집단적 무의식은 유전적인 방법으로 전달된다. 두뇌의 구조가 지구상에 있는 어느 곳에서나 같다는 사실은 사람들의 정신 기능이 어느 곳에서나 비슷하게 작동하도록 하게 한다. 이런 일들은 집단적인 정신을 생기게 하는 요소다.

셋째, 개인적 무의식이 자아의식에서 축출된 정신적인 요소들만을 나타내고 있는데 반해서, 집단적 무의식은 사람들의 삶 전체를 일정한 방향으로 이끌어 가는 역할을 한다. 집단적 무의식은 사람들이 그 사실을 전혀 의식하지 못하지만, 그의 삶을 규정하면서 그가 이 세상에 반응하는 양식의 살아있는 원천이 된다. 따라서 집단적 무의식의 특성은 정신현상으로서 인류가 공통적으로 생각하고 느끼고 행동하는 데 커다란 영향을 끼친다.

집단적 무의식의 특성은 과거에는 물론 지금도 살아 있으며, 사람들에게 생명의 뿌리와 관련을 맺게해 주고, 그들의 본성에 다가서게 해 준다. 그렇기 때문에 집단적 무의식은 모든 사람들의 영혼의 본질을 이루고 있다. 집단적 무의식은 모든 창조성의 모태가 되고 영성의 불을 밝히는 원천이자 영혼의 안내자이기도 하다.

집단적 무의식이 가진 힘을 각성하고 그 힘을 사람의 정신에 통합시킨다면, 인생의 삶에 숨겨져 있는 비밀과 지혜를 깨닫게 할 수 있어 삶을 무한하게 변화시킬 수 있게 된다.

ⓑ 정신적 원형의 의미와 특성

개인적 무의식을 구성하는 부정적인 것이 콤플렉스라면, 집단적 무의식을 구성하는 보편적이고 공통적인 요소는 정신적 원형이다. 그 원형 속에 있는 이미지들은 항상 사람들에게 커다란 영향을 주고 있다. 육체적 생리기관의 기능이 있듯이 원형은 정신적인 사건에 적응하기 위해서 작동하는 정신적인 기관 또는 정신적인 기능체계다.

융은 "이 세상에 있는 병아리들이 어느 곳에서나 같은 방식으로 알에서 깨어 나오는 것과 마찬가지로, 이 세상 어디에나 또 어느 때에나 사람들이 같은 방식으로 생각하고, 느끼고, 상상하는 정신적인 기능이 존재한다고 생각할 수 있다"고 하였다. 그의 주장처럼 집단적 무의식은 육체적인 본능과 마찬가지로 사람들에게 존재하는 정신적인 반응의 유형인 것이다.

그래서 무의식적 활력의 원천인 원형에는 거대한 정신적인 힘이 내포되어 있다. 사람들은 원형을 사회적이며 정신적인 삶을 조정하는 선험적인 원리로 삼고 있다. 그러므로 원형이란 비록 눈에 보이지 않지만 매우 효과적으로 사람들의 삶을 결정짓는 반응체계 또는 반응 가능성의 구조인 것이다. 원형이 어떤 구체적인 내용들로 되어 있는 것이 아니라, 그 내용을 만들어낼 수 있는 소질로 되어 있기 때문에 그러한 원형은 '행동양식들'이라고 한다. 따라서 원형이란 유전적으로 주어진 어떤 특정한 행동의 내용을 지칭하는 것이 아니라, 그렇게 행동할 수 있는 양식을 말하는 것이다. 여기서의 행동 양식(또는 틀)은 특정한 순간에 인류의 정신적인 상황에 따라서 무한하게 공익적인 행동을 할 수 있다.

원형의 가장 중요한 특징은 사람들을 움직이게 하는 정동과 형상으로 되어 있다는 점이다. 그래서 원형은 그 어느 곳보다도 강력한 힘을 가질 수 있으며, 사람들의 의지와 관계없이 영성의 본래 모습을 가지고 자동적으로 작용할 수 있다. 역동적인 이미지로 되어 있는 객관적인 정신의 한 요소이기 때문이다. 그러므로 모든 인간행동의 원천으로서 원형은 인간의 정신이 자연스러운 상태에서 나타낼 수 있는 신비적인 측면들과 관계를 맺고 있다. 다시 말해서, 원형은 우주적인 요소를 가지고 있어 원형에 대한 살아있는 체험은 우리 삶에 대한 비밀을 많이 계시해 주고 있다. 그러한 체험은 우리 영혼 속에 있는 자아에 속하지 않은 것들에 대한 원초적인 체험이며, 우리 내면에 있는 동반자에 대한 근원적인 체험이다.

역동적인 힘이 실려 있는 원형에는 거대한 에너지가 담겨져 있고 자동성이 내재되어 있기 때문에 종종 매혹적이거나 누미노제(numinose)적인 방식으로 사람들의 의식을 사로잡기도 한다. 이러한 원형의 특성은 원형적인 본성을 지니고 있는 영혼의 자동성으로 나타나며 그 자동성은 또한 사람들에게 내면적인 음성을 듣게 하거나 환상적인 이미지들을 보게끔 한다. 종교적 신(神) 체험 역시 원형에 대한 체험으로 해석할 수 있다. 암시나 모방에 의한 것이 아닌 종교적인 회심들은 대부부의 경우 내면적인 어떤 자동성 때문에 생긴 것이다. 이 회심들은 궁극에 가서 인격의 변화를 가져온다.

원형적인 이미지는 언제나 사람들에게 그 의미를 알려주고자 하는 속성이 있기 때문에 여러 가지 방식으로 나타나지만 사람들이 그 의미를 파악하지 못하면, 그들은 원형에 사로잡히고 만다. 그래서 원형적인 이미지들과 만난 다음에 가장 시급히 해야 하는 일은 우리 자아(自我)가 어떻게 그 비자아(非自我)와 직면할 것인가 하고 묻는 일이며 그 해답의 길은 자아를 고도의 차원으로 발전시키는 영성계발에 있다.

(2) 자기(自己＝本性)와 자아의식

① 자아 : 의식의 중심

의식과 무의식이라는 대극 못지않게 중요한 대극적 구조를 지닌 자아와 그림자가 있다. 인간의 본성에서 자아의 원리와 본능의 원리가 격렬한 투쟁을 끝없이 한다. 자아는 한계를 가진 자아인데 반해서, 본능에는 한계도 없고 그 자체가 변화무쌍하여 현란한 싸움이 움튼다. 이 싸움에서 중심이 되는 것은 (자아)의식이며 언제나 의식적인 행동의 주체가 된다.

자아의 속성은 자기 자신에 대해 높은 수준의 계속성과 정체성을 원하기 때문에 일종의 콤플렉스이기도 하다. 자아의 성격에는 유전적으로 물려받은 소질과 무의식적으로 얻어진 인상의 복합체로 구성되어 있다. 다시 말해서 자기 자신은 어떤 사람이라고 생각하면서 덧붙여 놓은 요소들이 합쳐져서 형성해 놓은 정신적인 복합이라는 말이다. 그런데 콤플렉스의 한 부분으로서 자아는 결코 인격 전체를 대표할 수가 없지만 의식의 주체로만 작용할 수 있다. 하지만 우리 인격의 전체를 대표하며 인격의 중심이 되는 것은 자아를 무한하게 초월하는 초월적 자아다.

② 자아의 네 가지 작용

첫째, 자아는 한 사람이 그의 환경에 적응하게 해준다. 주체와 대상간의 관계는 언제나 서로가 서로에게 적응하는 방식으로 이루어지기 때문에 이둘은 서로 만나서 서로를 변화시키는 매우 중요한 역할을 수행한다.

둘째, 자아의식은 행동의 주체가 사물을 인식하게 해 준다. 모든 일들은 자아를 통해서 이루어진다는 것이다.

셋째, 자아는 인격발달의 주체로 중요한 기능을 수행한다. 자아는 그의 외부에 있는 대상들을 인식하고, 어떤 것과 다른 것 사이의 차이를 구별하며, 그것들을 여러 방식으로 적절하게 변형시켜 가면서 필요한 것들을 그의 내면에 통합시킨다. 이 과정을 통해서 자아의식은 점차 확장 되고, 전일성에 도달하게 된다. 이때 자아의식은 또 비사아적인 요소 즉 무의식적인 정신요소들과 밀접한 관계 속에 있다는 사실을 깨닫게 된다. 자아의식이 이 관계에 관해서 각성하면 할수록 비자아적인 요소가 가진 누미노제적인 힘과 더 잘 직면할 수 있으며, 자아의 기능 역시 안정되어 간다. 즉 자아가 그동안 잃어버렸던 정신 요소들을 다시 찾아서 동화시키고 통합시킬 수 있게 되면, 자아의 영역은 더 확장될 수 있으며, 삶의 지평은 더 넓어지게 된다.

넷째, 자아는 콤플렉스나 원형 등 인간의 정신을 구성하고 있는 요소들이 의인화되어 나타낼 수 있는 무대의 역할을 한다. 자아는 마성적 인격이나 어머니 콤플렉스, 아버지 콤플렉스의 등장 무대가 되며, 인간 정신의 궁극적인 목표인 자기 역시 자아를 통해서 실현되는 것이다. 자아가 없다면, 이 요소들은 드러날 방도를 찾지 못하고 만다.

자아가 우리 삶의 모든 역동성의 원천이고, 창조성의 근원이며, 삶 자체이기에 한 본능적인 부분(自己)과 단절되면 사람들에게는 소외감과 불안 정감이 생기고, 내면적으로 비어있는 듯한 느낌을 가지게 된다. 그러므로 사람들은 자아에만 사로잡혀서 자아의 탐욕이나 집착에서 벗어나지 못하는 삶을 살 것이 아니라, 그들의 삶에는 자아보다 무한히 넓은 영역이 있다는 사실을 깨닫고, 그 삶의 소명을 실천해야 한다.

③ 자기(自己)의 의미와 특성9)

㉠ 자기의 의미

융의 주장에 따르면, 자아(自我)가 의식의 중심인데 반해서, 자기(自己)는 정신 전체의 중심이다. 자기는 자아가 아니다. 자기는 자아 위에서 의식과 무의식을 아우르고 있는 정신의 전체성을 나타낸다. 그런 의미에서 자기는 사람들에게 감추어져 있는 본성이며, 인간의 가장 깊은 곳에 있는 신적인 본성이다. 무의식에는 신적인 인간이 있는데, 그것은 인간이 아닌 모습으로 인간 정신의 깊은 곳에 유폐되어 있고, 감추어져 있으며, 잘 보호되어 있으면서도 추상적인 상징으로 나타난다. 그런 의미에서 자기는 의식의 기반이 되며, 의식이 궁극적으로 추구해 가는 목표가 된다. 그래서 융은 "결국, 인간의 삶은 이 전체성, 즉 자기의 실현이라고 강조한다. 그리고 인간 정신의 주관적인 요소일 뿐만 아니라, 객관적인 요소로 보면서 이 전체성은 객관적인 요소라고 주장한다.

㉡ 자기의 특성

융이 자기가 정신적 세 가지 요소로서 인격 중심, 인간정신의 중심으로서 전체성, 인간정신의 초월성의 특징이 있다고 설명한 것을 요약해 보면 다음과 같다.

첫째, 자기는 인격의 중심으로서의 무의식 뒤에서 활동하고 있다. 그래서 자기와 자아의 관계는 행동의 주체와 대상과의 관계와 같은 것이다. 자기가 결정하는 것은 모두 자아와 관계되고 있으며, 자아를 지배하기 때문이다.

---

9) 김민성, 『융의 심리학과 종교』(서울: 동명사, 1998), pp.219-229 참조.

둘째, 자기는 인간 정신의 중심으로서 전체성을 나타낸다. 즉, 의식과 무의식을 합한 전체, 다시 말하자면 의식적인 내용들과 무의식적인 내용들을 포함한 인간 정신의 전일성을 나타내는 것이다. 그러므로 "자기는 중심일 뿐만 아니라, 의식과 무의식을 그 안에 품고 있는 테두리이며, 전체 정신의 중심인 것"이다. 또한 자기는 밝은 요소들(예: 그리스도나 부처, 또는 이와 비슷한 형상들)과 어두운 요소들(사탄이나, 마귀, 뱀 등)을 상징적으로 포괄하고 있다.

그 뿐만 아니라 자기는 남성적인 것들과 여성적인 요소들로 구성되어 있다. 따라서 자기가 인간 정신의 전일성을 나타내려면, 자기는 그 본성상 이 두 요소를 동시에 포함하고 있어야 한다.

셋째, 자기는 인간 정신의 초월성을 가리키고 있다. 왜냐하면 자기는 음양의 대극적 요소들을 동시에 내재하고 있어 어느 한 쪽 요소에 일방적으로 참여하지 않아야 하며, 초월적인 위치에서 그 둘을 동시에 포괄해야 하기 때문이다. 그래서 심리학적인 측면에서 "자기는 그 안에 의식적인 내용들과 무의식적인 내용들을 모두 나타내기 때문에 초월적인 개념"이라고 한다.

이러한 상대적인 요소들을 화해시키는 자기는 초인격적인 기반이다. 사람이 자기 내면에서 대극적인 요소들이 자아내는 긴장에 빠져서 분열되어 있을 때, 자기 체험을 충실히 하면 분열의 문제를 직시하고 해결할 수 있다. 그러므로 자기는 영(靈)을 말하는 것으로 정신의 이상적 중심이며 인간 정신의 초월성을 뜻한다. 따라서 자아는 혼(魂)을 의미한다.

㉰ 자기의 상징

우리 인간은 본래 하나님의 이미지 즉, 영을 토대로 하여 창조된 것이다. 그러한 영성적 이미지는 시간이나 공간의 구애를 받지 않고, 언제 어디서나 실현될 수 있는 원형적인 것, 우리 눈에 보이지 않고, 형체도 없으며,

썩지 않고, 불멸하는 것이라는 특성을 지니고 있다. 그러므로 우리가 신의 이미지를 실현시키려면 우리는 우리 안에 신의 원형인 자기의 원형이 있다는 사실을 깨닫고 그 원형이 이끄는 대로 나아가야 한다. 이것을 신학적으로 말하면, 우리 안에 있는 속사람, 다시 말해서 '우리 안에 있는 신'이 실현될 수 있도록 우리의 모든 개인적인 욕망과 환상에서 벗어나 영원한 이미지가 이끄는 대로 살아야 한다.

신 이미지는 모든 천상적인 것들이 나타나는 신적인 본성이며 그 본성의 특징은 만사만물의 전체성을 드러내는 것이다. 전체성의 상징으로서 자기는 그 안에 밝은 것과 어두운 것을 모두 포함하고 있는 음양의 합일 즉, '대극의 합일' 이라고 생각한 것이다. 심리학적인 측면에서 볼 때, '자기는 우리가 일상적인 삶에서 체험하는 것과 다르지 않은 신의 형상인 것' 이다.

(3) 개성완성을 향하여

① 개성화 과정

첫째, 개성화의 궁극적 의미와 목표는 인격 전체가 새로운 중심을 찾아서 새롭게 균형 잡힌 모든 정신적인 요소들을 완성시켜 개성에 따른 개인적인 독특성을 실현하게 하는 것이다. 그뿐만 아니라 개성화의 특성은 사람들을 본능의 질곡으로부터 해방시켜준다. 개성화 과정은 자기를 페르조나(persona: 선험적이며 외형적인 가면)가 덧씌워 놓은 잘못된 허울로부터 벗어나게 해 주고, 무의식으로부터 파생된 암시적 이미지들로부터 해방시키는 목표를 가지고 있다. 개성화 과정을 통해서 사람들은 자아의 안목을 넓힐 수 있으며, 무의식적인 상태로부터 벗어날 수 있기 때문이다.

자아는 무의식에 사로잡혀 있기 쉬우며 무의식의 내용들에 잠겨있기 쉽다. 자아가 무의식의 맹목적인 흐름의 포로가 되기 쉽다는 것이다. 그러나 자아가 자기에게 자신을 가지고 긍정적으로 다가가면 다가갈수록 무의식의 내용들은 자아에 더 많이 동화될 수 있으며, 의미를 지니게 된다. 이에 따라서 자아는 무의식의 내용들을 통합할 수 있게 되고, 사람들은 그 전까지 받아들일 수 없었던 삶의 문제들을 받아들일 수 있게 된다. 그만큼 그의 인격이 넓어졌기 때문이다. 이렇게 해서 사람들은 좀 더 원숙한 인격에 도달하게 되어 삶에서 나오는 여러 가지 근심, 걱정에서 해방된다. 그러한 해방은 엄밀하게 말하자면, 그 모든 근심과 걱정거리가 자기 자신을 괴롭히지 못하게 되었기 때문이다. 그에게 삶의 모든 문제들이 해결되는 것이 아니라 그것들을 지나쳐 버릴 수 있게 되었다는 것이다. 이러한 초월적 경험은 자아의 수준이 고양(高揚)된 것이라고 본다.

둘째, 개성화는 아무런 의지의 작용도 없이 즉각적으로 생겨나는 인간 본연의 정신적 과정이며 개성화의 경계는 불분명한 무의식으로부터 발생된다. 따라서 개성화 과정이 자아의 의식적인 노력에 의해서 생겨나는 것이 아니라, 본성에서 나오는 무의식적인 자기의 요청에 의해서 생기는 자발적인 과정이라는 사실을 알게 된다.

셋째, 자아의식은 개성화의 과정에서 무의식적인 요소가 본질적인 역할을 수행하고 있지만, 그에 버금가는 자아의식 역시 개성화 과정에서 중요하다. 그 과정에서 자아가 완전히 소멸되는 것은 아니지만 역할 갈등상태에 있을 때, 자아가(행위의 주체의) 궁극적이며 절대적인 결정을 따라야 한다. 사실, 어떤 행위의 주체가 없으면 아무 일도 일어날 수가 없다. 우리가 말한 과정은 무의식에 기원을 둔 전체성을 의식적인 전체성으로 변환시키는 것이다. 개성화 과정이란 무의식의 내용들을 의식에 통합시켜서 의식을 확장시키는 것이기 때문이다.

넷째, 개성화 과정은 무의식에 대한 직접적인 체험이며 그 안에서 수많은 무의식적인 요소들이 자아의식에 통합되는 과정이다. 그러나 무의식적인 요소들은 사람들이 그것을 몸으로 직접 체험하지 않는 한, 인식될 수도 없고 통합될 수도 없다.

② 개성화 과정의 두 측면

개성화에는 근본적 또는 내면적으로 주관적인 것과 객관적인 통합을 이루는 과정이기도 하다. 그러한 과정에 이르는 길은 우리 내면 가장 깊은 곳에 자리 잡고 있으며, 다른 어떤 것으로도 환원시킬 수 없는 개성에 도달하여 자신의 내면에 있는 진정한 자기 자신이 되는 것, 자기를 실현시키는 것'이다.

개성화는 다른 사람들과의 관계를 희생시켜 가면서 자신의 특수성만을 발달시키는 것이 아니라, 자기가 다른 사람들과는 물론 모든 살아있는 존재들과도 매우 밀접한 관계에 있다는 사실을 깨닫는 일이다. 즉 자신의 내면에 있는 자기가 사람 또는 우주와 밀접한 관계 속에 있다는 사실을 터득하여 인격이 변환되는 과정이다. 개성화 과정은 이기주의나 자기중심성을 초월하여 한 사람의 인격을 좀 더 넓은 세계로 이끌어내는 과정이다.

그러므로 결국에는 모든 정신적인 개성화 과정은 우리 안에 있는 신이 내재하고 있다는 사실을 깨달아야 한다는 원형적 기반을 두고 있다. 무엇보다도 내면에 깃들어 있는 전일성의 상징에 대한 각성이 중요하게 요청된다.

③ 개성화 과정의 특성 : 인격 발달의 길

개성화 과정의 특성은 융의 대극적 통합관점에서 정리하면 네 가지로 나누어진다. ㉠개성화는 여러 가지 정신요소들을 통합하는 과정, ㉡그 과정을 통해서 사람들은 여러 가지 정신적인 요소에 대해서 각성할 수 있고,

ⓒ 인격을 변환시켜 나가는 개성화 과정에는 어떤 종착점이 있을 수 없어서 계속적인 인격발달의 과정이 되며, ⓓ개성화 과정을 통해서 사람들은 자신의 개인적인 삶을 사회적인 삶에 통합시킬 수 있다. 더 정확하게 말하자면, 개성화 과정은 사람들에게 인간의 사회에 대한 인식을 가져다주며, 사회적인 자아를 각성시켜 준다는 것이다. 따라서 개성화 과정은 자기 자신과 하나가 되는 동시에 그를 인류 전체와 하나가 되게 하는 과정이다. 결과적으로 분열되어 있는 정신의 요소들을 통합하는 것은 '내 안에 있는 타인'과 화해하는 것이다. 개성화 과정을 통해서 사람들은 변화되고, 그 전보다 더 높은 영성적 단계로 나아갈 수 있다.

우리 인격을 구성하고 있는 정신적인 요소들을 모두 통합하는 것은 쉬운 일이 아니다. 왜냐하면 억압되어 있는 요소들을 통합하려면, 우리가 먼저 그 요소들을 인식하고, 그것들이 아무리 열등하고 추하고 원시적인 것처럼 보일지라도, 그것들 역시 우리 인격의 전체성을 구성하는 데 한 부분을 이루고 있는 요소라고 받아들여야 하기 때문이다.

우리 내면에 있는 대극적인 요소들이 통합되려면 우리는 자기 원형을 체험해야 하며, 인간 정신의 전체성을 체험해야 한다. 그렇게 될 때 그 체험은 사람들에게 의식의 영역을 결정적으로 확장시켜 주고, 우리 세계관을 넓혀 준다. 왜냐하면 사람들이 자신의 내면에 있는 가장 어두운 요소들까지 통합하게 됨으로써, 다른 사람들에게 있는 모든 종류의 허물도 받아들일 수 있게 되며, 다른 사람들이 여러 가지 결점을 가지고 있음에도 불구하고 사랑하게 되기 때문이다. 이때, 그는 이 세상을 그 전과는 다른 관점에서 보게 된다. 그래서 그는 이 세상에 있는 모든 것들은 자기 나름대로의 존재 이유를 가지고 있으며, 자신의 독특한 특성을 가지고 있다는 사실을 깨닫게 된다. 이렇게 해서 삶과 이 세상에 대하여 새로운 태도를 형성할 때, 그는 삶에 대한 새로운 의미를 발견하게 된다.

㉠ 각성

각성이란 본래 어떤 유형의 내외적인 것은 물론 아직 드러나지 않은 부분까지 직관적으로 파악하는 것이다. 아직 드러나지 않은 부분이란 보통 무의식적인 부분이다. 그러나 우리가 아직 드러나지 않은 부분에 관해서 각성할 때, 감추어져 있던 부분은 우리가 그것을 파악하는 것이라기보다 그것이 스스로를 드러내는 측면이 더 강하게 나타난다. 이때, 사람들은 감정적인 충격을 받게 된다.

우리는 여기서 각성이 가지고 있는 변환의 능력을 보게 된다. 실례로서 어떤 종교체험이나 분석의 과정을 통해서 삶의 본질이나 자신의 문제에 관해서 무엇인가 깨달음을 얻고서 인격이 변환되는 경우가 종종 있다. 무엇보다도 삶의 본질을 알게 되었기 때문이다. 개성화 과정에서 각성이 중요한 것은 각성을 통해서 인식의 영역이 확장되어, 그만큼 자아의 영역이 확장되었기 때문에 삶에 대한 태도가 변화된다는 것이다. 각성의 빠른 길은 영적체험으로 이어진다.

㉡ 각성의 효과

각성이 가져다주는 효과는 의식의 영역을 끊임없이 확장하고, 좀 더 정신적 존재로 향상시켜 내면의 중심성과 전체성을 발견하여 더 큰 역동성을 가져다 줄 수 있다.

첫째, 의식영역의 부단한 확장은 정신적인 요소들과 무관하지 않다. 여러 가지 혼선을 통해 문제들을 불러일으키던 개인적 무의식의 층은 사라지게 되어 초라한 자아의 세계에서 벗어나 좀 더 넓고 객관적인 세계에 참여하는 새로운 의식이 생겨나게 된다. 이렇게 확장된 자아의식은 우리 자아가 무의식적인 요소들이나 외부 세계와 관계를 맺는 데 대단히 중요한 역할을 수행하게 된다. 따라서 자아의식이 그의 비자아적인 것들과 맺는 관계 양상은 그의 인격발달에 매우 중요하다.

둘째, 정신적인 향상은 개인적인 전체성을 이루게 할 뿐만 아니라 초개인적인 특성을 가진 인격의 중심과 하나가 되게 한다. 인간의 심층에 있는 무의식의 내용들을 더욱더 많이 의식화하게 되면, 내면에 있던 신의 이미지가 행동을 통해서 드러나게 되어 실천자의 삶은 신적인 삶의 일부가 될 수 있다. 그리하여 개성화된 사람들은 자기 자신에게 매달리지 않고, 자신의 내면에 있는 객관적인 정신을 따라서 좀 더 넓은 관심사를 가지고 살게 되는 것이다.

셋째, 내면의 어떤 중심이나 전체성이 있다는 사실을 각성한 삶은 의식의 확장과 변환을 통해 자동성을 가진 무의식적인 요소들을 구별하고 통합시키는 영성개발을 멈추지 않는다. 이는 개성완성을 향하여 내재적 신성(우리 안에 있는 신)에 참여하는 것을 의미한다.

(4) 개성화과정에서의 종교체험

종교적 영적 체험을 해 본 사람은 그에게 삶의 원천, 의미의 원천, 아름다움의 원천을 채워 줄 수 있는 커다란 보물을 가진다는 것을 알게 된다. 우리에게 최고의 가치를 얻게 해주는 체험이기 때문이다.

① 우리 안에 있는 신(神) 체험

인간의 정신 속에는 스스로가 정동적인 체험을 할 수 있는 자동적이고 감정적인 정신요소가 있다. 가끔 우리 영혼은 그러한 체험을 통해 내면에서 우러나오는 음성을 듣거나, 환상적인 이미지를 보기도 한다. 정신적 원형은 인간의 정신 에너지의 원천이기 때문에 그 원형에는 많은 힘이 담겨 있으며, 그 힘을 가진 자는 사람들에게 매우 강력하게 작용하고 어떤 자는 그러한 힘에 사로잡히며 깊은 정서적 경험을 하게 된다. 이와 같은 유형의 누미노제는 체험자의 의식과 성격을 변화시킨다.

둘째, 종교체험이 자생적으로 생겨나는 이유는 원형에 자동성이 있기 때문이다. 그래서 원형적인 체험은 인간의 의지를 뛰어 넘어서 저절로 생겨나는 것이다. 어느 누구도 종교적 신비체험을 만들어 낼 수는 없다. 체험자들은 신을 사람들이 체험할 수 있는 정신적인 실재이며 그러한 실재는 우리가 우리 눈으로 보는 빛처럼 확실하다고 말한다. 그리고 그는 인간의 영혼에는 신과 관계를 맺을 수 있는 능력이 있으며, 그러한 능력 없이 종교적 신비체험은 불가능하다. "인간의 종교적인 활동은 본능적인 성향에 기초해 있으며, 인간적인 기능에 근거를 두고 있다"고 한 융의 언급은 일리가 있다. 그러므로 종교적 체험이란 엄밀하게 말해서 '우리 안에 있는 신'을 체험하는 것이다.

② 신과 나의 만남

심리학적 측면에서 신을 만나는 종교적 체험은 자아가 자신의 내면에 있는 자기와 만남을 체험하는 것이다. 자기는 의식과 무의식 사이에서 '중재자'의 역할을 수행할 수 있다. 왜냐하면 자기는 의식과 무의식 사이에 있는 중심이며, 의식과 무의식을 포함하면서 동시에 초월하는 정신적인 요소이기 때문이다.

'우리 안에 있는 신'인 자기는 우리 내면에 있는 여러 가지 대극의 쌍들을 화해시킨다. 그런 화해는 이 두 정신적인 요소들 사이에 있는 긴장을 없애버리는 것만 의미하지 않는다. 정신의 대극 사이에 긴장이 없어질 경우, 정신활동마저 불가능해지기 때문이다. 그러므로 화해란 사실 인간 정신의 대극을 통합시켜서 사람들이 정신의 전체성을 찾아나가게 하는 것이다. 자기 즉 나(我)라는 심리학적인 의미는 인간의 전체성이라는 개념에서 나온 것이며 그리고 또 무의식적 측면에서 나온 것이다. 종교체험에서 자기가 작동하는 것은 자신의 내면에 있는 자기의 존재를 각성하고, 자기의 정신적 작용에 오로지 순응할 뿐이다. 그러므로 자기에 대한 각성은 영적체험에서 필수불가결한 요인이 된다. 다만 자기는 '숨겨져 있는 본성'이기 때문에 자기 스스로를 체험하려면, 주의 깊게 관찰하고 신중하게 고려하여 지혜롭게 기다림의 태도를 가져야 한다. 신적인 능력이나 초월적인 능력은 고통 속에서 기다려본 사람만이 체험할 수 있는 것이기 때문이다

③ 종교체험의 특성

종교체험의 특성은 첫째, 자신의 내면에 있는 정신적인 요소들을 통합하는 체험이며, 둘째, 체험의 과정에서 중요한 요소는 각성이며, 셋째, 종교체험을 통해서 사람들은 신적인 존재를 만날 수 있으며, 이때 그들의 인격은 변환된다는 것과 넷째, 종교체험은 한 번 체험함으로써 끝나는 체험이 아니라, 계속적인 인격 발달의 과정이다. 이런 의미에서 종교체험이 사람들 속에 있는 '우리 안에 있는 신'을 만나는 체험이라면, 개성화 과정은 우리 내면에 있는 정신적 원형인 자기를 만나는 체험이다. 그러므로 '우리 안에 있는 신'이나 내면의 순수한 나(眞我)는 결국 같은 존재의 속성이기 때문에 자아의 영적체험과 계발이 요구된다. 우리에게 존재하는 정신적 원형은 영성을 추구하는 원초적인 요소가 있기에 더욱 그러하다.

원형이란 만사 만물에게 주어진 그들의 본래적인 기능을 발휘하게 하고, 그에게 알맞은 법칙이나 독특한 특성에 따라 발달하게 하는 어떤 원리를 말한다. 우리 인간의 정신에 생래적으로 주어져 있는 잠재적인 성향은 어떤 상황에 대해서 본능적으로 반응을 보일 수 있다. 그러한 원형은 또한 인간의 영혼에 있는 무엇인가를 형성시키는 힘인데, 그 힘은 삶의 현실에 매순간마다 주어진 정동의 상황에서 작동할 수 있는 것이다. 영성적 측면에서 원형은 인간의 영혼 속에 있는 어떤 작동체계나 구조의 요소들인 것

이다. 이와 같은 원형은 종교적 신비주의자들이 가지고 있던 종교적인 열정에 스며들어 정태적인 종교와 역동적인 종교를 탄생시켰다.

3. 의식화의 방법

1) 마음의 의식화 : 마음을 바꾸면 몸이 바뀐다

우리 몸은 단백질로 구성되었다. 뇌의 단백질에도 인체에 흐르는 전기적 에너지가 통한다. 그리고 뇌는 전기적 에너지를 쓰게 만들어 주는 것이 뇌의 활동이다. 따라서 뇌에 있는 단백질에 전기를 가하여, 그 작용으로 나온 것이 마음이다. 알파파, 베타파, 세타파 등의 뇌파는 뇌의 전기 활동, 곧 뇌에 흐르는 전기의 이동인 전이를 그래프로 기록해 놓은 것이다.

'마음이 정보를 수집·처리·보관하는 뇌의 고등 기능'이라고 한다면 이 정의에 포함된 정보와 수집과 처리, 보관과 고등이라는 단어를 다시 정의할 필요가 있다.

여기서 정보란 우리 인체가 외부 환경으로부터 받아들이는 모든 것을 의미한다. 누가 우리 피부를 꼬집으면 아프다. '아프다'는 것은 뇌가 느끼는 현상일 뿐, 피부는 아프다는 것을 느끼지 못한다. 이 때 아픔은 정보다.

외부로부터 눈을 포함한 우리의 신체를 통해 들어오는 모든 정보는 뇌에서 처리되고 뇌에 보관된다. 이 정보가 마음이 된다. 따라서 마음은 뇌에 있다[10]

① 마음은 뉴런과 시냅스의 활동이다

마음이 뇌의 활동이라고 했는데 이를 좀 더 구체적으로 말하면, 뇌는 뉴

---

10) 이영돈 저, 『마음』(예담, 2006) 참조.

런neuron[11]이라는 신경세포와 이 신경세포 말단에 있는 시냅스synapse[12]로 구성되어 있기 때문에 마음은 이 뉴런과 시냅스 작용의 결과라고 할 수 있다. 과학자들이 '마음이 뇌의 작용'이라는 것을 인정한다면 뇌가 어떻게 작용해서 마음이라는 현상을 만드는지 알아야만 한다.

뇌는 뉴런이라는 신경세포로 이루어져 있다. 신경세포는 다른 세포와 모양이 다르다. 신경세포 하나에는 핵을 가진 세포체, 긴 것은 1미터가 넘는 한 개의 축색돌기, 그리고 다른 신경세포를 향해 뻗은 1,000∼10,000개의 수상돌기가 있다. 외부에서 자극이 들어오면 이 자극은 전기신호가 되어 신경세포의 수상돌기로 들어오고, 이 신호는 세포체를 거쳐 축색놀기로 전달되며, 이때 축색돌기 끝에 도달한 전기신호는 시냅스를 자극해 신경전달물질을 분비시킨다. 이때 전기신호가 화학신호로 바뀌는 것을 신경세포의 홍분이라고 한다. 신경전달물질은 다른 신경세포의 수상돌기 끝에 있는 시냅스로 전달되어 진다. 두 시냅스는 100만 분의 2센티미터 떨어져 있다. 이렇게 전달된 신경전달물질은 전기신호로 바뀌어 세포체를 거쳐 축색돌기로 가서 시냅스를 자극하면 신경전달물질이 나온다. 이는 다른 신경세포의 수상돌기 시냅스로 전달돼 전기신호가 되고, 또 계속 다른 신경세포로 전달된다. 이렇게 해서 신경세포 네트워크가 형성된다. 신경세포는 이런 전기신호를 통해 서로 정보를 주고받는다.

마음을 구성하는 것은 결국 신경세포들의 조화로운 상호간의 신호전달

---

11) 한 개의 뉴런은 세포체, 한 개의 축색돌기, 그리고 1,000∼10,000개의 수상돌기로 되어 있다. 이것이 마음이 만들어지는 최소 단위다. 전기신호는 세포체에서 축색돌기 끝의 시냅스로, 이는 다른 신경세포의 수상돌기로 이어진다.

12) 신경세포 말단. 신경세포끼리는 서로 떨어져 있다. 따라서 이들 간의 의사소통은 신경세포 말단에 있는 시냅스 간의 신경전달물질을 통해서 한다. 도파민, 세로토닌 같은 것이 신경전달물질이다. 시냅스 전까지는 전기신호로 오고 시냅스 간에는 신경전달물질을 주고받는 화학신호로 바뀌었다가 다시 전기신호로 바뀐다. 이런 사이클이 끝없이 이어진다.

에 의한 것이고 이 신호전달은 시냅스라는 구조를 통해서 이뤄진다. 마음
이란 것은 시냅스 간의 상호작용으로 형성되며 신경세포들이 회로를 구성
할 때 회로를 구성하는 신경세포들이 신호를 주고받는 것으로 알려졌다.

시냅스의 중요한 활동을 우리가 정확하게 알 때 마음의 특징도 이해할
수 있는 길이 열릴 것이다. 물론 마음이라는 형이상학적이고 지고지순한
큰 목표와 시냅스라는 매우 물질적인 분자 수준의 세포 하부 구조 사이에
는 큰 틈이 있다. 하지만 그 틈 사이에는 시냅스를 통해서 회로가 만들어지
고, 신경세포들이 모여서 조직과 조직의 시스템을 만들게 되고, 이들이 상
호 연관되어 우리의 다양한 정신 기능을 만들어낸다.

② 감정과 생각이 일어나는 원리

현재 대부분은 뇌 깊숙이 심어진 회선으로부터 만들어진 여섯 가지의
기본적이고 보편적인 감정(두려움, 분노, 기쁨, 고통, 혐오, 놀라움)이 있다
고 분석되었다. 생각과 사고도 뇌의 일정 부분(들)의 뉴런과 시냅스가 네
트워크를 형성하면서 반응한 결과의 산물이다.

우리는 감정을 다스려서 마음을 얼마나 통제할 수 있을까? 이 말은 자신
의 뇌 속에 있는 뉴런 네트워크를 자신이 원하는 대로 얼마나 잘 형성할 수
있느냐를 묻는 것이다. 사실 이 문제의 해결은 뇌에 있다. 우리 마음을 제
조해 내는 뇌 속의 뉴런 네트워크는 마음먹기에 따라서 얼마든지 바꿀 수
있기 때문이다. 가장 알기 쉬운 방법은 공부(독서, 여행 등)를 하는 것이다.
이는 새로운 뉴런 네트워크를 만들어냄으로써 기존의 네트워크와 공조를
꾀할 수 있게 한다.

또 하나는 상상을 하는 것이다. 창의적인 상상은 기존의 네트워크와 합
쳐지면서 새로운 네트워크를 만들어낸다. 뇌는 상상과 현실 경험을 구별
하지 못하기 때문에 사람들은 다른 마음을 가질 수 밖에 없다.

　　인생의 가치관은 특히 현실적인 상황을 감안한 창의적인 사고에 의해
견고해지고 그 가치관은 결국에는 뉴런에 새겨진다. 하지만 어떤 가치관
이나 언어, 사랑, 증오 등은 유전자를 통해 뇌에 각인되는 것이 아니고 교
육을 통해 각인되는 것이다.

　　생후 1개월 된 아기는 그냥 울기만 할 뿐 말을 하지 못한다. 뇌의 일부
영역이 발달되지 않았으며, 이는 시간이 지나고 교육을 받으면서 발달된
다. 바로 그 때문에 아동 교육은 아주 중요하다. 그래서 마음은 교육을 통
해 발전된다. 가치관이 교육을 통해 뇌 속에 주입되는 것이다. 바로 이것이
성인이 되었을 때 사람들마다 차이가 있는 이유다. 가치관이란 것은 당신
도 모르는 사이에 당신의 뇌에 각인된 것이다.

　　뇌는 '자, 이제 이런 식으로 옷을 입어야 해' 아니면 '이렇게 말을 해야
해'라고 명령하거나 결정을 내린다. 또한 행동 입력과 출력은 모두 부호화
된 부호에 의해 결정된다. 그 부호를 모르면 아무 것도 이해할 수 없다.

　　③ 마음에 따라 몸이 변한다.

　　사이몬톤 박사는 좋은 생각을 하면 몸에 좋고 나쁜 생각을 하면 몸에 안
좋다는 너무나 상식적인 것을 사례와 과학적 설명을 곁들여 구체적으로
설명해 나갔다. 특히 감정의 중요성을 강조하였는데, 이는 '마음 챙김
(Mindfulness : 깨어있는 마음)'13) 명상에 바탕을 둔 동양적 상상 훈련을 현
실에 적용한 것이었다. 마음 챙김 명상이란 지금 벌어지고 있는 일에 감각
과 초점을 맞추는 것이다. 편안한 마음 챙김은 무엇보다도 명상이 좋은 것
같다.

　　명상은 뇌의 특정한 부위를 잠재우면서도, 어떤 부위는 활성화시킨다고
말한다. 불필요한 생각은 하지 않게 하고 균형이 잡혀 행복하고 사랑을 느

---

13) 마음 챙김에 대한 자세한 연구는 본고의 위빠사나 수행(제3부. 2. 4). (2))에서 다루었다.

끼게 하는 부위를 활성화시킨다는 것이다. 명상은 통제를 통한 깊은 이완인 것이다.

우리가 하는 모든 일에 마음을 모아서 챙기는 것이 마음 챙김이다. 좀 더 쉽게 말하면 현재 우리가 하는 바로 그 일에 마음을 집중해서 그 일만을 느끼는 것이다. 과거의 괴로움과 미래의 불안은 놓아버리고 지금 이 순간만을 생각하라. 그것이 바로 명상이자 철학이다.

마음 챙김이 아닌 것은 망상이나 자기를 잊어버리는 일이다. 예를 들면 밥 먹을 때도 정신없이 너무 빨리 먹거나 먹는 둥 마는 둥 하거나 맛도 못 느끼고 먹는 기계적인 행위를 말한다. 마음을 챙기지 않으면 대상에 끌려가기 마련이다. 그러나 마음을 챙기면 대상이 자기 쪽으로 돌아온다.

신경과학자들은 뇌가 자료를 모아 판단하고 생각하며 집행하고 통합된 질서로 추려가는 의식을 마음이라고 한다. 명상은 실제로 자신의 감각을 보다 더 친밀하게 인식시키는 과정으로 부정적인 감정으로부터 자유로워진 감정 상태를 만들어 사랑, 기쁨, 평화, 행복을 키우게 한다.

분명한 것은 자신이 하려고 하는 의지를 가지고 있다면 어떤 일이라도 가능하다는 것이다. 그만큼 마음이라는 현상을 만들어내는 우리 뇌의 힘은 어마어마하고 정해진 법칙이 없다. 그리고 몸은 그 뇌의 영향권 아래에 있기 때문에 마음먹기에 따라 몸의 상태는 얼마든지 변할 수 있다는 점을 알아야 한다.

우리가 즐거움, 행복감, 마음의 평화, 평온함 같은 바람직한 감정을 느낄 때 몸에서는 인체의 치료 체계를 건강으로 이끄는 화학물질이 생성된다. 하지만 두려움, 분노, 죄책감, 무력감 같은 바람직하지 못한 감정을 느낄 때는 질병과 죽음으로 인체를 이끌어가는 화학물질이 생성된다는 사실이 연구결과로 밝혀졌다.

④ 알파파를 내는 훈련

명상하는 사람들의 뇌파를 연구한 결과 알파파가 나올 때 몸은 불안과 긴장이 풀어지고 머리가 맑아진다. 그래서 졸리기도 하다. 명상 상태가 더 깊어지면 뇌파가 떨어져 5헤르츠 정도의 세타파가 된다. 명상 상태가 더욱 더 깊어지면 20~40헤르츠 정도의 감마파가 나온다. 이 상태는 꽤 깊은 명상 상태이고 이완으로부터 벗어나서 새로운 의식 상태가 된 것이라고 볼 수 있다.

알파파가 많을수록 뇌는 집중해서 능력을 발휘할 수 있다. 반대로 베타파가 많으면 뇌는 분산되어 정신이 산란해지고, 능력이 제대로 발휘되지 못한다.

명상을 할 때 현실과 동떨어져서 우주나 생명의 신비, 살고 있는 기쁨처럼 중성적인 감각, 행복, 평화 같은 것에 의식을 집중하면 점점 뇌파의 집 표도 낮아지면서 알파파와 세타파의 중간 정도에 스펙트럼이 생긴다. 게다가 '무아'(無我)라고 할 만큼 아무 것도 생각하지 않으면 세타파에 스펙트럼이 생긴다.

통상적으로 전문가들은 세타파가 나올 때를 얕은 수면 상태라고 하지만 자지 않아도 세타파가 나올 때가 있다. 무아의 경지, 아무것도 생각하지 않지만 자고 있지도 않은 그런 상태에서 나오는 세타파는 뇌가 특수한 상태에 있는 것이라고 할 수 있다.

⑤ 무의식을 깨우다.

의식과 무의식은 동시에 작동하기도 한다. 전의식이 바로 그것이다. 전의식은 무의식에 있던 것들이 의식 수준까지 올라온 것이다. 우리가 조금 더 노력해 들여다 보면 의식으로 만들 수 있는 영역이다. 내 안에서 무엇이 일어나고 있는지 모르는 채 일어날 수도 있고, 동시에 그것을 느끼고 있다면 감정이 일어나는 것을 의식적으로 자각할 수 있다. 예를 들면 불안 증상이 일거나 어깨가 긴장될 때 마음 세계를 들여다보면 왜 긴장하고 불안한지 알 수 있다.

최면은 논리적인 부분인 의식과 감정, 생각, 습관이 저장되어 있는 무의식 모두와 관련이 있다. 우리 정신의 90%를 차지하는 무의식은 지구상에 있는 가장 강력한 컴퓨터 중의 하나라고 한다. 인간의 삶에서 일어나는 모든 정보를 무의식에 저장하고 있고 스트레스, 긴장, 근심 등으로 아드레날린, 세라토닌, 멜라토닌, 엔도르핀을 생성해서 뇌를 자극하고 결국 몸에 영향을 주는 것도 무의식이다. 그래서 최면을 통해 무의식에 있는 정보를 찾아 문제를 해결하면 감정과 습관, 건강 상태까지 바꿀 수 있다.

일상생활에서도 자기 암시를 긍정적이고 희망적으로 생각한다면 건강하고 밝은 생활을 할 수 있다. 자기 암시를 통해서 긍정적으로 인생을 바꾸는 것이 최면이기도 하다.

내 자신이 내 마음의 주인이 되어 행복해질 수 있도록 노력해야 한다. 우선 평좌하여 손을 무릎 위에 놓고 눈을 감고 마음을 가라앉혀서 몸이 이완되는 것을 상상하고 매일 나는 기쁘고 건강하고 평온하다고 생각한다. 눈을 뜨면 에너지가 넘치고 하루하루가 즐겁고 행복다고 여기고 웃는다. 웃음은 긍정적인 감정을 불러온다.

스트레스, 두려움, 부정적인 생각과 습관을 버리고 '자신감'을 가져서 매 순간마다 자신 있으며 열의가 있다'고 생각하자. 그러한 열의가 시간이 흐를수록 더해질 때 인생의 행복감은 증가한다.

⑥ 기억을 버리지 말고 생각을 바꾸라

인간의 행위는 기억력의 작용 결과이므로 기억은 인지력의 근본이다. 따라서 기억력이 작용하지 않는 지적 능력은 없다. 사물을 보고 곧 알아보

앉을 때 이미 기억력이 작용하고 있는 것이다. 말을 하는 것은 언어에 대한 기억력이 작용하는 것이고, 자전거를 탈 때면 운동 기능에 대한 기억력이 작용하는 것이다. 인간의 모든 행위는 기억력이 작용한 결과다.

기억은 과거의 경험에 의해 변하는 행동을 의미한다. 과거의 경험에 의해 다르게 행동하는 것은 기억을 반영하는 것이다. 우리가 일반적으로 말하는 기억은 일회적인 기억으로 이것은 개인적으로 경험한 과거의 사건에 대한 것이다. 과거에 만난 사람들, 오늘 한 일, 지난 주에 한 일, 20년 전에 한 일 등이 이런 종류의 기억이다.

기억할 때의 뇌의 변화는 과학적으로 연구되고 있다. 뇌가 처리하는 중요한 정신적인 현상 중에 하나가 기억이다. 기억을 이해한다는 것은 마음을 이해하는 것과 같은 맥락이라고 볼 수 있다. 뇌는 어떤 특정한 정보를 학습할 수 있는데 그것은 신경세포들, 곧 시냅스들이 모여서 신경회로망을 구성하기 때문이다. 그러한 신경회로망을 통해서 정보처리를 하다 보면 처리 결과로써 신경회로 속에 자연적으로 저장될 수 있다.

신경세포들은 시냅스를 통해 신경 정보를 받는다. 보통 하나의 신경세포를 뉴런이라고 하는데 뉴런은 보통 1천 개에서 1만 개 되는 시냅스 입력을 받고 있다. 신경세포들은 수많은 신경세포들과 서로 정보를 교환하고 있다. 그 정보 교환이 일어나는 적점이 시냅스다. 시냅스에서는 정보가 입력되면 시냅스 말단에서 신경전달물질이 분비되고 분비된 신경전달물질은 그 다음 신경세포막에 변화를 일으켜서 전기적인 작용을 하게 된다. 그런 과정을 거쳐서 세포들과 세포들 간에 정보 전달이 이뤄지는 것이다. 이것은 하나의 시냅스에 국한되는 것이 아니라 신경회로망을 구성하는 회로에는 수많은 신경세포들이 관여되어 있다. 이에 따른 수많은 시냅스들이 있기 때문에 많은 시냅스들이 동시다발적으로 활동할 때 신경회로망은 더 놀랍고 복잡한 정보를 처리할 수 있게 된다. 뇌의 기억과 시냅스의 변화가 이루어지고 있는 것이다.

특정한 정보를 반복적으로 학습한다든지 아니면 그 정보가 매우 중요한 의미를 갖고 있을 때 정보 처리된 결과는 매우 오랫동안 우리 뇌 속에 기억이란 형태로 남을 수 있다. 그것이 가능한 이유는 시냅스에 변화가 일어나기 때문인데 그것이 바로 시냅스 가소성(可塑性)이다. 그리고 기억이 유지되는 정도에 따라서 매우 오랫동안 유지될 때는 시냅스의 구조가 구조적으로 변화를 일으키는 현상을 볼 수 있다.

우리의 기억 시스템은 강한 감정과 연관이 있을 때 더 잘 기억해 낸다. 그래서 과거의 경험을 뒤돌아볼 때 기뻤던 일이나 슬펐던 일을 먼저 기억해 내는 것이다. 감정이 기억에 영향을 미친다는 것을 알 수 있다. 강렬한 감정을 느낄 때 뇌에서 일어나는 화학물질의 변화는 모든 신경 활동을 증폭시켜 사소한 내용도 기록되도록 한다.

이미 가지고 있는 기억의 거미줄을 활용해 새롭고 창의적인 기억을 만들 수 있다. 단지 기억을 바라보는 시각을 달리하는 것이다. 기억을 완전히 없앨 수는 없다. 그보다는 기억의 편파를 없애야 한다. 기억을 없애는 대신 기억의 활용방식을 재교육해야 하는 것이다. 좀 더 정확히 말하면 기억을 버리는 것이 아니라 생각을 바꾸라는 것이다.

세상에는 노력 없이 얻어지는 것이 없고 공짜도 물론 없다. 행복해지고 싶다면 행복해지는 연습과 훈련을 해야 한다. 우리가 아직 뇌의 유연성에 접근하지 못했던 이유는 이런 훈련 과정에 대해 인지하지 못하고 있기 때문이다. 사람들이 자신의 마음을 다스리고 더 긍정적인 감정을 갖는 훈련을 한다면 우리는 뇌 속의 유연성을 보다 많이 활용할 수 있게 될 것이다. 명상도 이와 마찬가지다. 우리가 더 많은 동정심과 연민의 태도로 바꾸고 고뇌와 슬픔을 놓아주고 타인에게 더 친절하게 대하는 정신적 연습을 한다면 실제로 동정심 많고 친절한 사람이 될 수 있다.

2) 신앙생활을 통한 의식화

① 신앙생활과 영성 형성

인간은 행위 보다 존재가 우선한다. 어떻게 행동하느냐의 문제보다 어떤 방식으로 존재하느냐가 문제다. 나무가 좋으면 열매도 좋고 나무가 나쁘면 열매도 나쁜 것과 같다. 그러므로 행위 보다는 존재적인 영성수련이 우선되어야 한다. 내적인 정화가 이루어지지 않은 상태에서의 행위는 다른 사람에게 부정적인 영향을 미치기 때문이다.

신앙생활의 1차적인 관심사는 신성을 자의식 속에 형성하는데 있다. 신앙생활은 기능 훈련이라기보다는 존재 훈련이다. 신의 형상을 자아 속에 형성해 나가는 것이다. 신의 이미지를 자아 속에 만들어 가는 것이다. 진실된 자아를 형성하는 것이 무엇보다도 중요하다. 돌감람나무가 참감람나무가 되어야 한다. 모든 행위의 뿌리라고 할 수 있는 신의 형상을 만들어 나가는데 초점을 맞추어야 한다. 이러한 신성 형성에 의한 존재론적 변화를 해야 하고 이를 발판으로 하여 사랑의 삶을 자신의 삶 속에서 실천해 가면서 신에게로 향해 나아가야 한다.

신앙생활은 첫째, 신을 신뢰하는 삶이요 신을 주체로 모시고 사는 삶이다. 둘째, 죄의식을 가진 자신의 의지를 죽이고 정화함으로써 셋째, 신의 성품을 닮아 성화되는 삶이다. 그와 같은 수직적인 일체성을 경험한 후에는 수평적으로 사람들과의 일체성을 실현해 나가야 한다. 수평적인 일체성이란 자신이 경험한 영적인 풍요함을 나눌 형제자매를 만나는 것을 의미한다.

그러므로 바람직한 신앙생활은 신의 은사(능력)에 의해서 신과 하나 되는 경험 내지 신의 자녀로서의 자각이 우선적이고 그 자각을 바탕으로 실제적인 사랑과 자비의 삶을 사는 것이다.

이와 같이 신앙생활은 '사랑과 자비의 삶'을 실천함으로써 신인일체를 이루는 생활이다. 사랑과 자비의 삶이란 본심에 따른 삶이요, 선한 삶이다. 참 자아(眞我) 실현의 삶이며 대아(大我)가 되기 위한 삶이다. 그런 삶은 곧 참사랑의 삶이요 신의 삶이며 창조적 삶이요 또한 생명적이고 역동적인 삶이다.

② 영성형성의 3단계

영성형성을 위한 영성성장의 단계는 믿음의 단계, 정화의 단계, 성화의 단계가 있다.

㉠ 믿음의 단계

신앙은 자기 자신과 세상에 대하여 죽고 신에게 속하며 그분과 함께 사는 것이다. 이것은 주권의 교차다. 그의 주인은 신이시다. 이제 내가 사는 것이 아니라 신이 내 안에서 사시는 것을 뜻한다. 그 신앙이 나의 의식 속에 형성되어야 한다. 신앙에는 예배, 찬송, 기도, 모심의 생활 등이 포함된다. 이러한 신앙행위는 모두 신을 자의식 속에 각인시키기 위한 것이다.

㉡ 정화의 단계

정화의 단계는 도덕적인 정화를 고려하는 단계이자 영적 지식인 무지(無知)에서 깨어나는 것이다. 이 단계는 동물적 상태의 수행이다. 동물적 상태란 육체적인 상태에 머물러 있는 사람을 의미한다. 이 육체는 주로 감각이라는 창문을 통해서 지식을 얻고 반응을 하게 된다. 그러므로 육체는 죄가 들어올 수 있는 가장 좋은 관문이다. 동물적 상태에 있는 사람은 오직 육체의 요구에만 의존하기 때문에 이성이나 사랑에 의해서 움직이지 않는다. 여기에서 육체란 물질적인 것들에 집착하여 쾌락과 관능적인 즐거움에 빠져 있는 상태를 말한다. 감각적으로 경험되어 지는 것 외에는 아무 것도 신뢰하지 않기에 오직 감각적인 행복만을 가치로 여긴다. 그러므로 감각적인 기능의 정화에 힘써야 할 상태이며, 보다 가치있는 일을 생각하고 신중하게 인내하며 순종하기를 힘쓰면서 선한 의지에 따라 육체적인 것들을 지배하도록 해야 한다.

이는 자아 속에 있는 시기, 질투, 교만, 혈기, 책임전가 등을 알아차리고 다스려서 타락성을 비움으로써 사랑과 겸손, 용서와 화해, 기쁨 등의 영성을 자의식 속에 채워 나가는 단계다.

ⓒ 성화의 단계는 신의 사랑과 그 자체이신 신과 일치의 단계에 이르는 것이다.

영은 초월적인 것으로서 인간이 신과 관계를 맺을 수 있는 인간의 본질적인 요소이며, 인간의 제한성을 뛰어 넘으면서 시간과 공간을 초월하여 사람의 마음과 신과의 교류를 이룰 수 있는 핵심적인 요소다. 신과의 교류라는 것은 사고(思考)의 대상으로부터 사랑의 대상이 되는 것이다. 진정한 사랑의 교류는 영적인 상태에서만이 가능한 것으로 신의 속성에 인간의 영이 참여하는 것을 말한다. 이때 인간은 신의 역사를 통해서 신의 임재를 체험한다. 여기에서 신과의 사랑의 기쁨을 체험하고 그 기쁨은 곧 신과의 합일된 기쁨이다.

신의 의지와 인간의 의지가 사랑으로 인하여 일치하게 된다.(요 17:21) 신이 인간의 영을 인도하기 때문에 신께서 원하시는 것 외에는 아무 것도 원하지 않는 상태에 이르게 되어 신과 인간의 의지가 일치됨을 경험하게 된다.

③ 기도와 영성형성

신앙의 의식화는 기도를 통하여 신과 신의 이미지를 의식화하는 것이기 때문에 기도는 우리 의식 속에 신과 신성을 형성하게 된다.

㉮ 기도

기도는 자아와 신과의 관계를 형성시키는 매개체이며 신의 품성을 구체적으로 형성할 수 있는 가장 보편적인 인간 행위이자, 자신의 모든 의지를 신의 뜻에 맞기며 행할 수 있는 신의 은총이다.

기도는 영성 실현을 위한 인간의 본능적인 욕구이며 내향적이다. 본능적인 욕구란 유한한 인간이 무한적인 신의 영과의 관계가 이루어지기를 바라는 기본적인 욕구다. 기도가 무엇보다도 먼저 신과의 관계를 맺는 것이 매우 중요하다는 것을 의미한다. 인간의 기도는 신에게 스스로 자신을 개방하는 행위다. 그러한 개방 속에서 신의 역사가 일어나서 인간은 신의 창조적 동력을 얻게 되어 자신의 내재적 신의 성품에 참여하는 것이다. 인간의 영과 신의 영이 기도 속에서 만나게 된다는 것을 알 수 있다.

인간의 본성은 신의 성품을 받고 태어났기 때문에 그 성품을 깨닫고 행하는 자는 신성화(神性化) 될 수 있다는 것이다. 기도를 통해 신의 성품에 참여할 수 있다는 것은 인간이 신의 삶에 참여할 수 있다는 것이다. 기도는 신의 성품을 내면화하는 내적인 운동이기 때문이다. 따라서 기도는 인간이 신의 형상을 형성하게 하는 행위다.

인간이 기도를 통해 자기 자신을 초월하여 자기 자신을 바라볼 수 있는 영적인 존재라는 것을 드러낸다. 자기 자신을 발견하는 것은 내재적 영성을 발견하는 것이며 동시에 인격적인 변화를 경험하게 되어 영적 성장을 이루게 된다.

기도는 두 가지 역할을 한다. 하나는 주관적 기도로서 청원과 응답의 효과를 기대하고, 다른 하나는 객관적인 기도로서 신과의 영성적 관계의 형성이다. 객관적 기도는 기도의 초점이 기도대상에게 맞추어져 있다. 객관적으로 기도하는 사람은 기도대상자를 궁극의 존재로 믿고 그의 뜻을 찾아 그의 뜻에 자기 자신을 변화시킨다. 그러나 주관적 기도는 그 초점이 심리적으로 자기 자신에게 맞추어져 있어서 이기적인 욕구를 만족시키기 위해 기도대상자를 수단으로 생각하는 경향을 지닌다.

객관적인 기도는 내적으로 혼란과 모순과 충돌이 일어날 때 그분을 향한 목적을 갖고 있기 때문에 결과적으로 건강하게 통합되어지고, 신과의 단절되었던 관계를 다시 회복할 수 있는 힘을 얻게 된다.

기도의 시작은 분명히 자기 자신의 욕구에서 시작되지만 그것이 건강하게 승화하려면 객관적인 기도에 초점을 두어야 한다. 참되고 건강한 기도는 맹목적적인 욕구로부터 벗어나 통찰력를 가지고 나 자신이 신의 영성 형성에 그 초점을 두어야 한다. 따라서 기도는 신과의 관계를 형성하려는 것으로 이해해야 한다. 기도는 자기 욕구 성취의 도구가 아니라 신과의 관계를 형성하는 것이요, 우리 영혼이 신의 성품(영성)에 참여하기 위함이요, 신의 성품을 내 안에 형성하기 위함이다. 여기에서 우리는 신의 거룩하심과 온전하심을 닮게 된다.

그러므로 기도의 의식화는 또한 영성의 형성을 의미한다. 영성 형성을 위한 기도는 우리의 뜻이 아니고 신의 뜻을 이해하고 신을 닮기 위한 것이다.

결국 영성의 의식화는 신앙생활 특히 기도를 통하여 영성을 내면화하는 과정에서 이루어지는 것이다. 또한 우리는 신의 말씀을 내면화할 때 신의 성품에 참여하게 되고 우리의 인격은 신의 성품을 덧입게 된다. 신의 뜻이 기도를 통하여 내면화된다면 우리는 우리의 의식 속에 신과 영성의 이미지를 형성하게 된다.

㉯ 신성 형성

신성 형성은 내적인 정화가 이루어져야 한다. 기도의 1차적인 관심사는 신성 형성에 있다. 이를 위한 기도는 영적 성장에 영향을 준다.

속된 자신을 기도를 통해 정화하여 신과의 영적인 합일을 추구하는 것은 수직적인 일체성을 경험하는 것이며 다른 사람과의 일체성을 체험하는

것은 수평적 경험이다. 수평적인 일체성이란 자신이 경험한 영적인 풍요
함을 형제자매와 나누는 것을 의미한다.

그러므로 바람직한 기도는 아집과 독선에 사로잡힌 우리 자아를 개방시
켜 신이 자유롭게 일하실 수 있도록 해 드리는 매개체다. 그러므로 영적 경
험들은 영성형성과 성장에 지대한 역할을 한다.

인간은 신의 형상대로 창조되었으나 타락하여 신의 온전한 형상을 보존
하지 못하고 있다. 신의 형상을 되찾는 것은 기도다. 기도는 의지와 정서가
같이 수반되는 전인간적인 행위이기 때문에 단순한 정신적인 차원을 넘어
영성의 성장을 나타내는 것으로 신의식을 추구한다는 의미를 가진다.

영성의 성숙을 나타내는 또 다른 설명은 '영적 여정'이다. 영적 완성의
종착지는 '여행의 목적지'로 표현되며 과정적인 영적 성장의 의미를 강화
하고 있다. 영적 여행은 자아를 향한 내적 여행이고 그 종착지는 신과의 만
남의 지점인 깊은 내적 자아다. 그리고 외적인 면에서의 영적 여행의 종착
지는 신(神)의 나라에 이르기까지 나그네와 같은 삶이다. 한 개인의 사랑이
감각적인 이 세상의 소유물을 향하여 흐르고 있다면 그는 이 세상 속의 사
람이고, 그 사랑이 신을 향하여 흐르고 있다면 그는 신의 나라의 일원이다.

신의 나라에 이르는 길목에서 전진을 방해하는 온갖 내면적인 투쟁을
하나씩 하나씩 극복해 가는 과정을 구체적인 외적 투쟁으로 이미지화시킨
다. 이 세상에서의 모든 경험은 영성을 형성하여 영적 완성을 위한 과정적
인 절차이기 때문이다.

3) 위빠사나(Vipassan) 수행을 통한 의식화

모든 종교의 핵심은 마음을 다스리는 것을 중요시 한다. 불교의 수행법
에는 북방불교의 사마타(Samatha; 止)와 남방불교의 위빠사나(Vipassan;

觀)14) 수행법이 대표적이다. 위빠사나 수행법은 일종의 관법(觀法) 수행으로 수행자가 자신의 몸과 마음에서 일어나는 현상을 집중적으로 관찰함으로써 번뇌에서 벗어나는 수행방식이다. 그래서 위빠사나 수행은 마음챙김의 명상이라고 한다. 자신의 마음을 주시하고, 마음을 알아차리고 그를 길들여 마음의 주인이 되고자 하는 것이다. 마음챙김의 명상은 호흡명상과 지혜명상, 그리고 자비명상을 통하여 마음을 계발시켜 자비와 기쁨, 평화와 행복에 이르고자 하는 것, 곧 열반에 드는 것이 위빠사나 수행의 목적이다.

이 수행법은 자신의 의식과 개인적 무의식 속에 있는 부정적인 것을 지워버리고, 즉 자아를 비우는 정화법이요 스트레스 해소법인 동시에 신성을 의식과 무의식에 입력시키는 적극적인 수행법이다. 마음챙김의 수행법이란 무명에서 생긴 성품이나 타락성을 알아차려서 억제, 해소시키고 신의 성품인 사랑과 자비, 기쁨과 평화 등을 자의식 속에 입력시켜 나가는 능동적인 수행법이다.

(1) 위빠사나 수행의 핵심요지

① 마음챙김의 수행

㉮ 마음 챙김의 수행법이다. 마음을 주시(注視)하고 관찰(觀察)하는 것

---

14) 위빠사나(vipassanā, Skt. vipaśyana, 觀)'는 '위(vi)'와 '빠사나(passanā)'가 합성된 여성명사이다. 접두사 'vi'가 'pa'라는 어근을 가진 동사 'passati(보다)'와 결합하여 '분명하게 봄', '통하여 봄', '꿰뚫어 봄' 등으로 의미가 강조되었다. 따라서 '위빠사나'는 본다는 의미가 강조된 '통찰(insight)', '직관적 통찰(intuition)', '내적 관찰(inward-vision)', '내적 성찰(introspection)' 등으로 사용된다. '위(vi)'가 접두사로 사용될 때에는 '다양한(vividha)'의 의미를 종종 나타내기도 하지만 '위빠사나'의 '위(vi)'는 '다양하다'는 의미보다는 '뛰어나다(visesa)'는 의미로 '빠사나(passanā)'와의 합성어로서 '뛰어난 봄', '특별한 관찰' 등을 나타내는 불교의 전문용어다.

이다.

㉯ 마음 알아차림의 수행법이다. 마음을 주시하면 마음의 움직임을 볼 수 있다. 움직이는 마음과 근원을 꿰뚫어 보는 통찰력을 기르는 것이다.

㉰ 마음 다스림의 수행법이다. 알아차린 마음을 목적에 따라 제한, 제약할 수 있는 것은 마음의 통제를 말한다.

㉱ 마음 기름의 수행법이다. 좋은 마음을 계발(啓發)하고 성장시켜 나가는 것이다.

㉲ 마음의 주인이 되는 수행법이다. 마음의 지배를 받는 나에서 벗어나 마음의 주체성을 확립하는 것이다.

㉳ 그 마음까지도 놓아버리는 수행법이다. 자아를 초월하여 평정심에 이르게 하여 법락(法樂, 진리를 깨달아 얻는 기쁨)의 자유에 이르는 것 즉, 해탈에 이르는 것이다.

있는 그대로 바라보며 점차 법락의 세계에 다다르는 것이 위빠사나 명상의 특징이다. 그러한 특징적인 면을 좀 더 가까이 이해하기 위해 삼학(三學)과 육바라밀(六波羅蜜)의 핵심이 검토된 것은 선(禪)수행에 있어 중요한 요소로서 널리 알려져 있다.

② 수행법의 종류

㉮ 행선(行禪) : 돌아다니며 명상을 하는 것인데 특히 조용히 걸으면서 하는 명상을 경행(經行)이라고 한다.

㉯ 입선(立禪) : 일어 선 자세로 명상을 한다.

㉰ 좌선(坐禪) : 가부좌 또는 반가부좌를 하고 정신을 집중하여 마음을 닦는 것. 무념무상의 경지로 들어가는 것이 중요하다.

㉱ 와선(臥禪) : 누워서 선(禪)을 하는 것을 말한다.

③ 삼학(三學)수행

불교수행법의 근본은 삼학(三學)수행에 있다. 삼학은 계(戒)와 정(定)과 혜(慧)다. 계율·선정(禪定)·지혜의 줄임 말이다.

계(戒)는 몸과 입과 뜻으로 범하게 되는 악업을 방지하고 올바르게 살아가는 것이다. 즉, 악한 성품을 멈추고 선한 성품을 닦는 것이다. 그러므로 수행에 방해되는 것을 삼가는 것이며, 삼가 함을 계율로 되풀이 하여 몸에 익히는 것이다.

정(定)은 선정, 곧 참선을 의미한다. 산란한 마음을 한 곳에 모아 안정(安定)시켜서 고요한 경지에 머물러 있게 하고 정결과 뚜렷한 마음으로 분별력을 가지고, 망상심을 끊으며 본래의 참 성품을 길러가는 것을 말한다.

혜(慧)는 정결해진 마음으로 진리를 깨달아 바른 지혜를 터득하고 만사만물의 이치와 인과응보의 섭리를 깨달아 인간세상의 시비이해를 바르게 분별하고 판단하여 올바른 세계관을 갖는 것이다. 삼학의 조화로서 수행자는 부처와 같은 큰 인격을 얻을 수 있다. 인격완성을 위해서는 구체적으로 육바라밀 수행이 필요하다.

④ 구도자(求道者)의 6개 덕목(六波羅蜜)

보살(菩薩) 즉 '구도자'가 행해야할 여섯 가지 실천의 길(菩薩道)인 바라밀법은 다음과 같다.

㉮ 보시(布施), 즉 단나바라밀(檀那波羅蜜): 재시(財施)·무외시(無畏施)·법시(法施) 등 널리 자비를 베푸는 행위다. 이런 행위들은 탐욕의 마음을 깨뜨리고 남을 도와주는 행위를 말한다.

㉯ 지계(持戒) 즉 시라(尸羅)바라밀 : 재가(在家)·출가(出家)·소승·대승 등의 일체 계행(戒行)이 내포되어 있다. 여기서 지계(持戒)란 '계율을

지키는 것'이다. 그리고 계율을 지킨다는 것은 곧 행동을 절제할 줄 아는 것, 그리고 도덕적이고 올바른 행위를 하는 것을 가리킨다. 계율(戒律) 가운데 가장 기본적인 다섯 계율은 ㉠ 산 목숨을 죽이지 말라(不殺生) ㉡ 남의 물건을 훔치지 말라(不偸盜) ㉢ 삿되고 음란한 행동을 하지 말라(不邪淫) ㉣ 망령된 말을 하지 말라(不妄語) ㉤ 술을 마시지 말라(不飮酒) 등이다.

㉰ 인욕(忍辱) 즉 찬제(羼提)바라밀: 인욕(忍辱)이란 '욕된 일을 참는 것'을 뜻한다. 어떤 경우에도 성내지 않고, 비굴함이 아닌 겸손한 마음을 유지하는 것이다. 삼독(三毒) 가운데 하나가 바로 분노하는 마음이기 때문이다. 분노하는 마음은 '나'란 생각이 있기 때문에 일어난다. 흔히 다른 사람이 내자존심을 긁는다, 나를 무시한다는 기분이 들면 화가 치밀게 된다. 그러나 마음을 가라앉혀 자세히 그 속을 들여다보면 '나'라고 할 수 있는 것이 없다. 그런 생각들은 모두 미혹된 생각, 어리석음에서 나오는 것이다.

㉱ 정진(精進) 즉 비리야(毘梨耶)바라밀: 항상 수양에 힘쓰고 게으르지 않는 것이다. 정진(精進)이란 '몸과 마음을 다해 진리의 길을 끊임없이 추구하는 것'을 말한다. 이것은 근본불교의 수행원리인 정도(八正道)의 정정진(正精進)을 이어 받은 것이다.

㉲ 선정(禪定) 즉 선나(禪那)바라밀: 마음을 고요하게 하고 정신을 통일하는 것이다. 선정(禪定)은 '마음을 한곳에 집중하여 흩어지지 않게 안정시키며, 사념(思念)의 근원을 투시하는 것'을 말한다. 팔정도의 정정(正定)을 이어받은 것으로 앞의 보시, 지계, 인욕, 정진바라밀을 실천한 결과로 얻어지는 것이 선정바라밀이다.

⑥ 지혜(智慧) 즉 반야(般若)바라밀: 사악한 지혜와 나쁜 소견을 버리

고 참지혜를 얻는 것이다. 앞의 다섯 가지, 즉 보시, 지계, 인욕, 정진, 선정 바라밀을 닦아야 반야바라밀을 성취할 수 있으며, 반야바라밀을 완성해야만 나머지 다섯 가지 바라밀도를 완성할 수 있다고 한다.

그런데 이 육도(六度)는 제법실상의 깨달음을 구하기보다는 보살로서의 공덕을 쌓아 부처의 뜻에 이르게 하는 실천적인 행위다. 이러한 실천을 통해 깨달음의 깊이를 더해가는 것이 육바라밀이기 때문에 이를 또한 복혜쌍수(福慧雙修)라고 한다. 즉 육바라밀(六波羅蜜)중 마지막 바라밀인 지혜바라밀 하나만 빼고는 전부 복을 닦는 수행이다. 이런 수행을 통해 우주의 의식을 알고 지혜바라밀을 성취할 수 있다고 한다.

(2) 위빠사나 명상

위빠사나 명상에는 호흡명상과 지혜명상과 자비명상 등이 있다. 호흡명상에도 선정(禪定; samatha)의 4단계가 있다.

① 호흡명상

마음수행에는 다양한 수련법이 있으나 그중에서 누구에게나 적합한 수행법이 호흡관찰(mindfulness of breathing)이라고 알려져 있다. 호흡관찰은 또한 호흡명상이라고 하는데 호흡명상법은 매순간의 호흡을 있는 그대로 주시하고 들이쉬고(들숨) 내쉬면서(날숨) 마음을 알아차리고 마음을 챙기는 수행법이다. 이 과정에서 정신을 호흡에 집중시켜 무념무상의 경지에 드는 것이다.

규칙적인 호흡은 심파(心波)를 조절하고 마음을 안정시켜 나가는데 꼭 필요하다. 이러한 호흡은 마음을 알아차리는데 중요한 요소가 된다. 그래

서 위빠사나 수행의 제 1대상은 호흡이다. 그래서 호흡을 주시하는 것을 정리해 보면

ⓐ 들숨과 날숨을 잘 조화롭게 다스리는 것은 마음 챙김에 우선적이다. ⓑ 공기의 흐름에 따라 감각을 있는 그대로 관찰한다. ⓒ 공기가 들어가고 나가고, 배가 팽창되고 수축되는 것만 주시한다. ⓓ 집중력을 키우기 위해 처음에는 호흡할 때 1, 2, 3, 4, … 숫자를 세어나간다. 숙달되면 숫자를 셀 필요가 없어진다. ⓔ 호흡명상의 관찰의 주 대상은 호흡이다. 잡념이 생기면 자연스럽게 그 잡념을 놓아버리고 호흡에 의식을 집중한다. ⓕ 마음과 몸을 호흡에 집중하면 점차 호흡을 잊어버리게 되고 그러면 심신이 평안하고 기쁨을 느끼게 된다.

㉮ 호흡명상법

㉠ 몸과 마음을 이완한다. ㉡ 모든 생각을 놓아버린다. ㉢ 호흡만 주시한다. ㉣ 들숨과 날숨을 알아차리고 코끝, 가슴, 복부의 느낌을 주시한다.

㉤ 잡념이 떠오르면 알아차리고 호흡에 주의를 돌린다. ㉥ 그러면 몸이 가벼워지고, 호흡은 더욱 섬세해진다. ㉦ 주시와 알아차림은 마음을 보호하고 항상 깨어있게 한다. ㉧ 호흡과 하나 되고 호흡이 섬세해지면 마음이 평화로워지며 고요해질 때까지 수련한다. 하나 된다는 것은 마음이 호흡과 분리되지 않고 호흡에 완전히 몰입하는 것이다. 그리하면 마음이 안정되고 평안해 진다. ㉨ 평화로워지면 관심이 코와 가슴 복부를 오르내리지 말고 들숨과 날숨에만 주의를 고정시킨다. 단지 날숨과 들숨을 느낄 수 있는 코 끝부분에 정신을 집중한다. ㉩ 고요한 정(定)이 깊어질 때 마음은 움직임을 멈춘다. 즉 유일한 대상이 호흡에만 머물게 된다.

이와 같은 호흡수행이 수행의 시작이자 수행의 토대가 되어 다음의 단계로 이어지게 된다. 그러므로 언제 어디서나 이 호흡수행을 할 필요가 있

다. 매순간 마음의 상태를 아는 것이 중요하다. 그러므로 이는 선정수행에 기본이 된다.

㉯ 선정(禪定)의 4단계(四禪, Cattari jhanani)

선정수행의 사선(四禪)은 또한 사법(四法)이라고 하는데 초선(初禪)·이선(二禪)·삼선(三禪)·사선(四禪)의 네 단계의 선정을 총칭하는 말이다. 선정의 단계 구분은 정신통일의 상태가 점차 깊고 고요하게 되어가는 과정을 설명한 것이다.

초선(初禪) : 세속적 각(覺)과 관(觀)이 있는 여러 가지의 욕악불선(欲惡不善)이라는 장애가 끊어지고 마음을 선정의 대상에 집중하여 마음이 안정(安定)되면, 마침내 감각적 욕망이 없어지고 불선법(不善法)을 떠남으로써 희열을 느끼는 상태가 된다. 그러나 아직 대상에 대해 분별하고(覺) 사려하는(觀) 마음이 있어 고요히 가라앉지 못하는 단계다.

제이선(第二禪) : 초선의 탐구심이었던 각(覺)과 관(觀)이 없어져 분별적인 사유작용이 그치고 마음이 하나로 집중하게 되어 정(定)에서 생기는 기쁨과 즐거움(喜樂)을 경험하게 된다.

제삼선(第三禪) : 제이선(第二禪)에서 생긴 희락(喜樂)의 감정까지도 버리고 정념(正念)과 정지(正知)로써 평등을 닦아 생각이 평등심(平等心)에 머물고 신체가 가볍고 편안한 상태에 도달하게 된다.(憶念捨樂의 단계)

제사선(第四禪) : 신체의 편안함까지도 사라지고 완전히 고락(苦樂)을 초월하여 마음의 평정(平靜)이 더욱 순화(純化)되어 부동(不動)이 되는 사념청정(捨念淸淨)의 상태에 도달하게 된다. 마치 맑은 물에 사물이 비치는 것과 같아 심신의 묘한 즐거움(妙樂)까지도 떠난다.

② 지혜명상

호흡명상을 통하여 마음을 다스려 나가면 점차적으로 지혜의 문이 열리게 된다. 지혜수행에서 거치는 과정을 요약해 보면 아래와 같다.

㉠ 이제 몸을 명상의 주제로 하고 머리끝에서 발끝까지 그리고 발끝에서 머리끝까지 고요한 마음으로 관찰하라.

㉡ 온몸이 지수화풍(地水火風)으로 구성되어 있다는 것을 안다. 몸의 단단한 부분이 땅이요, 흐르는 액체는 물이며 위아래로 헤집고 다니는 기체의 성질은 바람이요, 덥거나 뜨거운 열기는 불(火) 기운의 요소다.

㉢ 이러한 요소들이 모여 인체를 형성하고 있으나, 해체되면 4대 요소만 남아 있다가 그마저도 점차 이 세상에서 사라진다.

㉣ 따라서 실체는 없다. 마치 양파껍질을 벗기고 또 벗기면 그 안에 실제가 없는 것과 같다.

㉤ 모든 것은 변한다. 실체는 없고 모든 것은 무상(無常)하다는 것을 깨닫게 된다.

㉥ 마음도 항상 변한다. 자아(自我)는 없다. 지혜가 없으면 이러한 마음이 자기(自己)의 것이라고 믿게 된다.

㉦ 그러므로 몸과 마음은 모두 무상하다. 실체가 없는 고통의 근본임을 알게 된다.

㉧ 이렇게 무상을 알게 되면 집착에서 벗어나게 된다. 고통에서 벗어나게 된다.

㉨ 그때에 비로소 나는 존재하지 않으며 4대 원소만 존재 할 뿐이다.

㉩ 무상(無常), 고(苦), 무아(無我)를 주시하여 알아차리면 더 이상 집착하지 않는다.

㉪ 마음이 멈추게 되고 그 마음이 법(진리)이다.

㉫ 그렇게 되면 시기, 질투, 교만, 욕망, 성냄, 미혹이 점점 줄어들고 얽매이지 않는 마음, 집착이 없는 청정심(淸淨心)만 남는다.

㉤ 마음이 고요해지고 평온해지며 마음의 평화를 느끼게 된다. 마음의 법을 알아차려 올바르게 나아가는 길이 정도(正道)이며 진리의 길, 지혜의 길이다.

㉮ 수행자의 본분

마음의 습성을 제어하는 것이다. 이 과정에는 ㉠ 마음 챙김으로서 마음을 주시하고 관찰 한다. ㉡ 마음 알아차림(통찰) ㉢ 분수를 지켜 만족할 줄 알게 됨이 있다. 집착하고 방황하는 마음은 ⓐ 붙잡아서 ⓑ 알아차리고 ⓒ 바르게 길들이는 것이 필요하다.

㉯ 법(法) 즉, 지혜를 구하여 진리를 알다

지혜의 법을 구하려면 단계적으로 사념처(四念處)를 다스리고 사성제(四聖諦)와 팔정도 (八正道)의 과정을 거쳐서 깨우침이 있어야 한다. 먼저 사념처에 집착하고 있는 것을 벗어나야 해탈할 수 있다는 것이다.

㉠ 사념처(四念處):

신념처(身念處) : 부정(不淨)한 자신의 몸과 관련된 현상에 정신을 집중하여 안팎의 움직임(호흡·동작 등)을 관찰하고 몸의 세계에서 일어나는 탐욕과 혐오를 극복하는 몸 다스리는 수행이다.

수념처(受念處) : 느낌의 세계에 대한 탐욕과 혐오를 극복하는 것으로 감각 다스리기 수행이다. 있는 그대로의 감각의 실체가 즐거움이 아니라 고통[苦]이라는 사실을 깨닫는 것이다.

심념처(心念處) : 마음의 세계에 대한 탐욕과 혐오를 극복하는 마음 다스리기 수행이다. 마음은 늘 대상에 따라 변화하고 생멸하는 무상한 것이다. 따라서 마음에 욕심이 다면 욕심이 있는 참뜻을 알고, 욕심이 없다면 욕심이 없는 참뜻을 알아 모든 마음의 참뜻을 깨닫는 것을 말한다.

법념처(法念處) : 앞의 세 가지 외에는 자아라고 할 실체가 없고, 자아가 없으므로 소유도 없다는 진리를 파악하는 것이다. 그리하여 눈을 통하여 생기는 번뇌의 생멸에 대하여 깨닫고 정신적 대상에 대한 탐욕과 혐오를 극복해서 진리의 세계에 이르는 수행이다. 이 법락의 공통적 특징이자 진리에는 대상이 무상(無常), 무아(無我)이고 고(苦; 괴로움)라는 삼법인(三法印)을 깨달아 공(空)하고 여여(如如)하여 진아(眞我)세계의 자리를 구하는 것이다. 여기서의 법은 제행무상(諸行無常: 모든 현상은 생멸, 변천하는 것으로 무상하다.)과 제법무아(諸法無我; 모든 법은 인연으로 생겨나는 것이기에 실로 자아는 없다.)와 열반적정(涅槃寂靜; 생사의 윤회를 벗어나 해탈하는 것)의 의의를 가지고 있다.

ⓒ 사성제(四聖諦)

불교의 가장 근본적인 교리 중에 하나가 사성제라고 하며 이를 또한 사제(四諦)라고도 한다. 사제는 석가모니가 십이인연(十二因緣)을 이론적으로 설파하면서 이 인연설을 알기 쉽게 타인에게 알리기 위해 실천적인 체계를 세운 법문이 사성제다. 그가 녹야원(鹿野 苑)에서 다섯 비구(比丘)를 상대로 처음 설법한 것이 사제(四諦)의 가르침이다.

① 고제(苦諦) : 이 세상은 불완전하고 더러움과 고통(苦)으로 가득 차 있는 현실이라는 것을 바르게 보는 것이다.15)

② 집제(集諦) : 집이란 집기(集起) 즉, 사물이 모여 일어나기 위한 망집

---

15) 고(苦)는 구체적으로 생·노·병·사(生老病死)의 4고(苦)와 원증회고(怨憎會苦)·애별리고(愛別離苦)·구부득고(求不得苦)·오온성고(五蘊盛苦)의 네 가지를 합한 8고로 하고 있다. 이 중 애별리고와 원증회고는 사랑하는 사람들과 이별하거나 사별하는 것, 그리고 싫어하고 미워하는 사람들을 만나고 함께 산다는 것을 말하며 이는 고뇌의 원인이 된다. 특히 자기중심적인 애증(愛憎)에 대한 집착이 강하면 강할수록 고뇌는 더욱 심해지는 것이다. 구부득고는 생각대로 되지 않기 때문에 생기는 것으로, 앞의 것과 같이 욕구가 충족되지 않을 때에 생기는 고통들이다. 오온성고는 앞의 일곱 가지를 개괄한 것으로, 오온(五蘊: 一切法)에 대한 자기중심적인 집착을 가진다면 모든 것이 고라는 것을 다시금 강조한 것이다.

(妄執; 망상을 버리지 못하고 집착하는 것)의 원인이므로 고의 원인이며 이유라는 뜻이 된다.16)

③ 멸제(滅諦) : 집착을 끊는 것이 진실로 고통을 없애는 깨달음의 길이며 목표라는 것, 곧 이상향인 열반(涅槃)의 세계를 가리킨다. 여기서 갈애를 남김없이 멸함으로써 청정무구(淸淨無垢)한 경지에 이른다.

④ 도제(道諦) : 깨달음으로 이끄는 도(道)로서 실천의 진상을 말한다. 도는 이상향인 열반에 도달하는 원인으로서의 수행방법이며, 구체적으로 팔정도(八正道)가 있다.

사성제는 유(有)에도 무(無)에도 집착하지 않는 중도(中道)의 수행법으로서 원시불교의 근본교의를 이루고 있다. 사제 중의 고는 생사과(生死果)이고, 집은 생사인(生死因)이며, 멸은 열반과(涅槃果)다. 이는 다시 유전연기(流轉緣起)와 환멸열기(還滅緣起)의 두 가지로 구분된다.17)

---

16) 고(苦)의 원인은 열락(悅樂)을 추구하기 위해 그치지 않는 갈애(渴愛)에 있다. 십이연기설에서는 무명(無明)과 갈애를 고뇌의 원인으로 함께 보고 있으나 갈애는 무명에 의해서 생기는 것이므로 그 속에 무명도 포함되어 있다고 본다. 따라서 갈애는 모든 번뇌를 대표하고 갈애에는 욕애(欲愛)와 유애(有愛)와 무유애(無有愛)의 삼애(三愛)가 있다. 욕애는 감각적 욕구인 오욕(五欲)에 대한 갈애를 현실에서 가지고 감각적 쾌락을 추구하는 애욕을 뜻한다. 유애(有愛)는 존재한다는 유(有)에 대한 갈애로서, 사후에 이상적인 피안의 세계에 태어나고 싶다는 욕구이기에 자기중심적인 욕구이다. 천국, 극락 등도 윤회계(輪廻界)에 속하는 것이므로 이상으로 삼아서는 안 된다고 보았기 때문이다. 무유애의 무유는 비존재, 즉 허무를 말한다. 어떠한 존재도 절대 확실한 안온세계(安穩世界)가 아니기 때문이다. 꿈과 같이 아무것도 없는 허무계(虛無界)를 안주(安住)의 거처로 삼는 것을 무유애라 하는데, 무유애 또한 자기중심적인 것이므로 이상으로 삼는 것을 금하고 있다. 무아(無我)나 현세적 입장에서 볼 때 이 갈애는 번뇌에 지나지 않는 것이다. 또한 괴로울 수밖에 없는 인간 존재의 고통의 원인을 탐(貪)·진(瞋)·치(癡)의 삼독(三毒)으로 풀이하는 경우도 많다. 자기에게 맞으므로 탐욕을 일으키고, 맞지 않기 때문에 분노하며, 그것이 다시 갖가지 어리석음을 불러일으킴으로써 괴로움이 생겨난다는 것이다.

17) 두 가지는 생사유전의 고통과 그 원인을 말하고 멸과 도의 두 가지는 유전을 벗어나 무고안온(無故安穩)의 열반과에 도달할 수 있는 환멸의 수행법을 말한다. 그러나 후기의 학자들은 성문(聲聞)이 고집하는 사제의 견해를 파(破)하기 위하여 일체의 제법(諸

ⓒ 팔정도(八正道)

원시불교의 경전인 아함경(阿含經)에 고통을 소멸하는 참된 진리인 8가지 수행의 덕목을 팔정도라고 한다.

① 정견(正見): 4성제를 올바르게 보는 것.

② 정사(正思, 正思惟): 4성제를 올바르게 생각하는 것.

③ 정어(正語): 올바로 말하는 것.

④ 정업(正業): 올바로 행동하는 것.

⑤ 정명(正命): 신(身, 몸가짐), 구(口, 말), 의(義, 일상생활의 모든 행위)의 삼업(三業)을 청정하게 하여 올바른 이법에 따라 생활하여 올바른 목숨을 유지하는 것.

⑥ 정근(正勤, 正精進): 올바르게 부지런히 노력하여 덕을 쌓는데 힘쓰는 것.

⑦ 정념(正念) : 올바르게 기억하고 생각하여 사념(邪念)이 없이 덕념(德念)하는 것.

⑧ 정정(正定) : 올바르게 마음을 안정(安定) 하여 미혹함이 없는 청정의 깨달음의 경지, 즉 선정(禪定)에 이르는 것이다.

③ 자비명상

자비명상은 자비수행이라고 하며 그의 핵심은 기꺼이 용서하기, 분노에서 벗어나기, 깨끗이 지워 버리기다. 예컨대 어떤 자가 나에게 상처와 고통

法)이 공적(空寂)하다는 입장에서 볼 때는 고·집·멸·도가 없다고 주장하였는데, 이는 집착을 깨뜨려서 사제의 진의를 살리기 위함이었다. 또한 선가(禪家)에서는 사제에 대한 독창적인 해석을 가하고 있다. 그들에 의하면 고제는 한 생각 물든 마음이 생기는 것을 뜻하고, 집제는 그 생각이 거듭 이어지는 것을 뜻하며, 한 생각이 일어나지 않는 것을 멸제라 하고, 멸이 멸하지 않음을 철저히 아는 것을 도제라고 하였다. 즉 사제를 모두 한 생각에 둔 것이다.

을 주었을 때, 가해자를 용서하는, 그리하여 자비심(사랑의 마음)을 키우는 수행법이다.

㉮ 상대방의 입장을 받아들임
① 나도 단점이 있고 불완전한 인간이다. 따라서 가해자는 나의 거울이 된다.
② 그와 나는 일체동근(一切同根)임을 생각하며 상호 의존성을 자각하고 이해함으로써 연민(憐憫)을 느끼도록 한다.
③ 인간은 누구나 행복하게 살려고 한다. 상대방도 행복하게 살려고 하다 보니 그럴수 밖에 없었을 것이라고 생각한다.
④ 상대방이 그렇게 하지 않을 수 없었던 그 고통을 보고 화(火) 내려는 나의 마음을 알아 차려서 다스린다.
⑤ 진정한 사랑은 다른 사람의 고통을 돌 볼 줄 아는 마음을 갖는다는 것을 자각한다.

㉯ 내가 성내고 혈기를 부리면 제일 많이 손해를 보는 것은 바로 나다.
① 상처 준 사람에게 미운 감정을 갖고 있으면 내 마음의 평화가 깨진다. 내가 불편하고 불안하다.
② 분노하고 화를 내면 내 영혼에 상처를 입히고 내 영성성장에 장해가 된다는 것을 알아차린다.

㉰ 화를 내고 혈기를 부리는 것은 복수심의 발로임을 알자.
① 사랑과 자비의 삶을 살겠다고 다짐한 내가 복수심을 갖고 있다는 데 대해 챙피한 느낌이 들어야 한다.
② 나는 아직도 미움의 반대되는 사랑, 자비심을 키워야 할 자임을 깨

닫는다.

㉴ 무자(無者) 무물(無物)의 진리로 모두 놓아버린다.
　① 나(我)라는 것, 내 것이라는 것, 집착을 놓아버린다.

㉵ 용서하는 지혜
　① 갈등과 미움의 해결방법은 용서밖에 없다. 그렇지 않으면 그 미움
　　과 원한을 전 생애에 걸쳐서 상처와 고통으로 끌어안고 살아야 한
　　다.
　② 용서는 삶에서 실천 할 수 있는 가장 큰 배움이고 수행이다.
　③ 자비심, 사랑의 마음을 길러 용서함으로써 영적인 성장을 이루어
　　나간다.

㉶ 자비심을 키우는 방법
　① 나의 미래는 나에게 상처를 준 그 사람과 연결되어있다는 마음을
　　가지면 분노 대신 용서와 자비의 마음이 생긴다.
　② 상처를 준 사람을 인생의 소중한 스승으로 여긴다. 그가 나를 자극
　　해서 용서와 자비심, 인내심을 키울 수 있는 기회를 제공해 준 것
　　에 감사한다.
　③ 용서와 자비심은 마음의 평화를 얻는데 필수적 요소라는 것을 깨
　　닫는다.
　④ 마음수행이란 긍정적인 감정을 키우는 것, 용서와 자비 그리고 다
　　른 사람의 행복을 위해 헌신하는 것이다. 타인을 먼저 생각하는 마
　　음을 갖는 것이 아닌가.

㉑ 화를 다스리는 법(주고 받는 명상 법)

① 주고받는 명상법이란 들숨과 날숨을 통해 주고 받는 명상을 의미
한다. 예를 들면 들숨에는 미움, 두려움, 화, 고통 등의 독소를 들어
마시고, 날숨에는 자비와 용서, 나눔 같은 좋은 감정을 밖으로 내
보낸다. 나쁜 것을 몸 안에 받아들여서 신선한 공기로 독소를 제거
하는 주고받는 명상법이다.

② 상처 준 사람의 웃는 얼굴을 명상 중에 바라보고 있으면 나도 웃게
된다.

③ 화가 나려는 것을 알아차리고 그것을 다스린다. 시기심이 일어나
면 그 시기심을 주시하고, 교만한 마음이 생기면 그 교만한 마음을
바라보고, 화가 나면 그 화를 가만히 바라보고 앉아 있으면 그것들
이 사라진다.

④ 긍정적(肯定的)인 마음의 씨앗은 사랑, 기쁨, 평화 등이다. 그리고
부정적인 마음의 씨앗은 짜증, 우울, 절망, 미움 등이다. 긍정적인
마음의 씨앗에 물을 주고 키워나 가야 한다. 이것이 나의 의식 속
에서 타락성을 지워버리고 신의 성품을 입력시켜 영성의 완성을
향해 나가는 삶이다.

4) 초월명상[18](TM = Transcendental Meditation)을 통한 의식화

(1) 초월명상이란 무엇인가

초월명상은 마음을 조용히 가라앉힘으로써 생각과 마음을 초월하여 신
영역, 곧 순수의식(신의식)에 이르는 명상법이다. 마음이 현상세계에서 본

18)『초월명상입문』(정신세계사, 2000)

질세계로 들어가 신의 품성을 물들게 함으로써 부정적인 성품과 타락성 등은 정화되고 마음에 신성이 염색되어 성화(聖化)되어지는 수행법이다.

위빠사나 수행이 의식을 집중하여 마음을 챙기고 다스리는 적극적인 수행법이라면, 초월명상은 더 좋은 것을 찾아가려는 마음의 성향을 살려 마음 스스로 현상세계를 초월하여 신영역에 들어가 신의 순수의식이 자의식에 주입되는 수동적인 명상법이라고 할 수 있다.

① 초월명상은 마음을 진정시켜 평정(平靜)상태에 이르게 한다. 마음이 점점 더 고요한 수준들을 경험하다가, 마침내 완전한 내면의 고요상태에 이르게 하는 것이다. 이 상태 속에서의 마음은 평상시의 모든 사념의 수준들을 넘어선다, 초월한다고 하여 '초월명상'이라고 한다.

마음이 가라앉으면서, 몸은 잠보다 훨씬 더 깊은 휴식상태가 된다. 그러나 잠자는 것은 아니며, 의식은 완전히 깨어있는 상태에서 이루어지는 정신적, 신체적 깊은 휴식상태가 된다. 이것은 인간 본성에 이르기 위해 자아를 비우면 마음의 자동성에 의해 신영역(순수의식)에 이르게 되는 것이다.

② 마음의 본성인 순수자아를 찾아서
㉮ 마음의 본성

마음의 전체 깊이는 연못 속의 물과 물방울로 비유된다. 연못이 흙탕물이라면 단지 물 표면에서 터지는 물방울만 보이지만 그 물방울이 연못바닥에서 시작하여 물 표면에 이르는 과정을 볼 수 없다. 마음이 맑지 않으면, 하나의 생각이 마음 속에 떠오르는 과정, 또한 전개되는 과정을 볼 수 없다. 그래서 초월 명상가 마하리쉬는, 「모든 생각이 의식의 가장 깊은 곳에서부터 시작하여 표면에까지 전 범위를 움직이고 있지만, 단지 표면에서만 감지되며, 생각의 초기 단계들은 감지되지 않는다.」고 말한다.

하나의 생각이 의식 속에 들어오는데 어느 정도의 일치성이 필요한가는 이면 활동의 정도에 따라 다르다. 사실 의식적 경험에 있어서 하나의 의식영역이 있다. 상대적으로 일치성이 약한 활동들은 보다 일치성이 강한 활동들로 가리워져 의식영역 밑에 남게 된다. 단지 의식영역을 통과할 정도의 일치성만 지닌 활동은 희미하고 안개 같은 생각을 일으킨다. 반면에 더 강한 일치성을 지닌 활동은 분명한 경험으로 감지된다.

생각이 한 물방울처럼 떠오르는 것은 두뇌의 신호들의 복잡화 및 조직화와 상응한다. 생각들은 일치성의 증가에 따라 더욱 강해지며, 마침내 주변의 정신 '소음'을 넘어 마음의 의식적 수준에 이르러 하나의 생각으로 감지된다.

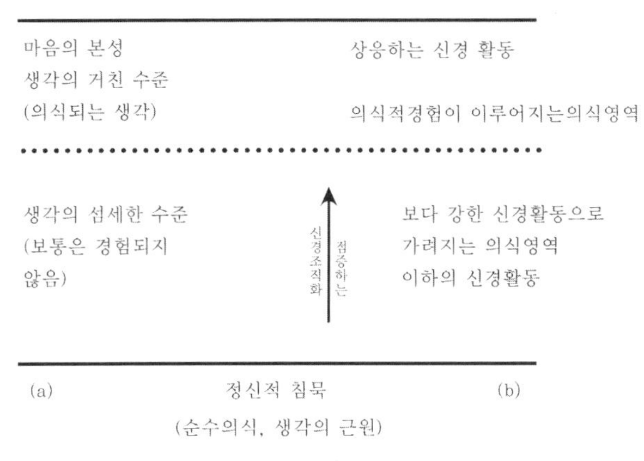

하나의 생각이 마음 속에서 <떠오르는> 과정
(a) 마하리쉬의 과정 묘사
(b) 상응하는 육체적 활동

㉯ 생각의 근원

모든 생각은 마음의 가장 깊은 곳에서 가장 희미한 충동으로 시작된다. 그리고 이것이 표면으로 떠오르면서 구조(構造)를 갖추기 시작한다. 생각의 구조는 스스로의 의미를 결정하고 그 의미로 한 생각은 다른 생각과 구분된다.

우리가 어떤 특정한 정신적 경험의 전개과정에 있어서 시간을 거슬러 그 경험의 앞 단계들을 통해 추적하여 보면 우리는 더욱 더 섬세한 정신활동의 수준에 이른다. 그 결과, 우리의 생각이 막 생성되려는 점에 이르렀을 때, 우리의 정신활동은 제로상태, 즉 무진동의 의식 상태에 이른다. 이 정신적 침묵의 상태가 순수의식 또는 진아(眞我)다. 물방울의 비유에서는, 물방울이 처음 떠오르기 시작하는 곳은 연못의 밑바닥이다. 마하리쉬는 이것을 생각의 근원이며 순수창조지성의 영역이라고 말한다.

모든 정신활동은 일종의 활동이자 하나의 변화다. 자연에서의 변화가 창조적 원리의 발현으로 된다. 모든 변화가 창조성을 지니고 있다. 마하리쉬는 "모든 생각 그리고 그 생각의 모든 수준(가장 깊은 곳에서 표면까지)에는 창조성과 지성이 있다. 그러므로 그 생각이 떠오르는 근원이 순수창조성과 순수지성, 즉 순수창조지성"이라고 한다. 생각의 근원은 잠재적으로 변화하려는 측면과 질서를 유지하려는 측면이 공존한다는 것을 알 수 있다.

㉰ 순수자아

TM의 가르침에 의하면 존재하는 모든 것들에는 절대적 기초인 '순수창조지성의 영역'이 있다. 우주의 끊임없는 활동이 창조성의 원리인 것이다. 그러므로 우리가 경험하는 모든 것은 영구적이 아니며, 끊임없는 변화 속에 놓여 있기 때문에 낡은 모습은 해체되고 새로운 유형과 구조가 창조된다.

그러나 그러한 변화는 무작위로 일어나지 않는다. 근본적 질서가 지성의 원리다. 객체들은 자연법칙의 지배를 받으면서 움직인다. 유기체들은 자체의 화학적 변화를 질서있게 일어나도록 한다. 인간의 연구는 연속적인 변화 속에서 질서를 발견하려는 시도다. 상대 세계의 모든 것이 창조성과 지성의 원리를 따라서 전개된다면, 이것들의 형태를 구성하는 절대 존재, 그 자체가 순수창조지성의 영역임이 틀림없다.

물질의 섬세한 구조를 자세히 살펴보면, 모든 창조세계에는 근본적으로 단일성이 내재함을 알 수 있다. 어떤 대상에 대한 일상적 지각에서 시작하여 현미경으로 볼 수 있는 분자들의 수준을 거쳐, 아원자(쿼크)의 수준으로까지 관찰을 옮겨감에 따라 다양성으로부터 점차 단일성으로 향하는 경향이 발견된다. 우리가 주변으로부터 지각하는 물체들의 무한한 다양성은 수 백 만개의 다른 원자들의 특수한 결합으로 형성되며, 이 원자는 또 몇 개의 아원자 입자들의 특수 결합체다. 여기서 우리는 다양성에서 동일성에로 옮겨가고 있음을 본다.

아원자의 입자들을 더욱 세분시키면 입자의 개념들이 사라지기 시작한다. 즉 구체성을 지녔던 고체가 시공간을 통해 확장되면서 해체된다. 그리고 개별적 존재라기보다는 단지 존재의 경향을 띠는 무한 파동들이다. 고립된 입자라는 개념은 더 이상 의미가 없어진다. 이 차원에서는 관찰자와 그의 관찰 사이의 관계만이 오직 남아 있게 된다. '나'와 세상 사이의 구분이 사라진다. 우리가 물질세계를 분석하면 할수록 우리는 더욱 단일성·불가분성의 사상에로 귀착됨을 알 수 있다.

명상 중에 경험되는 '순수자아'는 모든 창조세계의 기초이자 모든 마음의 바탕인 보편적인 자아다. 순수자아를 불가(佛家)에서는 불성, 유가(儒家)에서는 본연지성이라고 했다. 본성은 천명으로 품수(稟受)한 밝고 고유한 성품이라고도 하였으며 그러한 성품을 선가에서는 명성(明性)이라고 하여 수행함의 근본이 무엇인가를 가르쳐 주었다.

③ 궁극적 실재, 존재의 근원을 찾아서

우주의 근원을 규명하는 일은 생명의 궁극적 실재를 밝히는 것이다. 예를 들면 물리학자는 물체의 표면수준에서 시작하여, 분자 수준, 원자 수준, 아원자 수준으로 점점 깊게 연구한다. 과학의 세계에서 본 창조세계에는 다양한 수준들이 동시에 편재(偏在)해 있다는 것이 밝혀졌다. 예를 들면, 거친 안목으로 보는 나뭇잎 보다 성능이 좋은 현미경으로 그 잎을 보면, 거친 수준과는 전혀 다른 세포의 수준이 보인다. 그보다 더 섬세한 분자 구조 즉, 원자가 있다. 그 다음은 아원자 수준에 이르게 된다. 이러한 창조세계의 모든 층이 공존한다. 생명의 원자수준이 편재함을 우리는 알고 있다.

비록 우리가 평상시에 인식하지 못한다 하더라도, 생명의 원자수준은 우리 자신들과 모든 물체 속에, 전 창조세계에 걸쳐 펼쳐져 있다. 이는 물질과 에너지의 가장 섬세한 수준보다 더 섬세한, 생명의 어떤 수준이야말로 광대무변한 창조세계를 일으키는 무한한 에너지와 지성의 근원, 즉 궁극적 실재라고 할 수 있다. 이 영역도 역시 태양, 바다, 바위, 꽃, 그리고 우리의 주 관심사인 인간의 내면에도 편재해 있을 것이다.

그러면 경험이란 무엇을 의미하며, 경험의 역할은 무엇인가? 하나의 경험을 위해서는 최소한 주체와 객체, 즉 경험자와 경험의 대상 그리고 이 둘을 연결하는 지각력이 있어야 한다. 예를 들어, 내가 테이블을 보거나 만질 때 나는 경험자(주체)다. 그리고 그 테이블은 시각이나 촉각에 의해 신경계통과 두뇌를 통해 인식 속에 들어온 경험의 대상이다. 하나의 생각을 경험하는 일에도 역시 생각하는 경험자 그리고 경험의 객체(생각)가 있다.

우리가 나뭇잎을 현미경으로 분석하여 세포들이나 분자, 원자들을 세분해 환원시키는 것처럼, 하나의 생각을 체계적으로 환원시켜 점점 더 미세한 수준들에 이를 수 있다면 결국에는 생각의 궁극적 근원에까지도 이를 수 있을 것이다.

그리고 하나의 생각도 일종의 창조세계에서 나오는 에너지 충동이다. 그래서 한 생각의 섬세한 수준들을 경험해 나가면, 가장 섬세한 수준마저 초월하여 실재의 궁극적 근원을 직접 지각할 수 있게 된다. 생명의 영역은 모든 창조세계의 근원이 된다. 모든 발현된 창조세계가 나오는 영역은 에너지, 창조력, 지성과 힘의 무한한 대양(大洋)임에 틀림없다.

그리고 생명의 본질에 대한 연구에 의하면, 에너지는 모든 곳에 편재한다. 과학은 우리가 물질로 여기는 모든 것이 단지 모양 없는 에너지임을 밝혔다. 만물이 에너지와 활동으로 형성되었고 생명의 에너지는 어디에서나, 창조세계의 무생물에서조차도 볼 수 있다. 생명의 기초질서는 과학적 기본 전제인 법칙이다. 이러한 무한한 잠재력을 지닌 생명의 질서는 바로 자연스러운 지성이다. 가장 미세한 수준에서조차 모든 것은 질서와 법칙에 따라 진행되기 때문에, 생명의 가장 깊은 수준이 에너지의 근원이자 지성의 근원이다.

④ 초월명상은 마음에 신성을 물들이는 것이다

"TM은 주의력을 안으로 이끌어 생각의 보다 섬세한 수준으로 향하게 하며, 마음이 그 생각의 가장 미세한 수준으로 초월하여 마침내 생각의 근원에 이르게 하는 것"이라고 마하리쉬는 정의했다.

TM 과정은 보다 강한 수준의 정신활동을 감소시키고 보다 미세하고 기초적인 수준으로 의식 속에 들어가는 것이다. 정신활동이 생각의 가장 섬세한 수준을 넘어서면서 내면의 침묵은 최고의 고요상태에 이른다. 즉, 초월명상 중에 마음을 한 곳으로 모으면 모든 정신적 <잡음>이 점점 감소되며, 전체 마음이 완벽하게 정지될 때, 평상시의 생각은 끝나고 순수의식 상태 즉 생각의 근원만이 남게 되어 환희와 평화가 충만하다.

TM 속에서 명상자는 정신 활동의 가장 섬세한 수준을 초월하고 그의 의식은 활짝 깨어있다. 고요의 상태에서는 일상적인 모든 생각과 의식의 진동이 멈추고, 더 이상 의식할 어떤 것도 없다. 물론 평상시의 마음이나 사고활동은 초월되어 있다. 이 상태에서 초월의식(超越意識)이 형성된다. 그 상태는 무의식 상태라기보다는 오히려 미발현(未發現)된 의식 혹은 순수의식이다. 그러나 의식의 진동이 멈췄을지라도 스스로의 존재가 멈춘 것은 아니다. 의식 그 자체가 남아 있기 때문에 모든 경험의 주체, 즉 경험자 또한 남는다. 그러므로 그 상태를 또한 '순수자아'의 상태라고 한다.

마하리쉬는 의식의 상태에 따라, 그에 상응하는 육체적 활동의 상태가 있고 의식이 심오하고 지속적인 변화가 만들어지기 위해서는 또한 생리와 두뇌 기능의 심오한 변화가 이루어져야만 한다고 주장한다. 어떤 정신적 변화가 인식되었지만, 이에 상응하는 육체의 변화가 없다면, 이는 단지 깨어있는 상태 중에 갖는 하나의 기분일 따름이다. 우주의식의 정상상태에 이르는 데는 두 가지 상호보완적인 방법이 있다.

그 하나는 몸에서 일어나는 변화(스트레스를 해소하는 효과의 입장)를 통해서, 다른 하나는 마음 속에 일어나는 변화(순수의식이 마음 속에 주입되는 과정)를 통해서 하는 방법이다.

㉮ 몸의 변화는 신경계통을 정화함으로써 이루어진다.

마하리쉬가 주장하는 몸의 변화 상태를 정리해 보면, 사람은 보통 정신활동의 표면수준들만 인식한다. 생각의 더 미세한 수준들과 순수의식의 영역 그 자체를 인식하지 못하게 하는 것은 바로 신경 계통 안에 스트레스가 쌓여 있기 때문이다. 그러므로 명상과 명상 후의 활동은 우주의식 상태에 이르기 위한 기초 원리로서 오직 축적된 스트레스가 모두 해소될 때에 이르게 된다. 휴식과 활동을 규칙적으로 교대함으로써, 신경계통 속에 쌓인 모든 긴장이 해소되고, 동시에 그 신경계통이 앞으로의 스트레스에 대해 탄력을 유지하게 된다.

그리고 TM 기법으로 어떤 스트레스가 해소된 후 신경계통(전체 유기체, 또는 몸)의 새로운 기능 형태로 조정되도록 '훈련시켜야'만 한다고 가르친다. 활동은 몸을 스트레스로 인한 손상으로부터 회복시켜주며, 정상으로 되돌아오게 한다.

그리고 우주의식 상태는 어떤 곤경 속에서도 평정을 완전히 유지하는 상태이기 때문에 어떤 것도 순수의식의 경험을 가리우지 못한다. 예컨대 광화문 네거리 한 가운데 서서도 '큰 나'를 유지하는 능력이 우주의식이다.

㉯ 마음의 변화

마음의 표면에 순수의식이 드러나면 초월의식의 특질들이 다소 마음 속에 느껴진다. 명상자는 전체성·충만성·안정성의 느낌, 즉 내면 깊숙한 곳으로부터의 환희와 침묵의 인식을 명상 중에 갖는다. 그리고 그는 신경계통이 모든 활동 중에도 순수의식을 계속 유지할 수 있는 경지에 이를 때까지 활동을 통해 순수의식의 경험이 사라지게 함으로써 이것이 가능하다고 거듭 강조한다. 또 그는 순수의식의 주입과정을 설명하기 위해서, 옛날 시골에서 염료를 사용하여 흰 천을 물들이는 과정과 그 천을 햇볕에 널어 말리는 반복의 과정을 설명한다.

천을 염료 속에 담글 때, 그릇 안에 담겨 있는 동안 더 이상 아무 것도 얻어지지 않는다. 마찬가지로, 마음이 순수의식 속에 담겨서 단지 내면에만 머문다면 아무것도 얻는 것이 없다. 담그기 그 자체보다 오히려 담그기와 바래기를 규칙적으로 교대하는 일이 더욱 중요하다. 그렇게 함으로써 영성이 내 마음 속에 주입되고 내 마음 속에 신의 이미지 곧 사랑과 자비, 기쁨과 평화가 형성되어 신의 형상을 덧입게 된다. 따라서 초월명상 수행법은 반드시 1회 20분, 1일 2회 실시하기를 권고한다.

ⓐ 제4의 의식상태

『초월명상 입문』에 의하면 의식 상태에는 제1의 깨어있는 상태, 제2의 꿈 상태, 제3의 깊은 수면상태가 있는데 제 3의 의식상태 외에도 또 다른 차원 높은 의식상태 즉 제4 의식상태가 있다고 설명한다.

TM을 통해 경험되는 초월의식 상태는 깨어있는 상태, 꿈, 깊은 수면의 세 가지 의식 상태와는 완전히 구분된다. 활짝 깨어 있는 명상자는 이제 순수의식의 고요함 속에 남아 있으나 무한성과 무(無)의 세계에 접근한다. TM 중에는 인식의 경계들이 해체되면서 절대의 상태 즉 순수존재를 경험한다. 의식의 주체가 존재하고 있음을 의식한다. 그러한 의식은 개별의식을 넘어선 영역이기 때문에 개성을 지니지 않는다. 따라서 서로 다른 것들을 구분지우는 경계들이 해체되어 더 이상 분별이 없고 어떤 동일성의 느낌은 전체 창조세계와의 일체감을 이룬다.

명상 중에 경험되는 순수자아는 모든 마음의 바탕인 보편적인 자아임은 물론 모든 창조세계의 기초다. 그리고 초월의식 속에서는 경험의 주체와 대상이 하나로 된다. 자아는 큰 나(大我)를 인식하면서 '평화로운 빛의 세계'를 발견한다. 그때의 대아는 순수자아이며, 순수 자아는 내면으로부터 '빛나는 의식의 광선'이라고 한다.

이 순수의식 상태가 깨어 있으나, 꿈을 꾸나 잠잘 때나 항상 의식되는 상태를 제4의식 상태라고 한다.

빛이 다른 물체를 볼 수 있도록 반사하고 있다. 그 사실이 어딘가 빛의 근원이 있음을 말해 준다. 이 수준에서는 우리 모두가 하나이며, 동일함을 느끼기 시작한다. 그리고 순수 자아는, 서로 다른 신경 계통들을 통해서 빛나면서 개별아의 형태를 드러내고 있는 보편 자아다.

ⓑ 제5의 의식상태 : 우주 의식

마음이 좀 더 명료해지고 대아의 인식이 더 강화됨에 따라 거치른 경험들도 큰 나를 가리우지 않게 되면 큰 나가 완전히 확립되어 어떤 내면과 외면의 경험도 그것을 뒤덮지 못한다. 그래서 내면의 충만과 외면의 충만은 모두 가능하다. 누구나 물질적 삶과 함께 완전한 영적 삶을 살 수 있다. 내면의 풍요로움 없이 물질세계의 기쁨을 완전히 즐기는 일은 가능하지 않다. 그 둘은 서로를 북돋운다. 내면의 만족은 외면적 진보를 향상시킨다. 외면적 만족은 내면의 진보를 돕는다.

주관적 발전이 바탕이 되어 경험대상의 완전한 인식에까지 다다르면서 내면에서 외면으로 방향이 발전적으로 바뀐다. 제5의 의식상태에 이르기 전에는 단지 활동으로부터 물러남으로써, 생각의 더 섬세한 수준들 그리고 생각의 근원 그 자체가 인식되었다. 이 경우 사람들은 변화의 세계로부터 일시적으로 물러나야만 한다. 그러나 제5의 의식 상태에서는 우주의식의 개발과 연동되기 때문에 마음의 불변하는 기초가 생각의 변화하는 표면 수준들과 함께 인식될 수 있다. 그러므로 초월명상자는 보통의 깨어있는 의식 상태에서 경험의 객체와 주체를 부분적으로 감지한다. 규칙적인 초월명상을 수련하여 초월의식과 접촉하고 사회적 활동을 통해서 인식이 안정화됨으로써 우리는 제5의 의식 상태인 '우주의식'에 이르게 된다.

명상자는 수련 중에 전체성·충만성·안정성의 느낌, 즉 내면 깊숙한 곳으로부터의 환희와 침묵의 인식을 체험한다. 그 체험은 초월의식의 특성들이자 순수의식 또는 순수존재를 만난 것이다. 마음의 의식이 충만하게 확장되어 정신활동의 모든 층을 포용할 수 있는 것이 '우주의식'이다. 그래서 충만의 삶이란 100%의 내면적 삶과 100%의 외면적 삶이다. 완전한 영적 삶과 완전한 물질적 삶이 합쳐진 200%의 삶이다. 대립적으로 보이는 사랑과 이성이 조화 속에 공존한다. 상충되는 두 가지 사고방식 사이에 균형이 회복될 때에는 동시에 능동적이자 수동적 사고방식이 된다. 그러한 사고방식은 이지적이며 직관적이고, 과학적이면서도 예술적이고, 구체적이며 추상적이고, 집중적이며 분산적이니 모든 양극 점의 종합인 것이다.

고요하며 불변하는 순수의식이 마음의 표면에 느껴지는 것을 체득하는 것은 보다 높은 의식 상태에 이르기 위해서 중요하다. 끊임없이 수련하는 명상자는 제5의 의식 상태에서 점차 더욱 더 긴 시간 동안 더 많은 순수의식을 유지하기 시작하며, 마침내 그 순수의식이 영구적인 현실로 드러나게 된다. 즉 인식이 점차적으로 맑아지고 인식력이 더 명료해지며, 수행자는 행동이 더 효과적이고 삶의 전체성이 전보다 더 풍요롭고 즐겁게 됨을 의식한다. 이런 점에서 우주의식에 이르게 되는 것은 마치 밤이 낮으로 서서히 변하는 여명(黎明)과 같다. 여명이 시작될 때 빛의 강도는 수백만 배로 증가한다. 그러나 이 변화는 부드럽고 점진적이어서 거의 인식되지 않는다. 단지 인식력이 더 명료해지며 행동이 더 효과적이고 삶의 전체성이 전보다 더 풍요롭고 즐겁게 됨을 알아차릴 뿐이다. 이 새로운 의식상태가 자연스럽게 정상적으로 이루어지도록 함으로써, 스트레스 없이 그 상태는 우리의 삶 속에서 조화롭게 통합된다. 그러한 통합의 상태를 '의식의 정상 상태'라고 한다.

우주의식이라고 하면 어떤 놀라운 통찰력이나 비상한 체험으로 여긴다. 그러나 우주의식의 경지는 바로 진정한 자신이 되는 일이다. 즉, 큰 나(大我)가 되는 것이다. 우리 자신이 더욱 정상으로 되는 것이라고 한다.

우주의식으로의 성장을 거듭한 '큰 나'는 무엇이 삶의 영구적인 특성인가를 알게 된다. 이제 에고(ego)에서 벗어나 진정한 이타주의의가 시작된다. 초월명상의 목적이 바로 초월의식이다. 그러나 초월의식이 TM이 갖는 유일한 마지막 목적은 아니다. 초월의식보다 보다 높은 경계의 의식 상태들이 있기 때문이다.

ⓒ 제6의 의식상태 : 신의식(神意識)

제5 의식인 우주의식 보다 높은 경지의 의식을 신의식, 곧 제6 의식이라고 한다.

제6의 의식상태에서는 존재의 더 섬세한 수준들을 인식한다. 실제로 분자들, 전자들, 또는 그와 같은 어떤 것을 본다는 뜻이 아니다. 그런 분자나 전자 등은 단지 대상들의 거친 물리적 구조의 입장에서만 미세한 수준들일 뿐이다. 즉, 현미경으로 보이는 것 들이다. 마하리쉬는 물리적 구조보다는 지각의 구조에 대해서 이야기하고 있다. 그리고 지각의 구조에 있어서 창조의 가장 섬세한 수준이라면 순수 빛을 말한다.

제6의 의식상태에 이르면 이 지식은 생생한 실재로 된다는 것이다. 지각력은 창조 세계의 가장 섬세한 수준까지, 직접 인식하는 단계까지 발전한다. 이때 마하리쉬는 발전한다는 말 대신 <정화된다>고 말한다. 여기에서는 모든 것이 순수 빛으로 이루어진 것으로 보여진다. 그는 이 상태를 <신의식>이라 한다.

우주의식과 그 보다 높은 의식상태에 이르렀을 때에도 어떤 것을 잃지 않음은 명백하다. 전과 같이 평상시의 거친 수준들이 지각된다. 하나의 의자는 여전히 하나의 의자다. 그러나 전에 지각하지 못하던 그 의자의 더 섬세한 가르침이 이제는 인식된다.

절대를 더욱 더 인식할수록 상대세계에 대한 높은 지각력을 갖게 된다. 제5의 의식상태에서는 절대가 단지 순수자아, 즉 경험의 주관적인 면에서만 인식된다. 이제 제6의 의식상태에서는 절대의 인식이 객관세계의 지각에로 넘쳐흐르기 시작한다. 세상이 큰 나의 빛으로 채워져 보인다. 그리고 전에는 단지 비인격적으로 보이던 대상들이 이제 인격적 특질을 지닌 것으로 부각된다.

ⓓ 제7의 의식상태 : 상대세계와 절대세계와의 합일 된 하나의 의식세계

월리엄 블레이크는『천국과 지옥의 결혼』에서 "인식의 창문이 깨끗이 닦여진다면 보이는 것 모두가 무한이다."라고 기술하였다. 이런 완전한 인식의 상태가 제7의 의식상태이며, 이것을 마하리쉬는 '합일의식'의 상태 또는 줄여서 '합일'의 상태라고 부른다. 그는 또한 이것을 완전한 깨달음의 상태로 언급하기도 한다.

제6의 의식상태에서는 인식의 창이 부분적으로 닦여졌다. 제7의 의식상태의 인식은 외부세계의 절대적 기초를 직접 알게 되는 단계에까지 정화된다. 인식의 주체와 인식의 객체는 삶의 초월적인 절대영역의 발현으로서, 그 완전한 가치가 감지된다. 모든 것의 안과 밖의 순수자아의 입장에서 감지된다.

인간이 보는 외면의 다양성은 그 근원에서 보면 '하나'다.

여기 모든 풀잎·나무·돌 모두가 '하나'다.

이것이 가장 깊은 심원이며, 그 속에 나는 완전히 빠져든다.

창조세계의 다양성이 이러한 단일성의 경험 속에서 상실되는 것이 아니다. '합일'상태에서도, 모든 풀잎·나무·바위는 여전히 풀잎·나무·바위이며, 이 표면적 인식과 더불어 그것들이 기초하는 단일성(單一性)과 공통적인 본질이 감지된다. 현상의 세계가 회색빛 안개 속으로 해체되는 것이 아니다. 무한한 다양성의 상대세계는 계속 존재한다. 그리고 이제 그 상대세계의 절대기초와 함께 그 무한한 다양성이 공존하는 것으로 경험된다.

마하리쉬에 의하면, 현상의 상대세계는 이것의 기초인 절대와 똑같이 실재다. 이제 상대와 절대의 공존의 경험으로 그 말이 옳음은 증명된다. 절대가 실재라면, 상대는 환상이라고 주장하는 학파도 있다. 인도철학에서는 이것을 <마야>의 교리라고 한다. 그러나 마하리쉬는 현상의 상대세계가 환상이 아니라, 실재라고 주장한다.

그리하여 현상의 상대세계는 절대의 경험으로 결코 그 가치가 손상되지 않는다. 오히려 그 반대로, 그것은 절대의 경험으로 힘과 활기를 부여 받는다. 마하리쉬는 "양자의 차이들은 무한한 조화 속에서 오히려 그 완전한 가치를 발휘한다"고 말한다. 다양성의 배후에서 오묘한 조화를 찾아내는 사람은 그러한 상이성들은 물론 심지어 부조화들까지도 더 큰 전체에 속하는 한 부분임을 깨닫게 되는 것이다.

그러나 합일의 상태는 단지 '모두가 하나'라고 단순히 이해함으로써 얻어지지 않는다. 자신과 다른 창조세계와의 진정한 합일은 하나의 의식상태다. 이 상태를 단지 지적으로 이해하는 것과 직접 이 상태를 경험하는 것은 전혀 다르다.

직접 경험한 사람은 이 상태가 환희와 충만감을 준다고 말한다. 마하리쉬 자신도 다음과 같이 말하고 있다.

모든 지각, 들려오는 말소리, 섬세한 감촉, 모든 향기는 영원한 환희의 대양으로부터 끝없이 밀려오는 기쁨의 물결이다. 모든 생각, 말, 행동이 환희의 물결의 솟아 오름이다.

천지 만물의 움직임 속에, 고요함 속에 숨어 있는 성스런 영광은 발현된 생명의 무대에서 춤을 춘다. 절대가 상대 속에서 춤을 춘다. 영원성이 삶의 모든 순간 속에 스며든다.

의식은 TM을 통해서 순차적으로 자라난다. 우리는 보통의 깨어있는 의식상태에서 시작하며, 이 상태에서는 단지, 경험의 객체와 경험의 주체를 부분적으로 감지한다. TM 기법을 규칙적으로 실천하여 초월의식과 접촉하고, 또 활동을 통해서 이 인식이 안정화됨으로써 우리는 제5의 의식상태(우주 의식)에 이른다. 이 완전한 주관적 발전이 바탕이 되어 경험대상의 완전한 인식에까지 이른다. 이래서 내면에서 외면으로 발전의 방향이 바꿘다.

마음이 좀 더 명료해지고, '큰 나'의 인식이 더 강화됨에 따라 거치른 경험들도 큰 나를 가리우지 않게 된다. 제5의 의식 상태에서는 큰 나가 완전히 확립되어 어떤 경험도 그것을 뒤덮지 못한다. 제5의 상태에서 제7의 상태까지 발전하면서, 정말 놀라운 경험들을 겪게 된다.

순차적으로 의식을 발전시키는 일이 아주 중요하다. 왜냐하면, 그때서야 전 과정이 각 단계마다 완전히 자연스럽고, 힘이 들지 않기 때문이다. 정확한 출발을 하면 그 다음 TM의 과정은 자동적으로 일어난다. 여기에는 명상자의 어떤 조정이나 통제가 필요없다. 똑같은 과정이므로 발전단계마다 일어난다. 제4상태에서 제5상태로 이르는 공식은 '명상하고 활동하라'는 것이다. 규칙적으로 힘들이지 않고 명상하라. 그리고 나머지는 정상적으로 당신의 삶을 수행하라. 어떤 억제나 어떤 인위적 기분의 조성 없이도 부드러이 자동적으로 우주의식에 이른다. 제5상태에서 제7상태까지의 발전도 마찬가지로 힘들지 않으며 자동적이다.

(2) 초월명상법

명상하는 동안 순수의식 상태에 이르려고 노력하는 일은 아주 흔하며, 이것은 가장 큰 실수 중의 하나다. 우리는 노력하면 할수록 목표로부터 더 멀어지며, 다시 출발점으로 되돌아오게 된다. 단지 우리가 명상하려는 '노력'을 멈추었을 때 명상의 전 과정은 그 스스로 시작되고 여태까지 찾던 목표가 완전히 보이게 된다.

<마음이 침묵의 상태에 이르려면, 통제가 필요하다>는 사고방식은 마음의 기능을 잘 모르기 때문에 생겨난 것이다. 많은 사람이 잘 알고 있듯이 그들의 마음은 한 생각에서 다른 생각으로 방황하며, 완전한 침묵의 상태

는 고사하고 결코 한 생각에 오랫동안 머물게 되지 않는다. 잡념들과 이미지들이 연속으로 변화하는 파노라마와 같이, 그러므로 그들은 마음이 본래 방황하는 성질을 지녔음에 틀림없다고 가정한다. 그리고 이 잘못된 가정으로부터, '마음이 정지될려면 통제해야만 한다'고 추론한다. 그리하여 마음은 자체의 자연스런 경향을 따르지 못하게 된다.

인도의 고전을 보면, 마음은 나뭇가지 사이로 뛰어 다니는 원숭이와 같다고 씌여있다. 원숭이는 한시도 가만히 있지 못하는 동물이기 때문에 이 원숭이를 꼼짝 못하게 하는 유일한 방법은 꽁꽁 묶는 길 뿐이며 마음도 이와 마찬가지라는 것이다. 계속 방황하는 마음을 길들이는 유일한 방법은 원숭이처럼 묶어놓는 것 뿐인데, 그러나 마음은 방황하기를 좋아하니까, 그렇게 묶는 일은 매우 어려우며 커다란 노력이 필요하다는 것이다.

그런 결과 많은 수행 방법들은 마음을 통제하도록 하고 있다. 그런 것들 중 어떤 종류는 마음 속의 모든 생각들(또는 잡념)을 비우라고 한다. 어떤 기법이든 성공을 거두기 위해서는 항상 노력과 훈련이 필요불가결하다고 가르친다.

무엇이 근본적으로 잘못되어 있는가? 그것은 바로 '마음은 본래 방황하는 것'이라는 맨 처음의 전제인 것이다. 현명한 원숭이 사냥꾼은 원숭이가 나뭇가지들 사이로 뛰어다니는 이유를 안다. 즉, 원숭이가 제일 좋아하는 것은 바나나이며, 이것이 더 많이 달린 가지를 찾아 뛰어 다니는 것이다. 그는 원숭이를 나뭇가지 사이로 쫓아 다니다 보면 시간만 낭비하게 됨을 안다. 그래서 나무 둥지 밑에 바나나를 놓아두고 기다리는 것이다. 이것이 훨씬 쉽고 빠른 길이다. 그러면 원숭이는 스스로 내려온다. 원숭이의 근본적인 성질을 알고 있기 때문에 그는 힘들이지 않고 또 쇠줄로 묶지도 않고 쉽게 원숭이를 한 곳에 머물게 한다.

방황하는 마음도 마찬가지다. 마음의 본래 성질이란 방황하는 것이 아니라, 좀 더 만족을 주는 곳을 찾아 움직이는 것이다. 좀 더 크고 새로운 만족을 찾아 다른 곳으로 이동한다. 외부세계에서는 영속적인 만족을 얻지 못하기 때문에 마음은 방황한다. 그래서 주의력은 내면적인 만족의 원천으로 향하게 하여 노력이나 억제 없이 마음 스스로가 가라앉도록 하는 일이 훨씬 쉽고 빠른 것이다.

① 노력이 필요 없는 길

역사를 돌이켜보면, 명상이란 원래 쉽고, 부드러운 것으로서 가르쳐졌다.

통제된 마음은 명상 결과들 중의 하나이지, 그 상태에 이르는 길이 아니다. 노력하는 바로 그 행위가 정신활동을 더 증가시키며, 그래서 명상을 방해한다. 마치 밤에 잠자려고 노력하는 것과 똑같다. 잠을 자려고 하면 할수록 더욱 몸을 뒤척이게 되며, 정신이 더 또렷해진다. 그러나 당신이 잠에 대해서 전혀 신경 쓰지 않게 되면, 자신도 모르는 사이에 잠에 떨어진다.

명상의 목적은 전체 마음이 완전하게 정지되도록 하는 것이다. 그러나 조금이라도 억제나 노력이 있는 한 정신활동은 틀림없이 계속되며, 그리고 전체 마음이 정지되는 일은 불가능하다.

초월명상에는 집중이 없다. '집중'이라는 말은 엄격히 말해서 초점에 맞추는 것, 한 점에 모으는 것을 의미한다. 이 집중이라는 말이 꼭 억제나 노력을 의미하는 것은 아니다.

그러나 TM의 실천 중에는 조금의 노력도 없이 마음 자체가 스스로 집중된다. 완전한 정신적 정지의 상태는 그 자체가 매력을 지님으로 인하여 자연히 주의력을 끈다. 초월명상 중에는 마음의 자연스런 경향을 반대하여 기를 쓰고 분투하는 일 없이 그 경향을 따라 흐른다. 그리고 더 이상 통제가 필요 없다. 더욱이 이면의 정신적 소음이 감소되므로, 더 명료히 생각하기 위해 더 열중할 필요가 없다. 그리고 그 생각은 자동적으로 더 명료하게 된다.

TM은 생각들의 의미와 전혀 관계가 없다. 단지 생각이라면 무슨 생각이든 상관없다. 마하리쉬는 "생각할 수 있는 사람이면 누구나 명상할 수 있다"고 한 마디로 말한다. 누군가의 생각이, 쓸모 있거나 지루하거나, 명료하거나, 희미하거나, 무의미 할지 모른다. 그러나 TM 명상법에 있어서는 그것들 모두가 일종의 생각일 뿐이다. 무엇과 연관되었든, 누가 생각하든 관계없이, 모든 생각들은 가장 희미한 충동에서부터 시작하여 의식적으로 충분히 알아차릴 만큼 분명해 질 때까지 전개된다.

때때로 일부러 깊은 명상 상태에 이르려고 하거나 자신의 존재에 대한 아무런 지식이 없어도 자동으로 그런 상태를 체험하는 행운을 갖는 경우도 있다. 이것은 누군가 편안함 속에서 특별히 아무 것도 하지 않고 있을 때, 자연스럽게 그런 상태에 빠져들게 되는 것이다.

모든 것들이 스스로 흐르도록 그냥 내버려두는 자연적인 태도가 매우 중요하다. 무통제나 무노력 이런 경험들이 더 자주 일어나지 않는 이유는 성공하고자 노력하기 때문이다. 현실생활에 있어서는 열심히 노력하면 할수록 더 많은 것을 성취한다. 그러나 TM은 그렇지 않다. 계속 노력하고 집중할 때 그런 자연스런 경험이 우리 삶에서 일어날 가능성이 더욱 적어진다.

TM은, 마음 그 자체가 스스로 침묵의 상태 속으로 미끌어져 들어가게 함으로써 그런 자연스런 상태가 규칙적으로 일어나게 하는 명상법이다. 그것은 단지 운이 좋은 사람이나 선택된 소수가 아니라 그러한 경험을 체험할 수 있도록 해주는 하나의 방법인 것이다.

② 주의력을 내면으로 돌리기

TM의 과정은 한마디로 주의력을 완전히 180도 전환하는 것이다. 즉, 감각적인 경험의 외부세계에서 더 섬세한 내면으로 향하도록 하는 것이다. 여기서 말하는 주의력의 전환이란, 생각의 의미나 모든 감각적 경험으로부터 주의력이 내면으로 향하는 것을 의미한다. 따라서 명상 중에는 생각의 표면 수준들을 잊으려고 시도하지 말아야만 한다고 강조한다.

어쨌든 우리는 명상 중의 무엇을 기대하거나 분석하거나 혹은 잊으려는 시도를 하지 말아야 한다. 어떤 종류의 시도든 정신활동을 증가시키고 반드시 주의력을 생각의 표면수준에 머물게 한다. 그러므로 결코 노력하지 않으려는 노력도 하지 말아야 한다.

마음을 내면으로 향하도록 강요하는 일은 불가능하다. 마음 그 자체가 저절로 노력 없이 점차 가라앉도록 해야만 한다. 일단 시작했다하면, ‘그 자체 스스로’ ‘조용히’ ‘점차로’ ‘어떤 걱정이나 서두름 없이’ ‘자연스럽고 단순하게’ 진행되도록 해야만 한다.

③ 기법 없는 기법

TM 기법의 기본 원리는 단지 맨 처음의 정확한 태도만을 취하는 일이며, 그 ‘결과’로 우리의 주의력은 하나의 생각이 전개되는 과정에서 그것의 보다 앞선 단계를 조금씩 깊이 경험해 나가기 시작하는 것이다. 명상자의 전 신경조직이 조금씩 안정되면서 주의력은 다시 생각의 더 깊은 수준이 주는 매력에 이끌려 더 깊이 가라앉는다. 그리고 이런 과정은 계속 된다. 이 과정은 맨 처음의 정확한 조건(주의력을 힘들이지 않고 내면으로 돌리기)을 갖추어 주고는 그 다음은 그냥 놓아두는 일이 전부다. 나머지는 사과가 땅에 떨어지듯 자연스럽게 필연적으로 이루어진다.

맨 처음의 시초 조건만 갖추면 마음은 자동적으로 그리고, 가능한 가장 효율적인 방식으로 생각의 보다 정(靜)적인 수준으로 가라앉는다.

정확한 출발을 하고 그대로 놓아두면, 당신이 믿든 안 믿든, 마음의 만족 추구, 즉 정신의 중력에 의해 끌어내려질 것이다. 이것은 마치 다이빙

선수가 믿든 안 믿든 물리적 중력으로 끌어내려지는 것과 똑같다.

④ 만트라(Mantras) : 초월명상에 사용되는 소리

초월명상 중에는 일정한 한 생각이 전개되는 과정에서 그것의 보다 앞선 단계를 점차적으로 경험한다. 그러나 생각이라고 해서 모두 그렇게 되는 것은 아니다. 그 생각은 주의력을 생각의 표면 수준들로부터 내려가게 하여, 더 섬세한 기초 수준들을 알아차리게 하는 특수한 성질을 지녀야만 한다.

우선, 그 생각은 의미가 없어야만 한다. 그러나 대부분 모든 생각은 의미를 갖고 있으며, 의미 있는 생각은 어느 것이나 연상 작용 때문에 주의력을 생각의 표면수준에 붙잡아 둔다. 그래서 의미를 지니지 않음으로써 연상작용이 없는 하나의 생각이 선택되어야 한다. 그 생각은 오감(五感) 중 어느 것으로부터든지 선택될 수 있다.

TM 기법에서 사용되는 소리들은 신경계통과 협화음을 이루면서, 신경계통을 진정시키는 것들이다.

그러므로 어떤 특수한 소리가 사람들에게 특수한 영향을 미친다는 말은 무리한 주장이 아니다.

TM 기법에서 사용되고 있는 소리들은 만트라(Mantra)라고 불리며, 항상 소리와 형태의 밀접한 연관성을 인식해 온 인도 고대 베다의 전통에서 유래된 것이다.

만트라를 소리내어 말하지 않고 조용히 간직하는 데는 이유가 있으며, 그것은 무엇보다도 중요하다. 왜냐하면 만트라를 큰 소리로 말하는 것은 명상기법자체를 약화시키기 때문이다. TM 중에는 정신활동의 보다 정적(靜的)이고 구체성이 덜한 수준들이 경험된다. 그리고 얼마가 지나면, 생각의 미세한 수준들과 더욱 친숙해진다. 그런데 만트라를 큰 소리로 말하

는 일은 그 만트라를 구체적인 상태로 표현하는 것이다. 그런 일은 TM 과정과 정반대이며, 명상을 방해하고 그 효과를 감소시킨다.

이러한 수행법들은 주의력을 마음의 거친 표면 수준에 묶어 놓으며, 생각의 보다 섬세한 수준들 혹은, 모든 생각을 넘어선 순수의식의 영역을 경험하지 못하게 한다. TM에서 사용되는 소리들은 연상작용을 일으키지 않는다. 더 중요한 사실은 말로 또는 정신적으로 암송하는 것이 아니라는 점이다. TM의 만트라는 주의력을 집중시키기 위한 대상이라기 보다는 오히려 주의력을 싣는 운반기구로서 주의력을 생각의 보다 섬세한 수준으로 이끌어 간다. 적극적이기 보다는 수동적인 이 기법의 성질, 선택된 뜻없는 소리 그리고 더 섬세한 수준들이 지니는 보다 큰 매력 등으로 인하여 주의력이 자동적으로 내면으로 이끌려감으로써 그런 과정이 진행되는 것이다. 예를 들면 옴마니. 쉼마니 등을 들 수 있다.

⑤ 개인지도

TM기법은 개인지도를 통해 배워야 하며 책으로는 안 된다. 왜냐하면, 교사가 생각의 섬세한 수준을 경험하는 방법을 학생에게 제공해야 하며 학생이 그 방법을 따름으로써 갖게 되는 경험들을 점검해야 할 책임이 있기 때문이다.

명상 중의 경험은 사람마다 다르다. 그러므로 명상 중의 모든 경험들을 기록하기란 가능하지 않다. 또, 초심자가 앞으로 갖게 될 경험을 미리 아는 것도 그에게는 아무런 도움이 되지 않는다.

(3) 바른 초월명상 식별법

1) 명상은 자기 인생에 가장 중요하고 가치있는 일이기 때문에 꼭 실행

해야 한다.

2) 앉은 자세는 편안한 자세가 좋다. 척추는 펴고 눈은 살며시 감는다.

3) 잡념이 생기는 것은 당연한 일이다. 잡념이 생기면 자연스럽게 만트라(쉼마니 또는 옴마니 등)로 돌아간다. 만트라는 존재에 이르는 수단이다. 마음을 싣고 가는 수레다.

4) 호흡과 만트라가 같이 가더라도 마음 쓰지 말고 각기 가도록 내버려 둔다.

5) TM은 집중하거나 노력하는 것이 아니다. 의식과 생각들을 자연스럽게 놓아버리는 것이다.

6) 명상 중에 얼굴이 가려우면 자연스럽게 긁는다. 참거나 저지할 필요가 없다.

7) 명상 중에 고개를 떨어뜨리거나 뒤로 제쳐질 수도 있다. 잠들 수도 있다. 신체조건이나 건강상태에 따라 그럴 수 있다. 그때에도 자세를 바르게 하고 자연스럽게 만트라로 돌아온다.

8) 피곤하여 잠이 오면 그대로 누어 자도 된다. 그러나 잠에서 깬 다음에 20분 중 명상하지 못한 시간을 채운다.

9) 조용한 곳이 명상하기에 좋으나 지하철이나 버스 속에서도 가능하다.

10) 변고가 있을 때에는 일단 중지한다. 그러나 명상시간 20분은 채워야 한다.(예 : 초인종이 울리거나, 전화가 올 때)

11) 아침과 석식 전, 공복에 명상하는 것이 가장 효과적이다. 반드시 1회 20분, 1일 2회를 계속해야 한다.

12) 명상에서 얻어지는 현상은 주관적인 것이다. 잘 될 때도 있고 잘 안 될 때도 있다. 그것은 주변환경이나 건강상태, 관심사 등으로 영향을 받는다.

13) 타인의 경험이나 느낌을 닮으려고 할 필요는 없다.

14) 명상의 결과는 ① 마음이 평안(平安)하고 ② 몸이 평온하며 ③ 가벼워지고 상쾌해진다 ④ 피곤이 풀리면 정상적인 TM이다 ⑤ 점차 기쁨과 충만감, 환희를 느낀다.

15) 존재에 이른 상태 : '고요하고 깨여 있는 상태'란 무엇인가?
　　① 만트라를 희미하게 잊어버린 상태
　　② 호흡도 잊어버린 상태
　　③ 의식만 남은 상태가 된다.

(4) 초월명상과 의식혁명

초월명상은 바쁜 생활인에게 내면의 고요와 환희를 체험하게 해주는 대단히 간편하고 자연스러운 명상법이다. 아침 저녁 하루 두 번씩 20분 동안 TM을 실천해 나가면, 점진적으로 심신의 스트레스가 제거되면서 늘 편안한 마음과 맑은 의식 그리고 쾌적한 몸의 컨디션을 확보하게 된다. 이러한 심신의 정화와 더불어 생활의 여유와 조화가 자연적으로 이루어지며 결과적으로 보다 풍요롭고 행복한 나날을 살게 된다.

또한, 이 책에 소개된 대로 명상의 깊이를 더해가면 명상자는 보다 더 높은 의식상태(우주의식인 제5의 의식상태, 신(神)의식인 제6의 의식상태, 합일의식인 제7의 의식상태)로 진화해간다. 요컨대 TM은 자아의 완성을 바라는 현대인에게 좋은 명상법이라고 할 수 있다.

인류는 이제 깨달음의 시대로 향하는 영성의 시대, 명상의 시대, 수행의 시대에 들어서고 있다. 물질적·외적 가치보다 정신적·내적 가치가 더욱 존중되는 때가 바로 눈앞에 와 있다.

Ⅳ. 영성의 생활화＝의식화된 영성은 삶의 변화로 나타나야 한다

　영성의 의식화가 영성을 자의식 속에 입력하고 형성하여 본질적, 존재론적인 변화를 가져오는 것이라면 영성의 생활화는 존재론적인 변화를 통한 현상론적인 변화, 곧 삶의 변화로 나타나야 한다. 좋은 나무가 되었으면 좋은 열매를 맺어야 하기 때문이다.

1. 영성과 존재(신)

　영성은 숨겨져 있던 신을 발현(發顯)시켜 파동을 통해 외부로 드러나려는 경향이 있다. 영성은 형체 없는 절대충동이나 육안으로 볼 수 없는 절대적이며 성스러운 존재이기도 하다. 여기서의 성스러운 영성체로서의 '존재'는 순수무구인 채로 주체와 객체를 창조하고 이어주는 역할을 하며 온갖 다양한 현상세계에서의 유희를 시작하는 것이다.

　드러나지 않은 상태에서의 영성 자체는 창조계의 주체와 객체의 입장을 취하여 외부로 나타나서 작용하는 존재의 힘이다. 그러면 의문이 생길 수 있다. 무엇이 영성으로 하여금 주체 또는 객체적 입장을 취하게 하는가?

　존재의 본성은 우주의 창조적 심정이며 스스로 드러나는 힘이 창조와 진화의 과정을 유도한다. 그러한 힘은 마치 '절대자' 자신이 창조를 통하여 자신을 상대화하고 불변의 존재로서 생명의 발아와 통일을 발산하는 창조의 다양화, 곧 존재의 여러 모습으로 나타난다. 절대자가 상대의 역할을 하는 것, 하나가 또 여럿으로 드러나는 사실은 '존재'가 다른 모습으로 나타나는 것에 불과하다. 이렇게 절대자는 불변의 상태에서도 영원하고 끊임없이 달라지는 상대계의 다양성에 있어서도 무한한 것이다.

드러나지 않은 절대 존재의 유일성은 동시에 모든 상대세계에 있어서의 다양성, 다종성 자체인 것이다. 절대자와 상대세계가 동시에 생명의 전체 진리인 것이다. 드러난 창조계와 드러나지 않은 존재는 보임에는 다르지만, 사실에 있어서는 하나이며 같은 것이다. 이러한 이원성은 곧 단일성이며 그 특징은 서로 다를지라도 절대 존재와 상대적 창조계는 하나의 실재를 구성한다.

우리가 창조 또는 진화라고 알고 있는 과정은 다만 영성 안에서 움직이는 존재인 것이다. 그렇게 시키는 것은 존재의 본성인 것이다. 절대 존재의 본성 안에는 창조성이 포함되어 있고 창조는 움직이기 시작하는 것이며, 존재가 자신을 확대해 가는 과정인 것이다. 창조적 존재인 영성은 존재의 본성이고 창조의 원동력이며 그 원동력은 마음의 기초력인 것이다.

2. 마음과 영성

마음은 바다 위에 이는 물결에 비유되는 존재이기도 하다. 바다 위에 바람이 불어 물결이 일 듯 드러나지 않은 그 존재가 본성인 영성에 자극되어 마음으로 나타난다. 감추어진 존재가 작용하여 마음의 물결을 일으키는 것은 존재의 원인이다. 따라서 존재의 영향을 받은 영성의 상태가 마음이라고 할 수 있다. 존재의 영향 없이 생활 속의 마음이 일어나지 않는다는 것이다.

고요한 영성에 물결이 일어나지 않으면 존재는 잠든 상태다. 휴면의 존재가 영성의 생명력으로 인해 마음을 열게 한다. 마음은 영성과 존재로써 구성되며 영성을 통해 숨어 있는 존재와 연결되고 있다는 것을 알 수 있다. 그러므로 영성은 첫 번째 작용단계이며 마음은 창조과정 즉, 드러나는 과정에 있어서 두 번째 단계가 된다.

이와 함께 존재는 절대생명이 가득 찬 영원의 바다와 같고, 초월적 성격이므로 순수하여 아무런 속성을 가지지 않는다. 그래서 이를 순수존재 또는 순수의식이라고도 한다. 이러한 순수의식에 도달한 마음은 모든 상대적 경험의 세계를 넘어 존재와 하나가 된 상태이며 존재와의 일화(一和)상태이고 존재와의 일체화 상태에서 더 이상 의식적인 마음이 아니다.

창조계의 드러난 현상은 영원 절대불변의 존재와 분리되어 나온 것이다. 창조는 원인을 통해 영성의 추진력을 받아 마음에 이르면 마음에 의해서 온갖 형태와 현상이 시작되는데, 순수존재는 본래 부동의 본 모습 그대로 남아 있는 것이다.

한편 신적 존재는 무소부재(無所不在)함으로 창조계의 모든 사물 속에 두루 편만해 있다. 모든 것이 신의 영성이며 그 영성을 떠난 사물은 아무것도 없는 것이다. 따라서 삼라만상의 지위는 그러한 존재와 구분되어 있는 동시에 영원한 존재는 우주만물 전체이기도 하다. 마음 역시 존재와 구별되지만, 동시에 그 본성에 있어서는 영성적 존재인 것이다.

영원한 존재만이 실존에 있어 최고의 궁극적 실재로 알고 보면 창조의 원인 또는 전능한 창조성도 존재의 본질 속에 포함되어 있다. 결국 궁극의 실재가 자신을 창조의 형식으로 나타낸다는 사실이다. 그리하여 우리는 절대의 속성이 없는 영원의 존재가 실존의 궁극적 실재이며 그것 자신의 성격으로 창조·진화·해체과정을 계속해 가면서도 영원한 <존재>로서의 절대상태를 손색없이 유지하고 있는 것을 알게 된다.

3. 영성의 본질

영성의 완성은 사랑과 자비에 있다. 그러면 그 사랑은 무엇인가? 사랑은 마음에서 우러 나오는 선(善)을 행(行)하는 것이다. 말로만 사랑한다고 하면서 행동으로 나타내지 않는다면 그 사랑은 아무 소용이 없다. 의식화된 영성이 삶으로 나타나야 한다. 의식화된 전체성과 전일성이 생활화되어야 하는 것이다.

사랑은 언제나 신의 선한 성품에 바탕을 둔 사랑이며, 그것은 나의 방식으로 타자를 사랑하는 것이 아니라 타자를 있는 그대로, 신의 사랑 안에서 그대로 사랑하는 것이다. 사랑의 동기, 본질, 목적은 신 안에서 시작되고 그분 안에서 끝난다. 우리가 신을 사랑해야 하는 이유는 그분이 우리를 사랑하시기 때문이다. 마찬가지로 우리가 타자를 사랑해야 하는 것은 신께서 우리 타자를 사랑하시기에 우리도 그들을 사랑해야 한다.

그래서 우리는 무엇보다 먼저 신을 사랑해야 하고 그 신 안에서 신을 위해 타자와 자신을 올바르게 사랑해야 한다. 그리고 기도와 헌신 속에서 자신을 성화하고 사랑을 실천하는데 힘써야 한다.

사랑만이 유일하게 신의 뜻과 일치되어 신과 타자에 대한 사랑으로 완성에 이르게 된다. 완성을 향해 나가는 영혼에게 신이 요구하시는 사랑은 두 가지 모습으로 나타난다. 첫째는 자기 자신을 끊어 버리는 것이다. 타락성인 시기, 질투, 교만, 불의한 욕망 등을 끊어 버려야 한다. 그러나 그것만으로는 부족하다. 타락한 죄악 세상에서 신께 나가기 위해서는 어떤 고통, 굴욕, 물질적인 어려움까지도 기꺼이 감당해야만 한다. 신앙인은 옛 생활을 청산하여 낡은 인간을 벗어 버리고 새 인간으로 갈아입어야 하기 때문이다.(골 3:9~10)

사랑의 발전에는 세 단계가 있다. 첫째, 시작하는 사랑으로, 이것은 남을 이해하는 사랑을 말한다. 둘째, 발전하고 진보하여, 성장하는 사랑인데 이는 실천하는 사랑이다. 셋째, 완전한 사랑인데, 이것은 신의 사랑으로 신과 일치하는 사랑이다. 따라서 영성생활은 사랑의 실천이며 그 실천을 통해 모든 인과율의 법칙을 완성하는 것이다.

4. 사랑의 실천

사랑은 영성생활의 원천이 되는 것이며 사랑의 본질은 신성을 추구하는 데 있다. 따라서 신의 본질과 핵심사상은 사랑이다. 이보다 적절하고 아름답고 감격스러운 말이 있을까! 신의 사랑과 인간의 사랑이 결국 하나의 사랑이고, 하나의 사랑을 체험하도록 노력해야 한다. 눈으로 볼 수 있는 인간을 사랑하는 사람은 곧 눈으로 볼 수 없는 신을 사랑하고 있는 것을 의미한다. 그는 사랑의 주체인 신 안에 있고, 신과 하나 되어 신의 모습을 닮게 된다. 우리의 실천은 서로 사랑하는 데 있다.

> … "그런즉 믿음, 소망, 사랑 이 세 가지는 항상 있을 것인데 그 중에 제일은 사랑이라."(고전 13:13)

우리가 서로 사랑하는 것은 모든 사람에게 중요한 도덕적 의무이자 소중한 사명이다. 사람은 신으로부터 났고, 신을 알기 때문에 서로 사랑할 수 있게 되었다. 물론 그 반대로 사람이 사랑할수록 신을 더 잘 알게 되는 것도 사실이지만, 근본적인 사실은 사랑이 신에게서 오는 것이며, 신을 알기 때문에 서로 사랑할 수 있다는 것이다. 모든 사랑과 자비의 원천과 출발점은 신이시다. 나의 사랑이 진정한 사랑이라면, 그 사랑은 다 신으로부터 오는 사랑이요, 신의 사랑이다. 신의 사랑이 내 안에 들어와 나의 사랑이 된다. 나는 신의 사랑과 은총을 받아 사랑하게 된다.

'신의 형상을 닮아' 창조된 인간은 신의 사랑을 받아 실천할수록 신의 모습을 더욱 닮아 인간으로서 완성된다. 그러므로 '신을 아는 것'은 신의 계명을 받아 사랑과 선(善)을 실천하는 일이다. 이 모든 것을 실천하지 않으면 신을 안다고 말할 수 없다. 따라서 사랑하지 않는 사람은 신을 알지 못한다.

내가 아직까지 신을 모르고, 그 분을 전 인격적으로 체험하지 못하는 것은 근본적으로 제대로 사랑하지 않았기 때문이다. 만약 내가 신을 멀게 느끼고, 그분이 내 안에 계시지 않는다고 느낀다면, 그분을 사랑하지 않기 때문이다. 반대로 진정으로 사랑하기 시작한다면 신을 가까이 느끼고 그분이 내 안에 계시는 것을 실감하며, 그분이 어떤 분이신지를 알게 된다. 신을 얼마나 가까이 느끼고, 그 분과 얼마나 일치하느냐 하는 것은 얼마나 사랑하느냐에 달려 있다.

사랑하지 않는 사람은 자기 안에 사랑이 없기 때문에, 사랑이신 신을 받아들일 수 없다. 이기적이고 자기중심적인 사람은, 당신을 사랑으로 내어놓으시는 신과 정반대이기 때문에 그 분과 어울리지도 융합하지도 못한다. 미움과 죄 안에 있는 사람은 오직 사랑뿐이신 신을 받아들이지도 이해하지도 못한다. 신의 사랑은 자기를 온전히 내어주는 사랑이기 때문이다.

우리가 서로 사랑한다면 신께서는 우리 안에 계시고 또 영성이 우리 안에서 이미 완성되어 있는 것이다. 우리가 서로 사랑함으로써 신이 우리 안에 계시고, 신의 사랑이 우리 안에서 완성되는 은총을 받는다. 신이 내 안에 계시고 신의 영성이 내 안에서 완성되는 것은, 다른 어떤 은총보다 가장 큰 은총이다. 인간을 진정으로 사랑하는 사람은 신이 자기 안에 계심을 분명히 알고, 신의 사랑이 자기 안에서 완성되어가고 있다는 것을 생생하게 의식한다. 헌신적으로 사랑하면 신이 사랑하는 사람 안에 들어오시기 때문에 그와 더불어 신의 평화와 기쁨과 행복을 누리게 된다.

사랑의 신은 당연히 모든 사랑 안에 계시기 때문에, 사랑하는 사람 안에 신이 계시는 것은 당연하다. 우리가 서로 사랑하기 때문에 사랑이 완성되는 것이 아니다. 서로 사랑하는 사람 안에 신이 계시기 때문에 사랑이 완성되는 것이다.

'사랑 안에 있는 사람'이란 사랑을 실천하지 않거나 가끔 실천하는 사람이 아니라, 언제 어디서나 어떤 상황에서도 누구에게나 변함없이 사랑을 실천하는 사람이다. 자신을 미워하고 학대하는 사람까지 사랑하며, 사랑의 실천이 본성이 되고, 자신의 전부가 사랑으로 변한 사람이다. '상호 내재'적 사랑의 일치는 너무나 훌륭하고 아름다운 일치다.

사랑의 일치는 당연히 현세의 시간과 공간의 차원을 초월한다. 신은 영적인 분으로서 장소와 공간을 초월하시기 때문에, 육신을 가진 인간이라해도 신 안에 실제로 들어가는 것이 가능하고, 신이 육신을 가진 인간 안에 들어오시는 것도 가능하다. 그리고 사람이 신 안에 있고 신이 사람 안에 계시는 것은 시간과 공간의 차원을 초월하기 때문에, 신 안에 100퍼센트 완전히 있느냐 그렇지 않느냐 하는 차원이 아니라, 사람마다 신 안에 더 깊이 있느냐, 더 얕게 있느냐 하는 정도의 차이가 있을 뿐이다. 신과 사람 사이의 사랑의 일치는 사람마다 그 깊이의 차이가 있다. 그래서 우리는 끊임없이 죄악을 피하고 선행을 실천함으로써 신이 나의 심령에 더 넓고 깊이 계시도록 해야 한다.

사람은 넓고 깊게 사랑할수록 신 안에 깊이 들어갈 수 있게 되고, 좁고 얕게 사랑할수록 신 안에 좁고 얕게 있게 된다.

사랑은 신과 사람을 하나로 맺고 결합시키는 '접착제'이며, 사람을 신 안에 있게 하고, 신을 사람 안에 계시게 하는 '중재 수단'이 될 수 있다.

반대로 사랑하지 않는 사람은 신 안에 있지 못한다. 신 안에 있기를 원하고 신이 내 안에 계시기를 원한다면 사랑해야 한다. 사랑은 신과 나를 묶어주는 '끈'이고, 미움과 죄는 신과 나를 갈라놓는 '칼'이다.

예수는 눈에 "보이는 형제를 사랑하지 않는 자가 어떻게 보이지 않는 신을 사랑할 수 있겠느냐"고 말했다. 우리의 마음을 날카롭게 찌르고, 우리 자신을 부끄럽게 하는 말씀이다. 형제를 미워하면서 신을 사랑한다고 말할 때마다 우리는 자신을 속이고 있는 것이다. 신을 사랑하기 위해 형제를 사랑하는 것이 아니라, 지금 형제를 사랑하는 것 자체가 이미 신을 사랑하고 있는 것이다.

사랑은 그 자체로 자신을 내어 놓는 '자기 양도'이기 때문에 우리의 사랑도 자신을 내어 놓는 자기 양도의 행위가 되어야만 한다.

"사랑하는 자녀들이여, 우리는 말로나 혀 끝으로 사랑하지 말고 행동으로 진실하게 사랑하자."(요한일서 3: 17-18)

5. 영성생활의 결과

신의 품성은 사랑, 기쁨, 평화, 인내, 친절, 선행, 진실, 정직, 온유 그리고 절제 등으로 드러난다. 이 열매들을 맺은 사람은 신으로 충만한 영의 사람이다. 그는 진정으로 회개한 사람, 새로 태어난 사람, 신의 축복을 받은 사람이다. 이 열매를 맺지 못한 사람은 아직 진정으로 회개하지 못한 사람, 새로 태어나지 못한 사람, 신의 축복을 받지 못한 사람이다. 신앙인은 자신이 진정 신으로 충만한 영성의 사람이 되었는지, 진실로 회개하고 새로 태어나 새 삶을 사는지, 참으로 신을 보고 그분의 축복을 받았는지를 분별하

기 위해 자신의 삶을 하나하나 점검하고 열매를 맺도록 노력해야 한다.[19]

① 사랑의 삶

신의 속성은 사랑과 자비이기 때문에 영성으로 충만한 사람은 무엇보다도 사랑으로 충만해진다. 그는 신을 사랑하고, 사람을 사랑하고 모든 행동과 생활 전체를 사랑으로 하게 된다. 자기 인격과 생활 전체를 점점 사랑으로 집중시켜 마침내 자기 인격과 생활 전체가 사랑이 된다. 사랑은 가장 소중하고 '모든 것을 하나로 묶어 완전하게' 한다.

사람과 세상을 사랑하는 것은 결국 신을 사랑하기 위한 '과정'이다. 영성으로 충만한 사람은 신의 사랑을 자기 생활의 중심으로 삼고, 자기 생명의 전부로 여기며 산다. 신의 사랑이 자기 삶의 의미와 보람이 된다. 그는 점점 신과 같은 마음과 사랑으로 살게 되고, 마침내 자기 마음이 신의 마음이 되고, 자기의 사랑이 신의 사랑이 되며, 자기 자신이 신의 모습으로 닮아간다. 그래서 사람은 어떤 사랑을 실천할 때도 그렇게 사랑하게 해주신 신께 감사와 찬양을 드릴 뿐이다. 사랑의 신이 내 안에서 거하며 그 사랑이 사람들에게 흘러 전해지는 것이다. 이제는 내가 사는 것이 아니라 신이 내 안에서 사는 것이다.

② 기쁨의 삶

신의 사랑과 자비로 회개하고 새로 태어나 새 삶을 살며, 신을 만나는 사람의 우선적인 특징은 역시 기쁨이다. 왜냐하면 진정한 회개와 새 삶 그리고 신을 만나는 체험은, 사람의 마음을 언제나 기쁨으로 넘치게 하기 때문이다. 그는 어떤 어려움과 역경에서도 늘 기쁘다. 그러나 아직 진정으로 회개하지 못하고 새 삶을 살지 못하며 신을 만나지 못한 사람은, 마음속 깊

19) 김보록, 『영성의 이슬』(생활성서, 2004), pp.111-112 참조.

은 곳에서 진정한 기쁨을 누리지 못하고, 늘 슬프고 우울하며 불안하고 두
렵다.

사람의 마음 속 깊이 자리 잡은 죄악과 이기심은 진정한 기쁨을 불가능
하게 만들고, 세상일과 자기 자신에게 의지하고 사는 자세도 사람의 마음
에 슬픔과 불안을 불러일으킨다. 기쁘게 살아야 삶의 의미가 있고, 기쁘게
일해야 일하는 보람을 느낀다. 기쁘게 봉사하고 기도해야 그 봉사와 기도
가 가치 있는 것이다.

신의 사랑으로 충만한 사람은 기쁨으로 가득하다. 기쁨의 원천은 스스
로가 신의 사랑을 받고 그분을 사랑하고 있다는 체험에서 나온다. 신의 용
서와 자비를 받고, 그분과 화해하고 친근해지는 것은 사람을 진정 기쁨으
로 넘치게 한다. 신의 사랑을 깊이 깨닫고 체험하면 세상의 어떤 어려움이
나 고통을 겪는다 해도 신은 극복할 수 있는 용기와 힘을 주시어 기쁨으로
받아들인다.

신께 깊이 뿌리 내린 기쁨은 견고하고 흔들리지 않으며 오래 간다. 그러
나 세상 것과 자기 형편에 근거를 둔 기쁨과 자기감정 그리고 기분에 따른
기쁨은 허약하고 불안하여 오래 가지 못한다. 신이 주실 수 있는 참 기쁨은
사람의 마음 심오한 곳에서 솟아 나와 어떤 상황에서도 내적 고요와 즐거
움을 유지하게 한다. 그는 외부의 변화에 무관하게 신 안에서 변함없는 기
쁨을 누린다. 변함없는 기쁨과 끊임없는 기도, 무조건적인 감사야말로 참
신앙인의 삶의 자세다. 그 기쁨은 고통이 심할수록 커지고 강해진다.

신 안에서 늘 기쁜 사람은 세상을 밝게 보고 인생을 긍정적으로 받아들
이며, 삶을 즐겁게 한다. 기쁜 마음으로 영성 생활을 해 나가야 건전하고
바른 영성의 삶을 살 수 있으며, 늘 기쁘게 성장의 노력을 해야 좋은 열매
를 맺는다. 기쁨 자체가 이미 하나의 영성이다.

반대로 슬픔, 비관, 불안, 두려움, 실망, 좌절, 우울, 원망, 억울함, 원한,

무기력 등은 다 하나의 걸림돌이고 성장과 영성을 방해하기 때문에, 이 부정적 심정들을 애써 피하고 극복하도록 노력해야 한다.

기쁨은 건전한 영성과 성장을 촉진시키기 때문에 늘 긍정적이고 적극적이며 밝은 심정을 유지하고 기르도록 힘써야 한다.

슬픔을 피하고 기쁨을 유지하는 것은 죄악과 고통을 극복하고 유혹을 이겨내기 위해 열심히 노력 하고 부지런하며 보람찬 생활을 하기 위해서도 꼭 필요하다.

③ 평화의 삶

신의 기쁨과 사랑을 체험하고, 그 안에 머무는 사람은 마음이 늘 평화롭다. 어떤 역경 속에서도 신의 힘으로 반드시 이겨 낼 수 있다는 확신을 가지기 때문에 두려워하지 않고 실망하지 않는다. 항상 자신의 잘못을 돌아보며 잘못을 뉘우치고 용서받도록, '회개에 합당한 열매'를 맺고자 노력하기 때문에 늘 평화롭다.

서로간의 불화와 불안을 없애고 화해하여 평화와 안정을 유지하는 것은 신앙인에게 꼭 필요하다. 평온하고 차분한 마음으로 사는 신앙인은 영성을 성장시키는 삶을 기쁘고 적극적인 자세로 살 수 있다. 또한 그러한 영성과 성장은 건전하고 올바른 모습으로써 많은 열매를 맺는다. 기도와 덕의 실천도 역시 평화로운 마음으로 해야 좋은 열매를 맺는다.

그러므로 내가 신과 다른 사람, 나 자신과 화해했을 때 평화가 이루어진다는 것을 알 수 있다. 먼저 신과는, 죄를 뉘우치고 용서를 받아 그분과 올바른 사랑의 관계를 회복함으로써 화해하게 된다. 다음으로 다른 사람과는, 나와 그 사람 사이의 갈등과 차이와 오해를 용서와 인내, 양보와 타협으로 해소하고 서로 일치를 이룰 때 화해가 실현된다.

화해는 평화의 신이 찾아오기 때문에 평화의 전령이라고 할 수 있다. 따라서 평화는 신의 사랑 안에 머무르게 한다.

④ 인내의 삶

인내는 성내지 않고 오래 참고 묵묵히 견디는 것이다. 신의 인내는 철저하고 마지막 순간까지 계속되는 인내다. 어떤 사람의 죄일지라도 신은 끝까지 회개하기를 기다리고, 회개하면 받아주시며 회개에 합당한 열매 맺기를 참고 기다리신다.

인내는 인간적 이유와 동기, 여건을 넘어서 대자연을 포용하는 신의 참으심 같이 참아 내는 것이다. 그래서 인내는 신이 맺어 주시는 값지고 고귀한 열매가 된다. 인간적으로 아무리 어렵고 불가능하다고 느껴질 경우에도 신을 바라보며 인내할 수 있어야 한다.

인내는 자신에 대한 인내, 일에 대한 인내, 타인에 대한 인내로 나뉜다. 자신을 인내하는 것은, 다른 모든 인내의 근본이 된다.

자신을 인내하는 것은, 우선 자신을 있는 그대로 받아들이고 인정하는 것에서부터 시작한다. 자신을 올바른 의미에서 사랑하고 아끼며, 아무리 자신의 모습이 비참하고 초라하게 여겨질지라도 그런 자신을 소중하게 받아들여야 한다. 결코 자신을 학대하고 싫어하며 자신을 포기하지 않는 것이다.

자신의 장점과 단점, 행복과 보람, 문제, 고민 등을 다 포함하여 그대로 자신의 현실을 인정하고 받아들이며 매사에 감사하는 마음 자세가 필요하다. 동시에 장점은 키우고 단점은 고쳐 나가며, 문제와 고민은 풀어 나가도록 노력한다.

자신의 단점을 고치고 문제와 고민을 푸는 것이 뜻대로 되지 않는다 하더라도 인내심을 갖고 노력을 계속해야 한다. 또한 살아 있는 한 자신의 결점을 완전히 고치기는 어렵다. 그것은 인간 각자의 체질과 성정(性情)이므로 어떤 모범의 규범 안에 자신이 맞추어야 하기 때문이다. 그러므로 내 자신이 당면한 문제와 고민을 완전히 풀 수 없다는 사실도 받아들이려고 노력해야 한다. 나 자신의 한계와 부족함을 있는 그대로 받아들이고 때로는 긍정적인 단념과 포기도 필요하다.

영성을 완성하는 길에서 잦은 실수를 하고 자기 뜻대로 되지 않는다고 해서 화를 내고 실망하며 노력을 포기하는 것은 인내가 부족하기 때문이다. 어떤 의미에서는 얼마나 성과를 올리느냐 하는 것보다 노력을 계속하는 것 자체가 더 소중하다. 결점이나 버릇 하나를 고치기 위해 5년, 10년 또 한평생이 걸린다고 생각하며 꾸준히 나간다. 어떤 어려움이나 역경이 몰아친다 해도 끈질기게 노력을 지속하는 것이 진정한 인내다.

타인에 대해 인내하는 행위는 우선 다른 사람을 있는 그대로 받아들이고 인정하는 데서부터 시작한다. 아무리 싫고 미워지는 사람이라도, 신이 그를 무한히 사랑하시고 계신다는 사실을 생각하며, 나도 그를 사랑하고 아껴야 한다. 아무리 부족한 사람이라도, 신이 그를 참아주시고 그를 용서하신다는 것을 생각하며, 나도 그를 참아주고 용서해야 한다.

다른 사람의 좋은 점과 나쁜 점, 장점과 단점, 강점과 약점 등을 있는 그대로 인정하고 받아들인 후, 장점과 강점은 인정하여 칭찬하고, 단점과 약점은 고치도록 도와준다.

다른 사람의 좋은 점을 시기하고 질투하는 것이 인간관계를 일그러뜨리고, 다른 사람의 나쁜 점을 인내하지 못하는 것이 인간관계를 어렵게 하며 갈라놓기까지 한다. "그 사람이 자신의 나쁜 점과 약점을 빨리 고치면 좋겠는데 왜 고치려고 하지 않는가?"라고만 생각하는, 성급하고 초조한 마음으로 그를 대하기 때문에 참기 어려워지고 그와의 관계가 꼬일 수밖에 없다. 만약 다른 사람이, "당신이 자신의 나쁜 점과 약점, 버릇을 빨리 고치면 좋겠는데 당신은 왜 고치려고 하지 않지요?"라고 나를 대한다면, 나도 그 사람을 대하기가 무척 어려워질 것이다. 다른 사람이 나의 잘못을 참고 대해 주기를 원한다면, 나도 그를 인내로 대해 주어야 한다. 자신을 완전히 바꾸는 것이 불가능한 것처럼, 다른 사람 역시 완전히 바꾸는 것이 불가능함을 깨닫는 단념과 포기가 필요하다.

그렇다고 다른 사람의 단점과 약점을 말하지 않고 그냥 참고 외면하기만 하라는 뜻은 아니다. 특히 지도자, 부모, 배우자, 형제, 친구 등 그와 직접 관계를 맺고 있는 사람은, 그의 나쁜 점과 약점을 고치도록 충고하고 지도하며 도와줄 의무가 있다. 꾸준히 지도하고 충고하며 도와야 하지만, 성을 내고 화풀이를 하며 앙갚음하는 마음으로 하는 것이 아니라, 그를 진정으로 사랑하고 도와주어, 그가 잘못을 고쳐 신께 더 가까워지기를 바라는 마음으로 지도하고 충고하며 돕는 것이다. 감정에 이끌리지 않고 침착하고도 정성을 다하여 도와주어야 한다.

⑤ 친절한 삶

친절이란 다른 사람을 정다운 태도로 돕고 겸손하며 예절 있게 그리고 기쁘게 해주는 행위다. 신은 모든 이에게 친절하시며 특히 고통 받고 소외된 사람과 가난하고 나약한 사람에게 사랑이 넘치는 친절을 베푸신다. 당신을 미워하고 학대하는 사람을 모욕하거나 앙갚음을 하기는커녕 항상 인내하고 용서하시며 오직 사랑과 친절로 대하셨다. 어떤 모욕과 비방을 받으셨을 때도 그분은 변함없이 사랑과 용서 그리고 인내와 친절로 대하셨다. 어떤 보답이나 대가도 바라시지 않고, 오히려 아무 보답도 하지 못하는 가난하고 고통 받는 사람에게 정성을 다하여 친절을 베푸셨다.

나를 사랑하는 사람을 사랑하는 것, 나에게 친절한 사람에게 친절하게 대하기는 쉽다. 자기가 좋아하는 사람과 자기에게 보답해 줄 수 있는 사람에게 친절을 베푸는 것은 누구나 할 수 있다. 그러나 나를 미워하고 학대하며 비방하는 사람을 친절하게 대하는 것은 쉽지 않다. 아무 보답도 하지 않고 도리어 나를 무시하고 냉대하는 사람에게 친절을 실천하는 것은 아무나 할 수 있는 일이 아니다.

신앙인의 친절은 말과 행동으로 이웃에게 신의 친절을 전해 주는 것이다. 그럼으로써 신앙인은 이웃에게 신의 사랑을 전해주는 '하나의 사랑의 도구'가 되고, 신의 친절을 보여주는 화해와 평화를 이끄는 '또 하나의 친절의 수단'이 된다. 그 결과 그가 신의 사랑과 친절을 받고 기뻐하고 행복해 하는 모습을 보고, 나도 함께 기뻐하며 보람과 행복을 느낀다. 친절을 통해 얻은 이 기쁨과 보람, 행복은 내가 이 세상에서 누릴 수 있는 최고의 기쁨이자 보람이며 행복이다. 다른 사람에게 닫힌 '자기중심'의 자세를 버리고, 다른 사람에게 열린 '타인 중심'의 자세를 취하는 것이 필요하다는 것을 알게 한다.

항상 다른 사람이 어떻게 느끼고 생각하는지, 무엇을 원하고 필요로 하는지를 민감하게 알아차려야 한다. 그리고 그의 느낌과 생각에 맞추고 도와주며, 그가 원하고 필요로 하는 도움을 즉시 제공한다. 내가 원하고 만족하는 방법대로 남을 돕는 것이 아니다. 다른 사람과 함께 서로 기쁨과 고통을 나누고 공감하는 것이 필요하다.

언제, 어떤 상황에서 그리고 어떤 사람이라도 기꺼이 도우려는 헌신적인 자세를 가진다. 누구에게나 선하고 고운 감정, 부드럽고 따뜻한 태도를 유지한다. 자기가 손해를 보고 희생만 하고 있다고 느낀다 해도 변함없이 친절을 실천한다. 친절한 언행은 결코 손해가 아니고, 결국 자기 자신에게 도움이 된다.

다른 사람의 부탁을 너그러이 들어 준다. 누구라도 자기에게 어떤 일이라도 쉽게 부탁할 수 있는 그런 사람이 되어야 한다. 만약 어떤 일을 해주지 못할 경우, 해주지 못하는 이유를 친절하게 설명하고 "죄송합니다 다음에 꼭 해드릴께요”라고 말한다면, 거절을 당한 사람도 결코 기분이 나쁘지 않을 것이다. 우리는 남의 부탁에 대해 너무 쉽게 거절하지만, 대부분의 경우 아주 약간의 마음과 성의만 있으면 들어 줄 수 있는 일이다.

이러한 친절은 누구에게나 필요하지만, 특히 지도자와 어른, 권위와 권력을 가진 사람에게 더욱 필요하다.

⑥ 선행의 삶

“오직 선행으로 하기를 원하라 이것이 신을 공경한다 하는 자들에게 마
땅한 것이니라.(딤전 2:10)”

사람은 사랑과 자비의 신을 공경해야 한다. 그리고 신을 공경하는 자의 길은 선행하는 것이다. 선행을 하는 자는 영성으로 충만한 사람이다. 그는 누구에게나 어떤 상황에서나 변함없이 선행을 실천한다. 어떤 오해와 모욕, 학대 앞에서도 한결같이 선행을 실천한다. ‘악을 악으로 갚지 말고’, ‘악에게 굴복하지 말고 선으로써 악을 이겨’낸다. 어떤 냉대와 무시를 당한다 해도 선을 실천한다. 그것은 ‘선하신 신’을 삶으로 보여주는 모습이 된다. 신은 악한 사람에게나 선한 사람에게나 똑같이 햇빛을 주시고 옳은 사람에게나 옳지 못한 사람에게나 똑같이 비를 내려 주신다. 이는 한결같은 선행의 거울이다.

사람의 인정과 칭찬, 보답을 바라고 하는 선행은 참으로 허무하고 덧없다. 다른 사람의 냉대나 무시, 모욕, 학대에도 상관없이 오직 신의 보답만이 그를 충분히 만족시키고도 남음이 있다. 그래서 오히려 자신을 냉대하고 무시하며 모욕하고 학대하는 사람에게 선행을 실천하려고 한다.

선행은, 행위 자체가 선할 뿐 아니라 마음도 선해야 한다. 선한 마음이

조건 없이 가시적인 행동으로 옮겨져야 비로소 진정한 선행이 된다. 선행을 악한 마음과 불순한 동기, 이기적인 의도로 실천하는 것은 가식이요 상술이다. 선행을 의무와 형식으로만 실천하거나 어쩔 수 없이, 마지못해 하는 것도 참된 선행이 아니다. 기꺼이, 정성을 쏟아 선행을 실천해야 한다. 모든 이기적 동기와 불순한 의도를 떠나 상대의 선익(善益)만을 생각하고, 그를 사랑하는 마음으로 행한다. 나의 선행으로 그가 조금이라도 선익을 얻어 선한 사람이 되고, 신의 사랑과 자비를 깨달으며, 신께 가까워지기를 바라는 마음으로 선을 실천한다.

결국 영성 성장의 길은 얼마나 큰 선을 행하느냐에 있지 않고, 얼마나 선하고 사랑하는 마음으로 행하는가에 달려 있다. 선행뿐만 아니라 모든 일, 일상적이고 평범하며 별것 아닌 일까지도 선하고 사랑하는 마음으로 실행 한다면 모든 일은 선행이 되고 사랑이 된다. 신은 바로 내가 하는 모든 일을 사랑과 선한 마음으로 하게 해주시고 나의 삶 전체를 성숙시켜 주신다.

⑦ 진실한 삶

진실이란 말은 거짓의 반대다, 거짓은 신과는 물론 인간관계를 괴멸시키는 악이다. 악을 멀리하는 것은 진실을 추구하는 것이다. 진실을 추구하는 자는 신의 진리를 깨달아 깊이 깨달아 실천에 옮긴다. 그는 세상의 진실과 그 참모습을 있는 그대로 보고 받아들인다. 모든 것을 신께 속하는 피조물로 보고, 모든 일을 신의 구원섭리 안에 받아들이며, 사람을 신이 사랑하시는 자녀로 대한다. 자기 자신을 죄와 연약함이 가득한 사람으로 파악하는 동시에, 신의 총애를 받는 소중한 자녀로 인식하고, 죄스럽고 연약한 점과 은혜롭고 소중한 점을 동시에 깨닫는다. 세상 만물과 자기 자신이 신께 전적으로 의존하고 매순간 그분으로 인해 존재하며 움직이는 것을 안다.

신은 무한하시고 절대적인 분이심을 인식하며, 동시에 세상과 자기 자신
은 아무것도 아님을 직관한다.

신의 사랑과 자비로 충만한 사람은 모든 것을 정확히 보고 통찰한다. 왜
냐하면 그는 늘 신과 신의 진리 안에서 모든 것을 보기 때문이다. 그는 어
떤 상황에서도 진실한 마음으로 생각하고 말하며 행동한다. 신과 자신 그
리고 다른 사람 앞에서 진실하게 산다. 무엇이 진실이고 거짓인지, 무엇이
진짜이고 가짜인지를 안다. 자기의 말과 행동이 신에게서 나오는지 자기
욕심, 교만, 고집에서 나오는지를 똑바로 안다. 자기를 속이거나 덮어놓고
정당화나 합리화시키지 않고, 핑계와 구실을 세우지 않는다. 자신의 잘못
과 실수를 겸허하게 있는 그대로 인정하고 고치려 하며, 다른 사람의 잘못
과 실수는 너그러이 용서하되, 필요하면 솔직히 지적하고 그가 고칠 수 있
도록 돕는다.

다른 사람을 편견과 선입관으로 판단하지 않고, 있는 그대로 받아들이며
겉모습만으로 그의 의도와 내면까지 판단하지 않는다. 그 사람의 의도와
내면의 판단은 신께 맡긴다. 진실을 밝혀야 할 때와 밝히지 말아야 할 때를
현명하게 가려낸다. 진실의 열매는 인내와 용서로 그 진가를 발휘한다.

⑧ 온유한 삶

온유는 신과 자신뿐만 아니라 다른 사람에게도 따뜻하고 부드럽게 대하
는 덕이다. 이와 반대되는 행위는 신과 자기 자신 그리고 다른 사람에게 냉
정하고 딱딱하며 거칠고 완고하며 고집을 부리는 자세다. 신은 사람의 마
음을 따뜻하고 부드럽게 녹여 주신다.

영성으로 충만한 사람은 먼저 신께 온유하게 대한다. 신의 사랑과 자비
를 깊이 느끼고 깨달으며, 그에 감동하여, 그 은혜를 갚기 위해 더 관대하
고 너그럽게 응답하려고 한다. 매순간 주어지는 신의 부르심과 사랑의 호

소에 항상 너그러이 응답하고 온순하게 따르며, 이를 신속히 실천에 옮긴다. 신이 원하시는 것이라면 무엇이든지 기꺼이 받아들이고 실천에 옮기려고 한다. 그러면서도 항상 신의 부르심과 사랑의 호소에 충분히 응답하지 못한 것을 죄송스럽고 부끄럽게 여긴다.

영성으로 충만한 사람은 다른 사람에게도 온유하다. 남을 따뜻하고 부드럽게 대하며, 너그럽고 관대하게 받아들인다. 남에게 마음을 열어 관심을 가지고, 자기보다 남을 먼저 생각하고 도우려고 한다. 그의 마음은, 어떻게 하면 남을 기쁘고 행복하게 해줄까, 어떻게 하면 그로 하여금 신을 사랑하고 신의 사랑을 알 수 있게 해줄 수 있을까에 집중되어 있다. 다른 사람을 있는 그대로 인정하고 받아 주며, 그의 잘못을 너그러이 용서하고 인내한다. 그의 잘못을 조용히 지적하고 충고하는 것은 그를 진정으로 사랑하고 그가 신께 가까워지기를 바라기 때문이다. 남을 자기에게 맞추려 하기보다 자기를 그에게 맞추려 하고, 먼저 말하기보다 다른 사람의 말에 먼저 귀 기울인다.

다른 사람을 따뜻하고 부드럽게 대하는 사람은 그를 두려워하거나 그의 눈치를 볼 필요가 없고, 편안하고 가벼운 마음으로 그와 지낼 수 있다. 온유한 사람은 다른 사람에게 편안함과 평화 그리고 기쁨을 가져다준다. 그 사람은 신의 온유한 마음을 닮아 그 모습을 이웃에게 전한다.

신의 가르침으로 충만한 사람은 자기 자신에게도 온유하게 대한다. 비록 결점과 실수와 한계, 나약함이지만 신의 사랑 안에서 많은 은총과 축복을 받은 소중한 자녀로서, 자신을 있는 그대로 감사히 받아들이고 인정한다. 그래서 아무리 죄를 범하고 실수를 저지르며 결점과 한계 그리고 나약함을 느낀다 하더라도, 결코 실망하거나 좌절하지 않고 자기에게 화를 내거나 인내심을 잃고 노력을 포기하지도 않으며 오히려 기쁘고 차분한 마음으로 잘못을 고치며 자신의 좋은 점을 기르도록 노력한다. 영적 노력에 항상 필요한 것은 온유와 온화다.

자기 자신에 대한 인내가 필요하고 자기 자신과 화해하며, 화목하게 하는 것이 중요하다. 그 이유와 근거는 신이 나를 그렇게 사랑하시고 용서하시며, 소중히 여겨 주시기 때문이다. 나도 나 자신을 사랑하고 소중히 여겨 받아들이며 나 자신에게도 인내심을 갖고 대하고 특히 타인을 온유한 마음을 가지고 너그러이 용서해야 한다. 이 온유함의 자세는 특히 자신의 죄와 잘못에 실망하고, 스스로를 미워하며, 양심과 신경이 예민하고 소심한 사람에게 필요하다.

⑨ 절제의 삶

절제는 욕망을 조절하고 제어(制御)하는 덕이다. 욕망과 본능을 조절하고 제어하는 것은 누구에게나 희생과 아픔이 따른다. 불필요한 욕망을 내면에서 절제하는 것이 여러모로 중요하다는 것은 이미 다방면에서 분석되고 알려졌다.

신을 사랑하고 공경하는 신앙인은 육신의 욕망을 절제할 수 있기 때문에 그러한 욕망을 제어하면 할수록 신의 은총으로 충만해진다. 육신의 욕망을 제어하는 것은 신이 하시는 일이며, 신이 사람의 마음을 당신으로 채워 주시기 때문에 사람은 육신의 욕망을 제어할 수 있게 된다. 그러므로 절제는 신께서 맺어 주시는 영성의 열매로 남는다.

자기 본능과 감정과 감각, 말과 행동을 절제하여 말씀을 실천하는 신앙인은 올바르고 순결하며 예의 바르게 살 수 있다. 사람은 자기 본능과 감정, 감각과 말 그리고 행동의 주인이요 주관자로서 이 모든 것들을 자유로이 조절할 줄 알아야 한다. 그것이 곧 절제의 덕이다. 반대로 자기 본능과 감정과 감각, 말 그리고 행동을 자유로이 조절하지 못할 때 자기 욕정과 욕심에 따라 쉽게 죄를 짓고, 쉽게 흥분하여 화를 내며 실망하고 우울해지며,

잘못을 저지르게 된다.

신의 말씀으로 충만한 사람은 자기 생각과 말 그리고 행동에서 올바른 절제를 실행한다. 그는 어떤 상황에서 무엇을 얼마만큼 포기하고 소유하며 버리고 누리며 희생하고 즐길 수 있는지를 적절하게 분별한다. 절제에서 적절한 분별은 대단히 중요하다. 사실 이 분별을 통해 진정한 절제에 이를 수 있기 때문이다.

'선악의 분별' 뿐만 아니라 각자에게 '무엇이 적절하고 무엇이 적절하지 않은지 분별하는 것'도 대단히 중요하다. 어떤 사람에게는 어떤 것을 포기하는 것이 절제가 되고, 다른 사람에게는 포기하지 않는 것이 절제가 될 수 있다. 마찬가지로, 버리고 희생하는 것이 절제가 될 경우가 있는가 하면 그 반대의 것이 절제가 되는 경우도 있다. 어떤 일이 어떤 사람에게는 허락되지만 다른 사람에게는 허락되지 않을 수 있고, 남에게 바람직하지만 자신에게는 바람직하지 않은 일도 있다. 침묵이 절제가 될 수도 있지만, 말을 하는 것이 절제가 될 때도 있다.

어떤 사람은 사람들 앞에서 봉사하는 것이 절제가 되고, 어떤 사람에게는 숨어서 봉사하는 것이 절제가 된다. 남의 도움을 받지 않고 혼자의 힘으로 하는 것이 절제가 되는 경우가 있는가 하면, 남의 도움을 받는 것이 절제가 되는 경우도 있다. 남의 잘못을 타이르는 것이 절제가 되기도 하고, 남의 잘못을 묵인하고 못 본 척하는 것이 절제가 되기도 한다.

자기 형편에 알맞고 균형 잡힌 절제를 하는 사람이라야 마음이 편안하고 만족스럽다. 그 반면에 자신에게 맞지 않고 균형이 잡히지 않는 절제를 하는 사람은 어쩐지 불편하고 불안하다. 신은 바로 각자에게 알맞고 균형 잡힌 절제를 하도록 인도하신다. 따라서 자신에게 편리하고 편안한 것만을 선택하고, 스스로 절제하고 있다는 핑계를 내세우지 말아야 하며, 스스로에게 진솔해야 한다. 성숙의 노력은 원칙적으로 다른 사람에게는 너그럽고 자신에게는 엄하게 대하는 것이다. 늘 자신에게 약간 불편하고, 자신의 희생을 용감하게 선택하는 절제가 성숙의 열쇠라고 할 수 있다.

이와 같은 영성생활의 결과들은 신이 우리에게 주신 신의 화신(化身)이며 삶의 거울이 된다.

V. 삶의 완성

1. 사랑의 완성

영성의 완성은 사랑의 삶을 완성하는 것이다. 완전을 추구하는 종교적 의미의 완전한 사랑은 교조의 말씀을 통해 윤리적이고 도덕적이며 종교적인 의미를 갖는다.

신이 인간에게 요구하는 완전이란 인간이 완전무결을 추구하는 것이 아니라 신의 사랑을 받아들이고 이것을 실천하는 데 있다. 따라서 모두가 성숙한 신앙인으로 신의 완전성에 도달하도록 노력해야 하며 모름지기 사랑의 완성을 향해 줄기차게 전진해야 한다.

① 완성의 본질

구원을 향하는 종교적 완성의 문제는 "완전한 사람이 되어라"(마 5:48)는 말씀에 기반을 두고 있다. 이는 영원한 생명을 얻기 위함이며, 사랑 안에서 지속적인 성장을 이루어가는 것이다(빌 1:19). 따라서 신앙생활의 완성은 사랑에 따라서 이루어진다. 인간 영혼의 최후의 목적인 신과 일치하는 것은 사랑이기 때문이다. 그래서 사랑이 있는 곳에 완성이 있게 된다. 사랑은 영혼을 성장시키고 향상시키는 수단이라고 할 수 있다.

그러므로 사랑의 완성은 신앙생활의 지침이 되며 모든 신앙인들이 반드시 추구해야 하는 궁극적 목표가 된다.

완성의 본질은 사랑에 있다. 사랑이 시작될 때 인간은 성장이 시작되고 사랑이 완성될 때 인간의 완성이 이루어진다. 그러면 그 사랑은 어떤 사랑인가? 인격적인 사랑이다. 곧 초자연적인 사랑을 의미한다. 초자연적 사랑의 본질은 희생과 고통을 수반하는 헌신에 있다. 그러므로 사랑은 신의 심정에서 나오는 선성(善性)에 근본을 둔다.

② 완성의 내용

인간 완성은 먼저 신의 계명을 실천하도록 요구한다. 이 계명을 실천하기 위해 정결과 절제와 순종을 지켜야 한다. 정결과 절제와 순종은 신의 계명을 지키기 위한 보조적인 것들이지만 이것들을 지키는 목적은 보다 더 철저히 인격의 완성을 위해서다.

여기서 절제는 소유욕을 잘 다스리는 것을 뜻하며, 정결은 성(性)을, 순종은 지배욕을 잘 다스리는 것을 말한다. 이렇게 하여 신을 사랑하고 사람을 사랑하는 계명을 지킴으로써 우리는 사랑의 발전을 하게 된다.

사랑의 발전에는 세 단계가 있다. 첫째, 시작하는 사랑으로 이것은 남을 이해하는 것이다. 둘째, 발전하여 진보하고 성장하는 사랑인데 이는 실천하는 사랑이다. 셋째, 완전한 사랑인데 이것은 신의 사랑으로 일치하는 사랑이다.

“내가 신을 믿는 것은 나를 사랑하기 때문이다”라고 할 때 이것은 신앙의 출발이 된다. 내가 교회에 나가는 것은 내 마음이 편해서라는 단계다. 또 “내가 신을 믿는 것은 사람을 사랑하기 때문이다”라고 말할 때 그의 영혼은 많이 성장한 것이다. 그리고 “내가 신을 믿는 것은 신을 사랑하기 때문이다”라고 하면 그는 신의 완전성에 도달한 것이 된다.

신앙인의 완성은 물질적인 이탈인 절제, 몸을 봉헌하는 정결 그리고 신의 뜻에 몸과 마음을 바치는 순종의 모습으로 나타난다. 여기에서 절제란 궁핍과는 다르다. 필요한 물건을 가지면서 거기에서의 이탈과 포기를 의미한다.

정결은 바른 성생활을 함으로써 완성해 나가는 길이다. 순종은 지배욕을 완전히 다스리는 것이다. 따라서 모든 신앙인은 올바르게 욕망을 제어하면서 진리에 순응하며 살아가야 한다. 이것이 사랑의 완성을 실천하는 길이다.

③ 완성과 사랑

완성의 본질이 사랑에 있다면 그 사랑은 무엇인가? 사랑은 선(善)을 행(行)하는 것이다. 선을 생각하고 선을 부르짖는 것은 사랑의 과정이다. 선을 부르짖거나 마음 속에 간직하고만 있는 것은 사랑이 아니다. 말로만 사랑한다고 하면서 행동으로 나타내지 않는다면 그 사랑은 아무 소용이 없다.

사랑은 언제나 신의 선한 성품에 바탕을 둔 사랑이며, 그것은 내식 데로 사람을 사랑하는 것이 아니라 사람을 있는 그대로, 신의 사랑 안에서 그대로 사랑하는 것이다. 사랑의 동기, 본질, 목적은 신 안에서 시작되고 신 안에서 끝난다. 우리가 신을 사랑해야 하는 이유는 신이 우리를 사랑하시기 때문이다. 마찬가지로 우리가 사람을 사랑해야 하는 것은 신이 우리 사람을 사랑하시기 때문에 우리도 사람을 사랑해야 하는 것이다.

그래서 우리는 무엇보다 먼저 신을 사랑해야 하고 그 신 안에서 신을 위해 사람과 자신을 올바르게 사랑해야 한다. 그리고 기도와 헌신 속에서 자신을 정화하고 성화하며 전도활동과 사랑을 통해 사람의 구원에 힘써야 한다.

완성의 본질이 사랑이라면 우리의 영혼이 사랑으로 인해 신과 일치할 수 있다는 말과 같다. 윤리적인 면에서 말하는 모든 선행은 영혼으로 하여금 신과 일치할 수 있도록 도와주는 방법에 불과하다. 그 선행 자체가 신과 일치하는 것은 아니다. 사랑만이 유일하게 신과 일치하는 것으로서 신과 사람에 대한 사랑으로 완성에 이르게 된다. 사랑은 모든 것을 묶어 완전하게 하기 때문이다.(골 3:14)

2. 영성의 통전성(統全性) 실현

영성의 통전성을 향하여 나아가는 길은 우선적으로 주어진 잠재능력을 개발하여 의식의 스펙트럼(변하는 범위)을 확장시켜 의식의 혁명을 일으키는 것이다. 의식혁명은 과학적인 측면과 정신적인 측면 모두를 포괄하고 있어 21세기에 필요한 패러다임으로 여겨진다.

이 세상에서 완전한 삶을 이루고 최고의 업적을 완성하는 것은 사람의 관점에 따라 다르지만 정신세계에서는 신의식 안에서 영원한 사랑과 기쁨, 평화와 행복의 삶을 누리는 것이다.

사람의 내면인 정신세계와 육체환경인 외부세계의 전체 범위에 걸쳐 영성의 잠재능력을 계발시키는 창조적 생명력이 되어야 한다.

영성계발을 통해 잠재능력이 생명의 힘으로 사람의 전 내면으로 이어지면 자아, 지성, 마음, 생각의 힘 그리고 감각 등의 모든 내면 활동이 달라진다. 자아는 최고도로 충실해지며 지성은 깊고 예리해져 대상을 꿰뚫어 보는 힘을 얻는다. 마음은 우주의식 한 곳에 집중되어 전체적인 모습을 보는 힘이 커지며 생각의 힘도 비상히 증대된다. 그리고 감각의 깊이도 최고에 이른다. 한 마디로 절대 영성적 존재의 뒷받침 아래 자아와 지성, 마음, 그리고 감각의 효과가 엄청나게 커진다. 이에 의해 모든 체험이 깊어지고 활동은 힘차진다. 이렇게 되면 개개인 삶의 모든 국면은 사회와 우주전체를 위해서 더욱 가치가 높아진다.

(1) 신의식의 삶

신의 은총을 입은 인간은 영성적으로 최고의 영광된 삶을 누려야만 한다. 최소한 고통을 당하지 않아야 하며 최상의 경지로서는 신의식(神意

識) 안에서의 절대 환희를 맛보고 살아야 한다. 신의식이란 전지전능하고 무소부재한 궁극적 실재, 곧 절대존재를 깨닫는 것이기 때문이다. 신의식에 이르면 인간이 항상 절대 존재의 현현에 근접하여 살 수 있게 된다.

다만 신의식을 깨닫는 길은 인간의 전 잠재능력을 깨우쳐 계발해야 한다. 이러한 차원에서 인간의 전 잠재능력이란 인간이 육체와 정신, 영혼의 모든 차원에서 숨겨져 있는 능력을 말한다.

육체적인 면에서의 잠재능력이란 예컨대 사지와 감각 그리고 신경조직이 서로 잘 조화된 정상기능을 갖는 건장한 육체를 뜻한다. 정신적인 면에서의 잠재능력이란 인간의 정신적 능력을 남김없이 활용하는 것을 말하며, 영적 차원에서는 사람의 모든 일상생활 속에서 영적 존재의 가치를 살게 되는 생활을 의미한다.

또한 전 잠재능력이란 이 세 차원의 상호간, 곧 육체와 정신, 정신과 영적 차원이 완전한 협조와 조화를 이루어 가는 소우주적인 삶 즉, 통전적인 삶을 뜻한다. 그러므로 영성의 통전성은 육체와 정신적인 차원 모두를 총괄한다고 할 수 있다.

모든 사람의 마음은 그 의식 안에 초월적이며 거룩한 절대존재의 영역에 도달할 능력을 가지고 있다. 피조물 전체와 '존재'의 영역이 인간 의식의 범주에 포함되는 것이다. 누구든 완전한 우주적 삶의 주인공이 될 수 있다. 이리하여 인간의 전 잠재능력은 우주적 존재의 무한한 잠재능력과 맞통해 있는 것이다.

정상적인 삶을 산다 함은 거룩한 의식, 곧 의식화된 신의식을 생활화 한다는 말이다. 정상적인 인간의 마음은 인간 수준에서 움직여지면서도 우주전체의 마음과 함께 있어야 한다.

기도와 명상은 인간 안의 거룩한 전 잠재능력을 드러나게 하여 인간의 식을 신의식의 자리까지 오르게 한다. 이 간단한 일을 해 나가는 효과로서 우리는 무한한 창조 에너지가 인도하는 삶을 살게 되며 거룩한 존재의 추상적인 절대 가치를 일상생활의 구체적 상대 가치와 조화시킴으로써 영원한 영성의 삶을 누리게 된다.

(2) 전 잠재능력계발

전 잠재능력을 계발하기 위해서는 먼저 영적 수행을 통한 심신의 안정이 필요하다. 이 때의 안정이란 생명의 절대상태의 특징인 변치 않는 생명의 핵심 진리, 영원한 존재를 파악하고 절대 순수를 놓치지 않는 것이다. 상대적 무대 위에서의 삶은 끊임없이 변하고 또 변하기 때문이다. 따라서 전 잠재능력을 쓰기 위한 첫 단계는 늘 달라지는 상대적인 삶 속에 심신을 안정시키는 수련(행)이 요청된다.

인간 내면에 있는 순수한 절대 존재와 외형적인 자아라는 상대는 함께 있다. 이 둘이 합쳐져야 삶이 완전해 진다. 절대와 상대라는 두 면이 함께 합쳐지지 않으면 절대는 활동세계를 뛰어넘어 초월세계에 보이지 않게 아무런 실용 가치가 없는 듯 남아 있고, 상대 삶의 세계는 끊임없는 활동으로 긴장되어 불안정과 변화 속에서 쇠약해지는 것이다.

전 잠재능력이 계발되면 그 능력은 초월적 성격의 불변 절대 세계와 변화하는 상대 실존의 무대를 연결시킴으로써 완전한 조화 속에 삶의 전체 가치가 살아지게끔 인도한다. 이 두 세계는 마음을 통하여 합치된다. 이는 마치 흙 속의 영양분과 나무가 한쪽에서 빨아들여 다른 쪽으로 전달해 주는 뿌리를 통하여 만나는 것과 같다.

마음이 생각의 안쪽을 점차로 느껴 나가다가 '초월 존재'에 이르게 되면 그 전 잠재능력이 드러나 자동적으로 일상의 활동에 활용되게끔 되어진다. 이러한 과정으로 사람은 감각과 육신 그리고 환경의 무대에서 자신의 전 잠재능력을 쓰기 시작하게 되는 것이다.

사념(思念)의 파동은 말이나 행동의 파동보다 훨씬 힘이 있다. 하나하나의 생각과 말 그리고 행동으로 우리는 대기에 파동을 만들어 내지만, 그중에서 생각의 파동은 특별히 강력한 것이다. 우리가 온 세상에 대해서 친절과 사랑에 넘쳐 있으면 우리는 도처로부터 사랑을 받게 된다.

우리는 우리 마음의 질과 똑같은 삶을 대기에 창조한다. 가깝든 멀든 모든 환경에서 최대의 혜택이 오도록 활용하는 기술은 그것들 모두에 대해 사랑과 용서, 그리고 동정적인 사념을 품는 것이다.

주고 받는 원리에 따르는 삶을 살면 그 보답은 자연적으로 더 크거나 같다. 우리가 주면 보답이 주변의 여러 곳으로부터 오기 때문이다.

(3) 완성한 사람

대자연의 환경을 남김없이 활용하려면 정상적인 사람, 개성을 완전히 개발하여 완성된 사람, 곧 우주의식에 다다른 사람이 되어야 환경으로부터 최대의 혜택을 받게 된다. 이런 수준에서야 사람의 정신과 마음이 '존재'의 차원, 곧 자연법칙이 모든 사물의 진화를 유지해 가는 차원 안에 확립되었기 때문이다. 우주의식 차원에서야 사람은 진실로 줄 수 있다. 사람이 최대로 베푸는 수준에 이르러야 그와 같이 받는 것이다.

잠재능력을 깨우쳐 소유한 우주의식은 사람이 영성을 따르는 삶을 사는 차원이다. 여기서는 사람의 생각과 말 그리고 행동이 신성한 의지에 의해 자연적으로 인도된다. 하나의 개인이면서 하나님의 살아 있는 손발이 되는 것이다. 그래서 그가 무엇을 하든 우주 전체 생명에 이바지한다. 그대로 하나님의 심복인 것이다. 그렇게 되려면 의식수준이 높아져서 절대초월의 순수의식의 차원 곧 조화와 평화의 영역에 들어감으로써 자연과 합일해야 하는 것이다.

기도와 명상을 하면 어지러운 마음이 가라앉고 의혹이 없어지며 긴장이 풀어지기 시작하여 마음 속에 순수한 본래의 마음이 우러나오게 된다. 명상에 의해 의식이 확대되었으므로 좀 더 확장된 대자연의 관점에서 그 상황을 바라보는 것이 가능해 진다. 비록 슬픈 일이 달라지거나 사정이 변한 것은 아니지만 우주의 통합적인 의식을 통찰하고 용서하는 마음이 생기며 어려웠던 문제를 받아들일 수 있게 된다.

① 영성적 존재인식

대자연의 전지전능한 힘을 활용하기 위해서는 소우주인 인간이 잠재능력에 내재된 영성의 힘을 발휘해야 한다.

다양한 우주생명의 창조와 진화의 영원한 과정은 말할 수 없이 복잡하고 여러 갈래이나 그로 인한 무한한 우주를 구상하고 운행하며 유지해 가는 일은 전능한 심정과 지성만이 할 수 있는 일이다. 그러나 사람이 자연과 함께 공존하며 진화의 방향으로 움직인다는 사실은 무구한 인간의 전 잠재능력을 계발시켜 인간의 능력 또한 진화시켜야 한다.

그러므로 명상 기법은 개개인의 의식을 진화의 흐름 안에 자연스럽게 유지시킴으로써 개인의 진화를 촉진시키는 영성계발의 기술을 인류에게 제공하고 있다. 이것이 자연의 전지전능한 힘을 활용하는 길이기에 전능자의 힘을 통해 사람의 삶이 완성되는 것이다. 여기서부터 절대자에게 자신을 완전히 내맡기고 헌신한다는 이념이 시작된다. 그 근거는 개인생활이 상대적인 동시에 절대적 삶이란 사실이다. 그리고 개인은 이미 절대존재와 맞닿아 있으므로 그 접촉을 의식적 차원에서 가져오기만 하면 되는 것이다.

정말로 사람이 모든 정성을 바치면 그는 시간과 공간, 인과율에 얽매인 마음으로 구성된 좁은 개성을 벗고 절대 존재의 영원하고 무한한 경지에 나가게 된다. 이 일은 초월의식 상태 안에서만 가능하다.

따라서 기도와 명상을 지속적으로 해 나가는 길을 통해서만 사람은 자연의 전지전능한 힘이 자신을 위해 움직이는 자리에 나갈 수 있는 것이다. 우주 존재와 자연적인 조화 속에 자신을 세운 사람은 복된 사람이다. 그는 신의 손 안에 신을 위하여 있고 신은 그와 그의 뜻을 보살핀다. 그러한 그는 자연의 전능한 에너지를 내면에 쌓아가며 영성적 존재로 살아가기 때문에 삶과 생명 그리고 영성적 완성을 위해 실천하는 사람이 된다.

② 영적인 삶 추구

영적인 존재가 마음 안에 자연적으로 유지될 때에 모든 생각이 존재의 차원에서 이루어진다. 생각과 순수한 존재가 함께 공존하는 상태를 이룩하려는 것이 생각에 있어서의 존재의 기술이자 영적인 삶을 실천하는 것이다.

생각이 존재(신)의 차원에 확립되면 자연적으로 생각하는 과정 안에 존재가 유지된다. 따라서 생각에 있어서의 존재의 기술이 이루어지려면 먼저 초월 '존재'의 가치가 마음의 본성에 투영되어져야 한다.

개성적 존재는 생각할 수 있는 근원이 된다. 생각의 과정은 마음을 자신의 본바탕인 존재에서 벗어나게 한다. 그래서 생각의 과정과 존재의 상태는 엇갈리는 것이다. 명상을 통해 생각의 가장 미세한 안쪽을 넘어간 다음에야 존재에 닿는 것이 가능하다는 이유가 여기에 있다. 한번 존재에 닿았더라도 다시 생각이 시작되면 마음은 존재의 초월계로부터 빠져 나와야 한다.

의식적 마음은 둘 중 하나의 상태, 곧 생각의 과정에 잡혀 있거나 아니면 순수 존재의 초월상태 안에 있다. 따라서 생각은 존재에 대한 도전처럼 보인다. 그러나 이는 그렇게 보일 뿐 마음이 생각과 존재의 상태를 함께 유지하는 훈련이 안 되어서 그렇다. 일반적으로 말해서 마음은 생각의 차원에만 머물러 왔던 판에 박힌 습관에 젖어 왔기 때문에 생각이 존재의 상태와 엇갈린 듯이 보이게 되는 것이다. 존재는 극치의 조화와 기쁨이므로 의식적 마음이 기도와 명상을 통해 생각의 근원에 이르고 존재와 친해지면 어떤 환경에서도 그것과 떨어지려 하지 않는다. 이때 마음의 본성은 존재의 본성 자체로 바뀌어 생각하는 마음 그대로 존재의 자리에 자연적으로 그 뿌리를 두게 되는 것이다. 이것이 생각에 있어서의 존재의 기술이다.

따라서 생각에 있어서의 존재의 기술은 모든 성과와 완성된 삶의 기초가 된다. 먼저 마음으로 하여금 그것을 초월하게 하지도 않고 의식적 생각의 차원에서 존재를 깨달으려고 하거나 유지시키려는 시도로는 한정된 산 존재를 영원히 살게 할 수 없다.

이를 성취하는 유일한 길은 주의를 바깥으로부터 생각의 미세한 내면으로 보내 의식이 깨어 있는 채로 존재에 닿게끔 해야 하는 것이다. 이를 꾸준히 그리고 끊임없이 해나가면 영성적 삶을 이루게 한다.

③ 생명의 숨쉬기 프라나(prana; 精氣, 영성)운동[20]-잠재능력개발의 매개체

우주만물의 생명은 음양의 율동으로 이루어진 숨쉬기에서 비롯되었다. 인간의 숨쉬기는 내면의 차원에서 보면 '프라나'의 작용이자 기능인 것이다. 프라나는 존재의 진동이며 이 진동에 의해 숨겨진 존재라는 바다로부터 개별적 생명의 흐름들이 나타난다.

어디에나 임재한 초월적 우주의 존재가 우주의 본성으로 드러난 프라나의 힘이다. 이 힘은 진동하여 눈에 보이는 생명의 파동흐름으로 나타날 때 프라나는 숨쉬기의 활동으로 변하여 개체생명의 흐름을 유지하면서 개체

---

20) 본고에서 '프라나'는 정기(精氣), '존재'의 속성으로서의 진동, 생명의 에너지로 해석되었다.

생명의 근원이 된다. 절대자의 우주생명과 연결되어 생명이 이어가도록 하는 것이 프라나다.

숨쉬기에서 숨을 들이마실 때에는 우주적 프라나가 개체의 생명력으로 화(化)하고 토해 낼 때엔 개별 생명의 흐름이 우주존재와 맞닿는다. 따라서 한 번 숨을 들이쉬고 내쉬는 데서 개별생명과 우주생명의 교류가 이루어진다. 숨쉬기는 이와 같이 한편으로 우주 생명의 씨앗으로부터 개체생명을 발아시키고 다른 면으로는 개체와 우주 존재간의 조화를 이어간다. 숨쉬기에 응용되는 오묘한 우주생명의 에너지인 프라나는 조화롭게 숨을 쉬는 동안에도 개체생명의 흐름과 우주적 존재의 영원한 생명과의 접촉이 끊어지지 않게 한다.

개체생명의 씨앗은 나무의 씨앗과 같고 씨앗은 단지 가장 섬세하게 진화한 생명력이 나타난 것일 뿐이다. 이 생명력은 모든 진화의 과정을 거치고 완전히 성숙한 나무 위에서 최고의 진화 상태에 이른 다음 하나의 씨앗으로 나타난다. 따라서 씨앗은 가장 미묘하게 발달된 형식의 생명의 나무이며 농축된 생명력의 결정이다. 씨앗은 생명력을 땅에서 다시 빨아들여 새로운 생명나무로 자란다.

존재가 프라나로 자신을 나타내면 그 위에서 생각이 자라나며 생각은 다시 욕구로 발전하여 하나의 행동을 낳게 된다. 그 행동이 완성되어 결과가 생기면 생각이나 욕구의 나무가 다 자란 것이다. 다음에 그 행동의 결과를 느끼게 되면 하나의 인상이 남는데, 인상에는 생명력의 농축인 씨앗과 같이 새로운 욕구와 행동을 일으킬 힘이 들어 있다.

이로써 우리는 씨앗과 나무의 사이클이 생각-욕구-행동-행동의 결과 그리고 인상의 연쇄적인 사이클과 같다는 사실을 발견한다. 여기에서 씨앗은 곧 한 생각이며 대지는 씨앗에게 양분을 공급하는 역할을 하기 때문에 상호간의 기반(基盤)적인 존재가 된다.

　보이지 않게 어디에나 임재한 존재가 하나의 생각으로 나타나 모든 진화의 단계를 지나고 행동의 결과에서 결정을 이룬 다음 다시금 새로운 생각의 씨앗이 되는 것이다. 생각이라는 씨앗의 인연으로 존재가 개체생명의 흐름 안에 자신을 나타내는 일이 시작되는 것이다.

　우리는 어떻게 존재가 서로 다른 차원의 사물로 자신을 나타내고 진화의 각종 단계에 걸쳐 미래 생명의 씨앗이 될 수 있는지를 분석해 보았다.

　프라나는 존재가 진동하는 성질이라는 사실을 알았다. 보이지 않는 존재가 진동을 하기 위해서는 밖으로부터의 아무런 수단도 필요치 않다. 그 자신의 성격으로 진동하는 것이다. 스스로 진동하여 생명에서 생명으로 임시적 차원의 실존을 지켜 가며 영성적 절대존재로서의 자신을 유지하는 것이 존재의 본성이다. 그러한 존재의 진정한 성격은 절대 존재로서 영원한 상태를 유지하면서 늘 변하는 그러면서 드러난 상대 실존세계의 기반을 이루어 생명의 유일성을 구성하고 있다.

　따라서 프라나가 나타날 때 존재가 진동하고 그 진동은 정해진 숨쉬기의 모양을 취하여 특정한 형태의 개체생명을 탄생케 한다. 이리하여 우리는 프라나 또는 숨쉬기(프라나의 바깥 모습)가 개체생명의 기본이며 또한 개체생명의 흐름과 우주 생명력 그리고 큰 바다를 이어 주는 통로임을 발견한다. 마음이 프라나와 결합할 때 개인 생명의 전체적 흐름은 특정한 꼴을 갖는다. 그러므로 숨쉬기의 차원에 존재를 유지하기 위해서는 먼저 존재를 마음의 차원에까지 가져오는 일이 필요하다.

　기도와 명상을 계속해서 마음이 차원 높은 영성적 존재로 채워지게 되면 숨이 존재의 차원에서 쉬어진다. 숨은 자연의 리듬과 어울리게 되며 존재의 차원에서 숨쉬는 개체는 우주생명의 조화와 리듬을 갖게 된다. 이때의 숨쉬기는 진동하는 프라나의 오묘한 상태에서 신령스러움을 얻는다. 프라나의 차원에서 우주 존재의 본성과 조화되는 과정을 살펴보았다.

숨쉬기에서 생명의 프라나는 개인의 정신적 지위를 영원한 우주생명의 존재차원까지 승화시키는 영성적 기운이자 생명의 원천적인 에너지임을 알게 된다.

개체생명이 우주생명과 합치되는 경지를 이룩하는 것이 생명의 프라나를 체득하는 것이며 삶의 목적을 완성하는 것이다.

④ 카르마(karma)[21]와 초월적 존재인식

카르마(행동)의 철학은 심은 대로 거둔다는 작용과 반작용의 단순한 철학이다. 에너지보존의 법칙도 카르마 이론의 일종이다. 모든 행동은 행위자와 그 주변 환경에 행동의 결과와 그에 따른 반작용을 가져온다.

생각도 하나의 행동이다. 생각하는 과정은 실천의 예비과정이다. 말하고 활동하며 움직이고 느끼는 모든 일들은 여러 차원에 걸친 행동들이다. 사람은 하나하나의 생각, 말 그리고 행동으로 주변의 대기에 파동의 영향을 지어낸다. 퍼져 가는 영향은 행동의 내용에 달려 있으며 주변에 퍼져 가는 반작용의 힘은 행동의 힘에 비례한다. 이리하여 우리가 매순간 숨쉬기, 생각하기, 말하기 또는 행동 등의 활동으로 대기 중에 끊임없는 영향을 지어내고 있음을 알게 되었다.

한 행동의 영향이 어디까지 퍼져 가는지 알아보면, 연못에 생긴 파문은 아무리 작은 것이라도 연못 전체에 퍼진다. 마찬가지로 한 행동을 하는 데서 생겨나는 파동은 가깝고 먼 주변 안에 모든 사물들에 영향을 미친다. 어떤 영향을 미치느냐 하는 것은 행동의 내용과 힘에 달려 있다.

그리고 이러한 파동들이 우주 안의 사물과 부딪쳐서 생겨나는 반작용은

---

21) 카르마라는 말은 불교에서는 업(業)으로 해석하지만, 문맥에 따라 행동, 행동의 힘, 행동의 결과, 행동을 경험하는 데서 오는 인상 등의 여러 의미를 지닌다. 서구에서는 카르마라고 하면 나쁜 행동의 결과를 연상한다. 그러나 카르마는 좋고 나쁨을 구별하지 않는다. 단순히 행동이란 뜻으로 이해하기도 한다.

마치 벽을 향해 던진 공이 던진 사람에게 되돌아오듯이 행위자에게 되돌아온다. 어떠한 행동의 영향은 우주 전체에 그 영향을 퍼뜨리고 결국에는 다시 행위자에게 되돌아와서 반작용을 전하는 것이다.

카르마, 반작용, 행동의 결과는 반드시 그 주인을 찾고야 만다. 행동의 열매는 행위자 자신에게 반드시 되돌려진다. 카르마의 철학에서 어떤 사람에게 기쁜 일이 있다는 것은 그가 언젠가 덕망 있는 일을 해서 대기 중에 선하고 기쁘며 조화로운 파동을 퍼뜨린 카르마의 반응이다. 또 어떤 사람이 현재 고통을 당하고 있다는 것은 그가 대기 중에 비참함과 질병 그리고 고통의 영향을 퍼뜨렸던 결과인 것이다.

기쁨과 고통의 책임은 오직 그 자신한테 있다. 즐겁다면 즐거움이 그 자신의 행동에서 온 것이며, 괴롭다면 고통이 제 행동에서 비롯된 것이다. 그러므로 좋지 않은 일이 있을 때도 평정을 잃어서는 안 된다. 평정이란 신성 속에 내재하는 조화의 상태다.

카르마의 철학을 알고 나면 우리는 힘써 좋은 일을 해야 한다는 사실을 알게 된다. 올바른 행동은 행동한 사람 자신과 우주에 지금이나 미래, 어느 때에나 좋은 결과를 가져오도록 행해져야 한다. 그 사실은 절대 선의 정의다.

기도와 명상이라는 행동(또 하나의 카르마)을 통해서 우리가 행하는 모든 일이 저절로 우주생명의 박자와 어울려 나가며, 우주 전체 안의 모든 사물의 진화를 유지하고 돕는 차원에까지 도달할 수 있다는 사실을 알려준다. 이 경지에서 우리는 전적으로 선해짐으로써 완전한 선을 행하게 되는 것이다. 상대 실존의 세계에 사는 우리들 마음의 본성에 순수존재가 각성될 때 모든 카르마는 '절대선'(絕對善)의 카르마로 바뀌어 진다.

인류공동의 절대선은 부정적인 카르마의 구속력으로부터 완전히 벗어나 '절대의 자유'를 누리는 직접적이고도 실제적인 길이다. 행동이 그러한 존재의 차원에서 이루어질 때, 카르마는 진화의 최고 목표인 영원한 생명의 목적을 돕게 된다. 이 생명의 목적은 환희의식을 통해서 영원한 해방에 이를 때까지 진화해 나가고 영성적 삶을 최대한으로 즐기며, 최대의 업적을 달성하여 자신과 남에게 최고의 선을 베푸는 일이다. 카르마의 철학은 우리의 주의를 영성적 초월존재의 자리에까지 가져가는 행동을 함으로써 우리가 어떻게 우리의 생의 목적을 달성하고 우주발전에 참여하는가 하는 길을 보여준다.

마음과 오감, 육체 또는 환경들이 어떠한 활동, 무슨 행동을 하든지 존재가 언제나 영원히 유지되어져야 한다. 이러한 카르마가 존재와 상반되는 카르마 자체를 존재의 차원에까지 이끌어 가는 영성적 존재의 모습이다. 여기서 존재는 그 상태 그대로 유지되고, 카르마는 그에 도전하는 힘을 잃는 것이다. 카르마와 존재가 마음 안에 다함께 유지될 때, 이는 카르마의 영성인 동시에 존재의 묘합(妙合)인 것이다.

생각은 강력한 반면 올바른 것이어야 한다. 오직 덕성(德性) 있고 도덕적인 생각들만이 마음을 채우도록 하여 개인의 성장과 발전을 돕게끔 인도해야 한다, 그럼으로써 주변에까지 유익한 조화의 기운이 생(生)하여 퍼지도록 하는 것이다. 그러한 차원 높은 생각이 우주법칙, 자연법칙 그리고 진화의 목적에 어울리게 되어 우주의식으로 성장한다. 따라서 올바른 생각이란 생각하는 사람과 전 우주를 위해 지금 영원토록 좋고 조화적이며, 유익하고 활력을 불어넣어 주는 영향을 가져오는 생각을 말한다.

⑤ 올바른 생각 속에 올바른 언행

말이란 숨겨진 내면의 마음과 가슴의 표현이다. 그러므로 말이 바르기 위해서는 먼저 가슴과 마음가짐이 올바라야 한다.

그 사람의 한 마디의 말은 바로 그 사람 자신을 나타낸다. 말에 부드러움이 깃들어 있으면 따뜻한 마음씨를 나타내고, 말에 스며있는 논리성, 상상력, 창조성의 정도는 마음이 어느 정도로 개발되어 있는 가를 보여준다. 그 사람이 건네는 한 마디 말로써 그 사람의 성숙 정도를 판가름할 수 있다.

말은 한 사람과 그 주변을 잇는 미묘한 매개체다. 잘못된 말이 주변에 미치는 영향은 지대하므로 누구나가 말을 적절히 해나가는 일은 그 사람과 주변의 평안을 위해서 아주 중요한 일이다. 사람의 몸가짐이나 행동은 고쳐질 수 있다. 그러나 한 번 한 말은 주워 담을 수 없다. 말로써 그 말을 들은 사람과 주변에 끼친 영향은 지울 수가 없는 것이다. 따라서 올바르게 말하는 기술을 터득하는 일은 아주 중요하다.

말은 생각을 나타낸 것이지만 마음 속에 떠오른 생각을 다 말할 필요는 없는 것이므로 우리는 생각할 때보다 말할 때 더욱 분별을 가져야 한다. 그래서 말은 분위기와 어울려야 한다. 생각과 그 생각을 말로 나타내는 일은 주변과 환경으로부터 환영을 받아야 한다. 분위기에 어울리지 않는 수백 마디의 말은 헛되나 올바르고 알맞은 말은 단 한마디로도 그 목적을 이루는 것이다. 그러므로 올바른 생각과 언행이 중요하다는 것을 알 수 있다.

또 행동은 바르고 유익하게 해야 한다. 올바른 행동과 계획은 마음의 맑기에 달려 있다. 올바른 계획을 수립하는 데 있어 그 기초가 되는 넓은 시각, 앞을 내다보는 안목, 맑은 생각, 직관, 강력한 상상력, 정확한 사고 등을 발달시키기 위해서는 높은 의식이 개발되어야 한다.

바른 행동을 분별하는 능력이 필요하다. 어떠한 행동이 유익하냐 아니냐 하는 것은 사람의 의식 수준에 따라 다르다. 절대의식 차원에서 이루어진 행동이 아니고서는 어떠한 행동도 절대적으로 유익하다고 말할 수 없다.

좀 더 깊이 행위자와 주변에 대한 행동의 여부를 따져 나가면, 처해진 각 사람의 상황에 따라 각기 다른 이해득실에 도달하게 된다. 부분적으로만 유익한 행동은 진정으로 유익한 행동이라고 할 수 없다.

한 개인이 옳고 그름을 구분하고 행동의 결과를 내다보는 능력이 있다면 그는 높은 의식을 가진 사람으로서 자신과 남에게 유익한 행동들을 해 나갈 수 있다. 그러한 이유는 영성수련을 통해 형성된 마음이 안정되어 우 주법칙과 함께 하는 경우와 환희의식을 체득했기 때문이다.

무엇이든지 마음의 본성에 따른 행동은 기쁘고 그와 반대되는 행동은 즐겁지 못하다. 그리하여 마음의 본성에 맞고 자신의 능력 안에서 이루어 진 행동은 마음에 짐이 되거나 고달프지 않다. 자신이 깨우친 성품에 맞는 행동만이 즐겁다.

마음의 모든 잠재력은 행동으로 나타나기도 한다. 그러므로 올바른 행 동은 먼저 마음의 깊은 수준으로 들어가서 우리의 주위를 생각과 존재의 근원의 자리로 여기는데서 시작된다는 것을 알 수 있다.

긍정적인 생각과 올바른 행동 전체는 결과적으로 절대 존재가 자연법칙 과 주변 환경에 맞게 상대세계로 나와서 진동하는 하나의 매개체가 되어 기쁨으로 변한다. 그것은 마치 온 세상이 힘을 합쳐 생각과 행동을 돕는 것 과 같다. 이러한 생각이 바로 신의 생각이며, 행동은 개인의 목적을 최대로 이루면서 동시에 신의 뜻을 이루는 수단으로 변하여 개인이 추구하는 영 성적 삶의 목적이 영광의 빛에 싸이게 되는 것이다.

⑥ 베풀어 주는 언행의 극치

공동사회의 행동과 목적은 상호간의 이익을 위해서 주고받는 일이다. 두 사람이 만나 서로가 가장 좋은 것들을 주고받을 때 양쪽 다 최대한으로 유익함을 얻게 된다. 그렇지 못하면 쌍방이 아무것도 얻지 못하고 실망과 긴장으로 끝나게 된다. 그래서 주는 일이 사람을 대하는 기본 원칙이 되어 야 한다. 당신은 구체적으로 먼저 무엇을 줄 수 있을 것인가를 생각하는 것 이 중요하다.

예를 들면 좋은 물건 또는 인사말, 따뜻한 동정, 칭찬, 감탄, 사랑, 몸이나 마음과 영혼을 향상시키는 충고나 기쁜 소식 등과 같은 무엇인가 줄 수 있는 것이 반듯이 있을 것이다. 사람과의 만남에서 인사말 정도로는 사랑과 기쁨의 파동을 만들어내기에 부족하다. 두 사람이 처음 만났을 때 두 마음이 서로 통하는 가치 있는 무언가가 있어야 한다.

'서로가 베풀어 주기 위해서 따뜻한 마음으로 만나라'는 것은 사회적 행동의 기본원칙이다. 사회적 행동은 '베푼다'는 차원에서 이루어져야 하기 때문에 주어야 한다, 그러면 당신도 받을 것이다. 사회의 모든 사람들이 베푸는 차원에서 행동한다면 한 사람 한 사람의 삶이 발전하고 기쁨과 영광으로 싸여져 진정한 사회의 목적인 평화가 달성될 것이다.

기쁨은 사랑을 솟아나게 하고 퍼뜨리는 성품을 가지고 있다. 그래서 기쁨은 가슴에 넘치는 사랑의 징표이며 사랑은 훌륭한 사회적 관계를 이루게 하는 초석이 된다.

따라서 베푸는 사랑의 기쁨과 사랑의 힘이 상대방의 마음을 순화시킬 수 있고 평화스럽고 조화로운 싱싱한 영향을 만들어 내는 것이다.

베풀어주는 언행의 극치는 확장된 우주의식을 통해 사랑의 힘과 맑고 순수한 마음을 가지고 노력할 때 자연스럽게 드러난다. 좁은 마음은 언제나 전체 상황을 보지 못하며, 좁은 소견 안에서 있지도 않은 제한과 장애를 상상하며 자신과 남들 어느 누구에게도 이롭지 못하게 한다. 그리하여 남에 대한 그들의 행동은 오해로 발전하고 긴장만을 더하게 한다. 좋은 사회적 행동은 힘이 있고 맑으며 만족한 마음에서 우러난다.

사람들이 바라는 바를 가져 다 주고 대기 전체가 사랑과 친절, 조화와 평화의 진동을 갖도록 베푸는 일은 아무리 강조해도 부족함이 없다.

그러므로 우리는 우리의 마음을 자연적으로 자신을 이롭고 기쁘게 하는 방향으로 생각하고 행동하게끔 개발해야 한다. 우리가 주어진 상황에서는 특히 관심을 가지고 용서할 것이 있으면 용서하고 서로가 이롭게 하는 길을 찾아 가는 지혜가 필요하다. 그러한 지혜의 길은 기쁨과 조화, 평화 그리고 생명의 기운을 퍼지게 한다.

만일 세상의 모든 사람들이 아침, 저녁으로 몇 분씩만 시간을 내어 명상하기를 시작하여 최소한도 심신의 안정에 이른다면 현대사회의 분위기를 획기적으로 개선하여 조화의 기운을 조성하는 동시에 공포, 증오, 긴장, 잔인성과 적대감 등을 줄여 나갈 수 있을 것이다.

3. 신의 몸이 되어 사는 삶

영성적 삶은 삶을 완성으로 이끈다. 영성적 삶의 완성은 거룩한 생명의 경지인 영성의 열매를 맺고 추수하여 영원한 자유 안에서 인간의 모든 실존가치가 드러날 때 얻어진다.

따라서 인간의 완성은 삶의 절대적인 가치와 상대적인 가치가 하나로 합해지는 거룩한 신의식(神意識)에 도달할 때 이루어진다. 삶의 완성은 우주의식 안에서 하나 된 모습이다.

예컨대 우리는 명상 중에 의식이 하나로 몰입되면 사적인 마음이 드러나지 않은 절대 '존재'의 초월세계에 도달함을 알게 된다. 이와 같은 경지에서는 마음이 모든 상대적인 것들을 초월하여 절대 '존재'의 자리에 들어 있다. 상념의 모든 한계를 넘어서 마음이 그 자체로 순수의식의 상태에 남겨져 있기 때문이다. 이 순수의식의 상태 또는 절대적 상태, 순수 존재의 상태를 본래의 나, 진아(眞我, 참자아)라고 한다.[22]

이 참 자아의식이 항상 유지될 때, 마음이 초월세계에 들어갔다가 나와

---

22) 마하리시 마헤시 요기, 『초월의 길, 완성의 길』(서울: 범우사, 2005), p.261 참조.

활동을 할 때에도 잃지 않으면, 이때에 자아의식은 우주의식의 상태를 얻은 것이다. 자아의식이 마음의 본성에 영구히 확립된 것이다. 소우주인 인간의 마음이 깨어 있거나 꿈꾸거나 혹은 깊은 잠을 자면서도 자아의식이 자연스럽게 유지되면, 이를 우주의식이라 부른다.

우주의식에서 거룩한 지혜가 언제나 움직이고 일상적 활동과 느낌들이 우주의식 안에 들어 있으며 가슴에 우주적 사랑이 흘러들고 넘쳐 나가며, 거룩한 지혜가 마음에 가득하다. 모든 사물에게 우주적 사랑이 넘쳐 나아가 신에 대한 감사로 다시 하나의 자리로 모아지며, 무한한 신의 지혜 안에서 인간의 삶이 완성되는 경지에 다다른다.

그 경지의 세계는 거룩함 그 자체이며, 삼라만상은 영원한 환희의식의 바다에 출렁이는 물결들과 같다. 모든 느낌들, 들려오는 말소리, 손끝의 촉감들, 모든 냄새들이 영원한 환희의 바다로부터 끝없이 밀려오는 기쁨들이라고 표현할 수 있다. 모든 생각, 말, 행동들이 기쁨의 출렁임이다. 움직이거나 가만히 있는 천지만물 안에서 거룩한 영광의 빛, 그것들의 춤을 본다. 숨어 있는 신의 영광이 나타난 생명의 무대에서 춤을 춘다. 우주의식이 신께 대한 무한한 감사로 화할 때 그러한 모습을 볼 수 있다.

의식이 우주적으로 확장하지 않는 한, 우주적 사랑의 차원에서 사랑으로 넘칠 수 없다. 우주적 사랑의 차원에서 사랑이 넘치지 않는 사람이 어찌 크나큰 사랑을 농축하여 가질 수 있을 것인가?

우주의식을 지닌 사람에게는 우주만물을 향하여 모든 방향으로 무한의 사랑이 흘러넘쳐 나간다. 이 넘쳐흐르는 무한의 끝없는 우주적 사랑이 신께로 향한 헌신으로 모아질 때, 이 농축된 우주적 사랑은 삶의 궁극적 완성을 가져올 만큼 강력한 것이다.

신을 향한 우주의식에서의 사랑은 실존의 자리에 있을 수 있는 어떤 사랑보다 진하고 강렬하다. 이 농축 상태의 우주적 사랑을 사는 것이 삶의 완성이다. 무엇을 보거나 듣거나 혹은 냄새를 맡거나 만져 보거나 한없는 사랑이 그저 흘러나오는 경지다. 끝없이 다양한 생명계 전체가 사랑, 기쁨, 만족, 영원, 절대가 넘실거리는 바다일 뿐이다.

이러한 완성의 가능성은 기도와 명상을 쉬지 않고 실행하여 우주의식에 이르고, 헌신의 마음으로 신의 발 아래 꿇어 엎드려 내맡길 때 개인에게 찾아온다. 우주의식 상태에 도달하지 않았을 때, 헌신이란 말의 진정한 의미는 그 뜻을 가질 수 있는 시작조차 할 수 없다. 가슴이 우주적 사랑으로 넘치지 않은 사람은 헌신에서 얻을 바가 별로 없다. 왜냐하면 진정한 헌신은 내맡김이며, 내맡김이란 자신을 완전히 잊고 사랑하는 대상 그 자체로 화하는 일이기 때문이다. 사랑의 길, 헌신의 길은 우주적으로 성장한 영혼들만이 걸을 수 있는 것이다.

우주의식까지 높아지지 않은 사람은 좁은 개성의 한계에 갇혀 자기 자신만을 의식하고 있으므로, 사랑이나 헌신의 참뜻을 시원하게 알 수 없다. 여러 가지 의식 수준의 사람들이 저마다 가슴 속에 사랑을 느끼고, 신에 대한 감사의 마음을 가지며, 헌신을 행하고는 있으나 우주의식 안에서의 헌신의 아름다움이 어떠한 것인지 그들로서는 상상조차 할 수 없다.

우주의식 수준 아래에서의 사랑과 헌신의 힘은 뜻이 없고 제한되어 있다. 그러므로 헌신의 길을 따르고자 하는 모든 사람들은 누구든지 기도와 명상을 거듭해 갈 때, 투쟁이나 고난, 회개나 고행 없이도 우주의식에 도달하게 된다. 이 경지에까지 높아진 개인은 우주생명과 하나 되어 일거수 일투족이 우주의 몸짓이요, 그의 목적이 우주의 목적이며, 그의 생이 우주생명 안에 확립되는 것이다. 이러할 때, 사람의 뜻이 바로 신의 뜻이요, 사람의 활동은 신의 바람이 되어 신의 목적을 이루는 것이다.

신의 목적을 이루고, 그의 숨이 신의 목적을 숨 쉴 때, 신의 아들이 신의 말씀으로 화하는 것이다. 여기서 하늘에 계신 아버지와 땅 위의 아들이 영원한 신이라는 공동의 이상 안에서 하나가 되는 것이다. 그러한 사람은 그의 모든 생각, 말, 행동들로 창조 목적을 도우며, 개인 생활의 모든 차원에 걸쳐서 우주생명의 목적을 완성한다.

이때에 인간의 자아는 무한으로 확장되어 가장 큰 자아, 더 커질 수 없는 자아인 신의 자아로 화(化)한다. 사람의 마음이 신의 우주적 마음으로, 사람의 숨이 신의 우주적 숨결로 화한다. 사람의 말은 우주의 침묵을 대변한다.

우주생명의 생각이 그의 생각으로 흐른다. 영원한 '존재'의 불변의 침묵이 사람의 생각, 말, 행동으로 나타나는 것이다. 그의 눈은 신의 목적을 바라보고 귀는 우주생명의 음악을 들으며, 그의 손은 우주의 뜻을 움켜쥐고, 그의 발은 우주생명을 옮긴다. 그는 땅 위를 걸으나 하늘의 운명을 알고, 지어낸 하늘의 운명과 신의 영광을 보고 침묵을 듣는다. 말은 신의 말씀이요, 말하되 신의 뜻을 전한다. 그는 우주생명의 목적을 꺼내 말로 나타낸다. 그는 말로써 우주 목적을 표현하고 또 말로써 영원한 '존재'를 표현한다. 사람이 전지전능, 무소부재(無所不在)한 우주 실존의 실체가 되는 것이다.

신을 대신하여 말하는 사람이 여기 있다. 우주법칙을 전하는 이가 여기 있으며, 신을 대신하여 행동하는 이, 땅 위의 신의 형상이 여기 있다. 그의 생명은 우주존재의 흐름이며 생명은 우주적 존재의 영원한 바다에 이는 물결이요, 그 물결은 우주 생명의 전 대양을 품고 있다. 나타낼 수 없는 영원한 존재의 나타남이다. 그는 항구부동의 '절대자'의 지위에서 움직인다. 상대 무대에서의 그의 활동은 절대자의 영원한 고요를 표현한다. 그가 사는 상대생활의 빛 속에 절대자가 그 존재의 표현을 본다.

형체 없음이 형체로 나타났고, 침묵이 파동으로 화하였으며, 표현 못할 존재가 개성으로 나타나서 우주생명을 숨 쉰다. 그러한 숨결이 영원한 생명의 충동으로 바뀔 때, 그 인간은 우주의 존재로 변화하는 것이다. 여기서 삶이 완성된다. 우주생명은 영원한 존재를 위해, 그 존재는 삶의 완성을 향해 율동한다.

참고문헌

1. 가톨릭대학교 인간학교육원 편, 『인간학』(가톨릭대학교출판부, 2001)
2. 강홍수, 『썬다싱 전집』(광언사, 1975)
3. 곽승룡, 『비움의 영성』(가톨릭출판사, 2004)
4. 권택조, 『영성발달』(예찬사, 1999)
5. 김길상 편, 『불교대사전』(홍법원, 2005)
6. 김보록, 『영성의 이슬』(생활성서, 2004)
7. 김성민, 『융의 심리학과 종교』(동명사, 2003)
8. 김종배, 『신비한 인체 창조섭리』(국민일보사, 1993)
9. 김현진, 『공동체 신학』(예영커뮤니케이션, 1998)
10. 닐 도날드 월쉬, 『신과 나눈 이야기』1권, 2권, 3권, 조경숙 역, (아름드리, 1997)
11. 다노이 마사오, 『몸의 구조』, (문화사, 2001)
12. 다라이라마, 빅터 챈, 『용서』, 류시화 역, (오래된 미래, 2004)
13. 다치바나 다카시, 「임사체험」, 윤대석 역, (청어람미디어, 2008)
14. 데이비드 호킨스, 『의식 혁명』이종수 역, (한문화출판사, 1997)
15. 도나 조하, 『영성지능(SQ)』, 조혜정 역, (룩스, 2001)
16. 루이 부이에, 『영성생활 입문』(가톨릭출판사, 2005)
17. 루이 부이에, 『영성생활』, 정대식 역, (가톨릭출판사, 2005)
18. 마루야마 도시아끼, 『기의 세계』, 박희준 역, (정신세계사, 2001)
19. 마이클 뉴턴, 『영혼들의 여행』, 김지원 역, (나무생각, 1999)
20. 마이클 뉴턴, 『영혼들의 운명』, 김지원 역, (나무생각, 2001)
21. 마하리쉬 마헤시요가, 『초월의 길, 완성의 길』, 이병기 역(범우사, 2005)
22. 몬시노르 로버트벤슨, 『영계에서의 삶』, 김효율 역, (미래문화사, 1990)
23. 몰트만, 『생명의 영』, 김진균 역, (대한기독교서회, 1992)

24. 박 현,『불교수행요론』(바나리, 2001)

25. 박보희,『천상의 증언』(청어, 2008)

26. 박석,『명상 길라잡이』(도솔, 2001)

27. 박순경,『임신에서 출산까지』(시간과 공간사, 2002)

28. 변희선,『영성수련 교육학』(이냐시오 영성연구소)

29. 붓다 다시 선사,『마음으로 숨쉬는 붓다』, 김영길 역, (한길, 2006)

30. 브라이언 그린,『우주의 구조』, 박병철 역, (승산, 2005)

31. 빌브라이슨,『거의 모든 것의 역사』, 이덕환 역, (까치, 2003)

32. 샤를 앙드레 베르나르,『영성신학』, 정제천 역, (가톨릭출판사, 2007)

33. 사토 카즈히코,『상대성 이론』, 김선규 감수, (비타민북 출판사, 2005)

34. 사토 카즈히코,『양자론』, 김선규 감수, (비타민북 출판사, 2005)

35. 샤를 앙드레 베르나르,『영성신학』, 정재천 역, (가톨릭출판사, 2007)

36. 세계기독교통일신령협회,『삶과 사랑 그리고 영혼의 세계』(성화출판
　　　사, 2000)

37. 세계기독교통일신령협회,『원리강론』(성화출판사, 1966)

38. 세계기독교통일신령협회,『지상생활과 영계』(성화출판사, 1997)

39. 세계평화통일가정연합,『천성경』(성화출판사, 2005)

40. 손탁 편,『하나님 : 그 현대적 논의』(주류, 1984)

41. 수완,『마음 챙김』(북하우스, 2004)

42. 스베덴보리,『천국과 지옥』, 김은경 역, (다지리, 2003)

43. 스티븐 리 웨인버그,『람타』, 이상무 역, (여울목, 2000)

44. 아놀드 B 곰,『인간의 영과 성령』(대한기독교출판사, 1984)

45. 아짠차,『위빠사나 : 있는 그대로 보는 지혜』, 김영길 역, (한길, 2006)

46. 오형근,『불교의 영혼과 윤회관』(새터, 1995)

47. 윗치만니,『영에 속한 사람들』(한국복음선원, 서울, 2000)

48. 유성태,『동양의 수양론』(서울학고방, 1996)

49. 유해룡,『하나님 체험과 영성수련』(장로회신학대학교출판부)

50. 이돈현,『건강 기공』(정신세계사, 2004)

51. 이영돈,『마음』(예담, 2006)

52. 이종성, 『신론』(대한기독교 출판사, 1980)

53. 정대식, 『영성 생활』(크리스챤 출판사)

54. 정진석 편, 『가정 성화』(가톨릭출판사, 1998)

55. 정태혁, 『명상의 세계』(정신세계사, 2004)

56. 조던 오먼, 『영성신학』, 이홍근 역, (분도출판사, 1997)

57. 크리스챤 아카데미 편, 『하나님 : 그 현대적 논의』(주류, 1984)

58. 토마스 서그루, 『에드가 케이시』, 조의래 역, (동쪽나라, 1994)

59. 토마스 하트, 「영성의 탐구」, 최대영 역, (은성 2004)

60. 통일사상연구원, 『통일사상요강』(성화출판사, 1993)

61. T.M. 무어, 『은혜받는 연습, 영성훈련』(생명의 말씀사)

62. 틱샷 한, 『화』, 최수민 역, (명진출판사, 2002)

63. 파넨 베르크, 『인간학Ⅰ, 인간 본성론』(분도출판사, 2003)

64. 피터 너대니얼스 크리스토퍼 본, 『태교 혁명』, 차광렬 역, (사이언스
    북, 2003)

65. 피터 러셀, 『초월명상 입문』, 김용철 역, (정신세계사, 2000)

66. 한국가톨릭대사전편찬위원회, 『가톨릭대사전』1,2권 (한국교회사연구
    소, 2005)

67. 할레스비, 『양심』(대한기독교출판사, 1984)

68. 헤네풀라 구나라타나, 『위빠사나 명상』, 손혜숙 역, (아름드리 미디
    어 2007)

「학력 및 경력」

중앙대학교 법학과를 졸업하고
초교파기독교협회 상임이사,
한국종교협의회 이사,
주간종교사 사장,
사단법인 기독교연합운동협회 이사장,
세계기독교통일신령협회 협회장,
재단법인 세계기독교통일신령협회 유지재단 이사장,
사단법인 초교파기독교협회 회장,
한국종교협의회 회장(16년간),
중화민국 선교사,
선문대학교에서 명예철학박사 학위를 취득하였음,
선문대학교 신학대학원 초빙교수.

「저서」로는

뜻으로 본 정통과 이단
교회일치 운동
개신교와 통일교(편저)
천주교 개신교 통일교(공저)
우리의 광야시대
전통 교육 실천
화해와 협력과 일치를 위하여
아론의 싹난 지팡이
종교연합운동사 등이 있다